中日谍战第一案

徐文钦◎著

图书在版编目（CIP）数据

中日谍战第一案 / 徐文钦著 .—北京：西苑出版社，2012.3
ISBN 978-7-5151-0159-0

Ⅰ. ①中… Ⅱ. ①徐… Ⅲ. ①报告文学－中国－中国 Ⅳ. ① I25

中国版本图书馆 CIP 数据核字（2012）第 028850 号

中日谍战第一案

著　　者　徐文钦
责任编辑　蒋焱兰　010-88637291　ylj44@126.com　QQ：419148731
出版发行　西苑出版社
通讯地址　北京市海淀区阜石路15号　邮政编码：100143
　　　　　电　话：010-88624010　　传　真：010-88637120
网　　址　www.xycbs.com　E-mail：xycbs8@126.com
印　　刷　北京中印联印务有限公司
经　　销　全国新华书店
开　　本　710mm×1000mm　1/16
字　　数　180千字
印　　张　15.5
版　　次　2012年7月第1版
印　　次　2012年7月第1次印刷
书　　号　ISBN 978-7-5151-0159-0
定　　价　30.00元

中日谍战 第一案

目录

CONTENTS

引言

PREFACE

《中日谍战第一案》从中日谍战的角度重现了20世纪30年代错综复杂的政治斗争，向我们揭秘了神秘的军统特工生活、英雄除奸的惊险刺激。同时，展现了中日谍战背后各种政治军事势力斗争的复杂性和历史的厚重感……

刺杀张敬尧是中日谍战第一案、军统除奸第一案！

张敬尧是蒋介石指定的暗杀对象！

张敬尧是被誉为“蒋介石的配剑”、“中国的盖世太保”、军统特务处处长、特共王戴笠上任后的第一个暗杀目标。为了暗杀张敬尧，戴笠费尽心机！

成功刺杀张敬尧是蒋介石的十三太保之一郑介民一生最大的骄傲！

张敬尧最终死在了军统第一功臣白世维的枪下！

北平城内山雨欲来风满楼，国内外各种政治势力暗流涌动，中日谍战波谲云诡……当大汉奸张敬尧在日本人的支持下公然跳出来欲谋求华北自治时，蒋介石与特工王戴笠授意军统华北区区长郑介民秘密前往北平，与天津站站长王天木、北平站站长陈恭澍领导京津两站特工通力合作，制裁张敬尧。精通武术、枪法精准、曾任东北义勇军第二十七支队司令的白世维却被安排到军统北平站处理情报资料。白世维主动请缨，与王天木秘密潜伏进六国饭店，向一个神秘珠宝商连发三枪，手起枪响，“砰砰砰”，三弹出膛，倾刻间，张敬尧倒在了血泊之中，大汉奸张敬尧一命归天！戴笠、郑介民领导下的军统除奸团与蒋介石等国民党高层无不弹冠相庆，日本特务土肥原贤二、板垣征四郎等却气急败坏，如哑巴吃黄连，有口难言……

《中日谍战第一案》还写了蒋介石特务系统的初创，军统第一杀手、国民党特务北平站站长陈恭澍的青涩……军统四大杀手之一、力行社“十人团”成员、天津站站长王天木的老练，日本第一女间谍川岛芳子与张敬尧的交易，通过《中日谍战第一案》这本纪实文学，我们可以了解到帝国主义和中国之间的矛盾，日本帝国主义的狼子野心，国民政府与日本的矛盾，已经灭亡的清王朝遗民对新生政权的仇恨，北洋政府与南方国民政府之间的矛盾，北洋政府内部各派系之间的矛盾，国民政府与各地方军阀之间的矛盾，国民政府与汉奸军阀政客的矛盾，国民党内部的矛盾，国民党与人民之间的矛盾，国共之间的矛盾……了解到那个时代各方政治军事势力之间的角逐，了解到政治、军事和社会斗争的复杂性，了解到蒋介石成立特务组织的心迹，了解到戴笠、郑介民、王天木、陈恭澍、白世维等特工的成长历程，了解到张敬尧等汉奸军阀政客在乱世中的罪恶人生，了解到板垣征四郎、川岛芳子等日本间谍的成长历程，了解到上层的阴暗与下层的市井生活，了解到20世纪30年代中国社会的历史地理、社会风尚和民俗人情……

希望本书能够成为谍战文学爱好、历史爱好者特别是民国史爱好者、白领、青少年及大众读者带来有益的历史启示和学习工作的精神快餐。

徐文钦

2012年2月16日

中日谍战

第一案

1933 年 5 月 7 日午后，正是午睡时间，北平东交民巷六国饭店周围一片沉寂。突然，“砰！砰！砰”响起了三声枪响，紧接着，一名男青年快步从六国饭店二楼从容走到大堂，然后突然夺门而出，迅速跳上一辆汽车疾驰而去！不久，警笛声不断，北平警察蜂拥而至，他们在现场发现了一具五十多岁的男尸躺在血泊之中！该男子长方脸，留着小胡子，下颌上有一颗痣，痣上有一缕毫毛。紧接着，报纸上刊出消息：六国饭店发生离奇枪杀案，富商常世古遇刺身亡！后来，又有报道称被刺杀的是前湖南督军、大汉奸张敬尧！

张敬尧是谁？他做了什么事情？为什么会被人刺杀？他的死亡对中国当时的政局有什么影响？

第一章 深夜密令

一、八大胡同里的军统特务

1933年5月2日，国民党特务王天木、陈恭澍和白世维在北平八大胡同之一的韩家潭莳花馆和妓女含春、飞龙姑娘打情骂俏。

“听说前清的同治皇帝经常上这八大胡同寻欢作乐？”

“这皇帝也真是的，后宫女人如云，何苦到这种地方作践自己？”

“家花没有野花香呗。”

“这些都是些前朝旧事，不值一提了。咱们民国领袖也喜欢沾花惹草。”

“听说咱们的领袖蒋委员长也有十年放浪的生活？”

“听说他非常熟悉上海各种各样的妓院门户。他回沪以后，跟着那一帮‘抢帽子’朋友东转西逛，张静江、戴季陶等识途老马，都是他的向导。张静江那时正丧偶而无子，跛着一条腿，支着根手杖，整日价往里钻……”

“那时领袖嫖赌征逐，天昏地黑，发妻毛氏当时曾在上海住过一阵，领袖变成阔佬之后，便把她赶回老家溪口去了。生活在一起时，她经常挨她丈夫的耳刮子。年幼的蒋经国目击乃父只顾自己在外嫖赌吃喝，不顾家里妻儿饥寒。毛氏规劝，得到的回答是非骂即打。蒋经国亲眼看见她在楼梯上端被他一脚踢下，从楼上滚到楼下，跌得不省人事，他却扬长而去。后蒋经国有信痛骂乃父‘是残忍没有人性的，是典型的下流流氓！’后来，领袖由陈其美介绍，偷偷地收了一个法租界上的妓女，花名怡琴。‘从

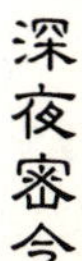

良’之后改为冶诚，姓姚。而且带她回溪口，毛氏只有‘忍泪招待’的份儿，让蒋经国叫她‘阿姨’。但在短短七八年之后，代替毛福梅的姚冶诚，又给另一个女的——陈洁如所‘替代’，等到宋美龄出现，她们俱告‘下堂’。姚被领袖送回苏州故乡，后来又把蒋纬国交她抚养，两人倒真像母子一般。而领袖则继续胡闹。正是“十里洋场去淘金，十载放浪一身病呀。”

“小心了，背后言论领袖，小心被处罚！”

“各位可能不知，咱们的上司戴先生也是一个风流情种呢。”

“你都知道些什么，快说与弟兄们听听。”

“我如果说了，你们可不要翻传给戴先生。”

“这个您放心，我们绝不会的。”

“1914年秋天，戴先生和毛人凤一道考取了浙江省立第一中学。这是戴先生第一次走出浙西南山区。在省立一中，有不少女学生，这些女生一个个长得如花似玉，并且大都出自于名门望族，有钱有貌，个个赛过天上的仙女。已经娶妻的戴先生看到这些女孩就神思恍惚，心猿意马，恨不得一把将她们拖入怀中，快活一番。但是打她们的主意是不行的，学校或家长一旦发现，天都会塌下来。然而，喜欢女人是戴先生的本性，若要改变这毛病，除非投胎转世。一天，他去上厕所，刚脱下裤子蹲下来，听得隔壁女同学的说话声，心马上就酥了，恨不得一下跳过墙去，把她们个个都强奸。但是，他还是没有这个胆量，强忍着沸腾跳动的心，随后生出一绝招来。于是，他从街上买回两面镜子，每节课下来，他都要“大便”，蹲在厕位上用两面镜子的反光看那边的“可人之处”。女学生一上厕所蹲下去，就很奇怪，总有一束光像闪电似地射来射去，且专射那个地方。结果，时间一长，女学生就开始议论这一怪事了。没想到女学生的话传到男生耳朵里，一位女同学的哥哥正与戴先生同班，他担心妹妹被窥中要害，于是，躲进男厕，没想到把戴先生逮个正着。戴先生身强力壮，这个同学不敢举报，但戴先生也因此对窥视女生之事开始收敛。憋了不久，他便星夜越墙到闹市的妓院去发泄。戴先生把钱都用去逛窑子了，常常是吃了上顿没下餐，经常挨饿。结果，学习成绩大受影响，每况愈下，由此他受到了老师严厉的批评。”

“真是想不到啊，领袖和戴先生原来都是风流人物。”

“食色，人之性也。”

“哈，哈，哈……”

1933年5月2日晚上，华灯初上，北平的红灯区——八大胡同之一的韩家潭大街上，有三个神秘人物一起在逛街。他们穿大街、走小巷，两名男子在一名颇有绅士派头的男子带领下，东张张、西望望……

前门外的八大胡同，热闹非凡。胡同两边是一座座楼房，大都是两层，古式建筑，磁瓦、飞檐、红漆柱，也许是刚涂刷过吧，大都显得十分华丽。

“从事咱们特务工作的人，不一定是专才，但必须是通才。因为在工作活动的过程中，往往要置身于各种不同的环境之内，接触各种不同身份的人物，也会遭遇各种不同的事故。所以必须要见闻广博，常识丰富，方能随机应变，应付自如。我们不但需要了解各地的风土人情，社会各阶层的众生相，连饮食男女，狎邪冶游之事，都需要了解。前些天，我已经陪着你们去做了西装，吃了大菜，今天，咱们一起去逛逛窑子，你们看如何？”

说话的是国民党军统特务处华北区副区长、天津站负责人王天木。王天木(1891 ~ 1995)，山东临沂人，原名王仁锵，曾化名郑士松。早年就读于保定军官学校、东北讲武堂。日本士官学校毕业，曾加入同盟会。初在黑龙江督办吴俊升部任职。后在西北军当参议，还在河南收编过土匪。1915年任浙江高等监察厅厅长、驻外使馆秘书。早在1930年，胡宗南部驻防开封时，他就追随胡宗南，与冷欣、肖洒、马志超、陈质平等人，秘密组织“三民主义大使团”。这个组织是比“复兴社”[1]更早的法西斯

[1] 复兴社全称是中华民族复兴社，是以黄埔系精英军人为核心所组成的一个带有情报性质的军事性质团体。1931年“九一八”事变后，中国内忧外患，蒋介石委员长为了加强政府内部控制、对日备战和镇压中共运动，实行更集中有效地统治，经黄埔系精英人物贺衷寒、桂永清、肖赞育、滕杰、康泽、戴笠、郑介民等“十三太保”，按蒋委员长授意于1932年3月正式成立中华民族复兴社。之后，又成立了力行社，其主要负责人，均系复兴社的负责人。力行社是复兴社的核心组织。该社分总社、支社、分社和小组四级。总社设在南京，蒋委员长任社长。下设干事会和监察委员会。干事会为社员代表大会闭会后的执行机关，下设人事、组织、训练、宣传、特务、总务等处。特务处后来成了

团体。后来，又与戴笠、张炎元、黄雍、周伟龙、徐亮、马策、胡天秋、郑钧麟、梁干乔等结成一伙，向蒋介石领取经费，从事特务活动，这些人就是后来被称为“军统”的所谓“十人团”。后经吴俊升之子吴泰勋介绍，结识了戴笠，成为特务处骨干分子。王天木是戴笠手下“四大金刚”之一，两人关系十分密切。王天木长期在华北活动，在北方黑社会享有盛名。他身材适中，五官端正。喜欢穿西装、高领白衬衣、丝质花领带和方头皮鞋，很有绅士派头。

王天木和军统头子戴笠是儿女亲家，其女儿许配给戴笠的儿子戴藏宜为妻，当时尚未过门。因此戴、王之间的关系比军统中其他人要密切得多。王天木的妻子与张学良的元配夫人于凤至为姊妹。据说当初戴、王两家的配亲，出自戴笠的主动，主要由于王天木与戴笠长相惟妙惟肖，像对孪生兄弟，戴与他结成亲家，传说戴是要在某种场合下，叫王天木来做他的替身的。

王天木 1932 年任复兴社特务处天津站首任站长。抗战初期，也曾是抗日锄奸的中坚力量，还曾经和军统的人试图在上海刺杀汪精卫。王天木任军统局天津站站长时，曾和一众爱国学生结拜为十兄弟，并成立抗日锄奸团，专门对付日军和汉奸。暗杀天津商会会长王竹林、伪华北联合储备银行天津分行经理兼伪津海关监督程锡庚等众汉奸，都是锄奸团的大手笔。后来，王天木叛变投靠日本人和汪伪政权，使国民党军统在敌后的情报体系几乎毁灭殆尽。

王天木的女儿到北平来读书，他就在北平租了房子，将全家都搬了过来。他自己也常常呆在北平。王天木惯会风月，八大胡同他几乎逛遍了，每个妓院里有多少姑娘，有几个是绝色绝艺的，他几乎了如指掌。

扩组军统局的基础。监察委员会下设书记、调查、审核等处。支社是省(市)一级领导机构。支社下设分社，分社由三个以上的小组组成。该社发展社员，一般先经其外围组织革命青年军人同志会和革命青年同志会(1932年两会合并改组为中国青年革命同志会)会员中物色吸收。凡参加该社者，须经社员三人介绍，并填表、宣誓。复兴社的主要活动，是积极配合中央政府进行如下工作：1.抗日备战；2.对地方军阀割据势力的消藩情报工作；3.对各军事集团进行团结或瓦解工作；4.反共反苏宣传。

另外两名男子是北平站负责人陈恭澍[1]和北平站情报资料员白世维。王天木边走边小声向陈恭澍和白世维宣讲。事实上，平时，王天木就常常在北平这样教导他们。

老北平的茶馆情景

“王大哥，我们都等不及了，快带我们去吧。我们可不像你，天天有嫂子陪你舒服，我们可都是为了革命，至今还是光棍儿一条，你饱汉哪知饿汉饥啊！”

“弟兄们，你们先别着急，听我讲讲这地方的渊源。提起这北平城的八大胡同，那可是鼎鼎大名。八大胡同，又称八大埠，是老北京‘红灯区’的代称，旧时称风化区，有些地方也叫平康里。从地理上看，八大胡同在前门外，大致位于大栅栏观音寺街西南，珠市口西大街以北。大栅栏地区历史上按社会功能划分，可分为商业区、文化区与红灯区。红灯区也就是人们常说的‘八大胡同’，它是大栅栏的重要组成部分。‘八大胡同’在这一带产生有如下原因：一是因为这里离内城较近，官员们出城享乐比较方便；二是这里有火车站，南来北往的旅客多在附近停留；三是前门大街和大栅栏从明代起就是京城著名的商业区，这里店铺林立，每天来此游玩、购物的人络绎不绝；四是这一带是戏园子、茶馆、酒楼、

[1] 陈恭澍是三民主义力行社领导下的二级组织革命军人同志会会员，同时也是三民主义力行社特务处和国民政府军事委员会调查统计局第二处派驻北平的负责人。北平的工作单位，称为北平站，于 1932 年 11 月，由陈恭澍、杨英和戚南谱三个接受中央军校特别研究班培训年轻小伙子建立。

饭庄的集中地，吃喝玩乐样样齐全，自成一体。‘八大胡同’其实是虚指，这里至少有15条横竖交错的胡同属于‘花街柳巷之地’，差不多都毗连在一起。主要的胡同有：陕西巷、东壁营胡同、西壁营胡同、胭脂胡同、百顺胡同、韩家胡同、石头胡同、棕树斜街、朱家胡同、大力胡同、小力胡同等。”

“听说陕西巷原为赛金花和小凤仙的住处？”

“是的。赛金花可是四大名妓的头牌。无论民间的传说，还是文人的创作，赛金花都是取之不尽的素材和蓝本。没有一个名妓能够比得上她的身世浮沉、命运跌宕。她和前清状元郎洪钧的关系，和八国联军中德军元帅瓦德西的传闻，以及她和德国公使克林德夫人的传奇，都有着八大胡同里其他任何一位名妓没有的魅力。人们对她的好奇乃至关注，是自然而然的，她的声名超越了风月场而荡漾在政治历史之中，便也是绝无仅有的了。”

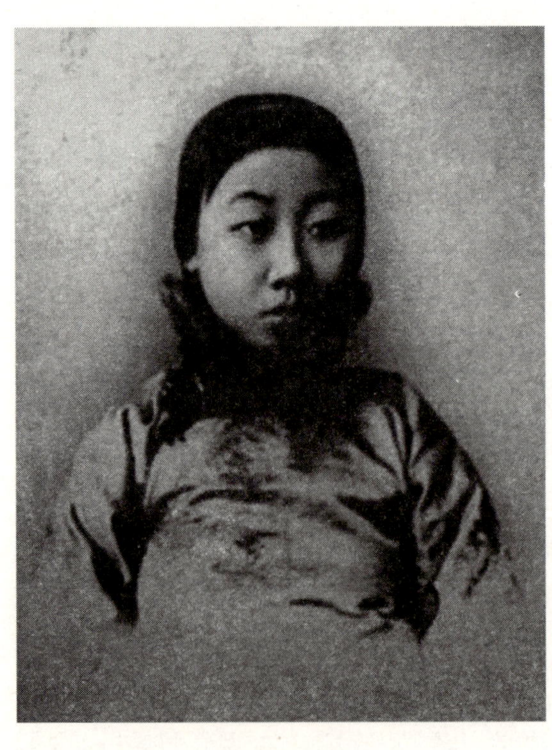

名妓小凤仙

其实，八大胡同里名妓并不仅仅有赛金花，小凤仙、苏三、陈圆圆都在八大胡同里住过，都是齐名的，曾经号称八大胡同四大名妓。

“山青青，水碧碧，高山流水韵依依。一声声，如泣如诉如悲啼。叹的是，人生难得一知己，千古知音最难觅。山青青，水碧碧，高山流水韵依依。一声声，如诵如歌如赞礼。赞的是，将军拔剑南天起，我愿做长风绕战旗。”这首歌曲是电影《知音》的主题曲《高山流水觅知音》。故事就是以民国初年云南都督蔡锷与八大胡同“云吉班”妓女小凤仙之间的一段生死爱情故事改编的。故事的发生地就在陕西巷路东的“上林仙馆”(今“陕西巷第二旅馆”)。小凤仙(1900 ~ 1976)，本名朱筱凤，满族人，原籍浙江钱塘。光绪年间全家迁居到湖南湘潭，1911 年流离到上海后跟一个胡老板学唱戏，因唱、色超群，很快就出了名。不久，小凤仙被卖到北平的妓院，在陕西巷云吉班卖唱做生意。小凤仙身材娇小玲珑，吊眼梢，翘嘴角，肌肤白皙，姿色不算出众。她性情温柔善良，对来云吉班的富贵巨贾客人从不屑以求媚取宠，这一特点在此班姑娘中显得特立独行。作为一等小班的从业者，她粗通文墨，喜缀歌词。蔡锷，字松坡，出生于湖南邵阳。他天资聪颖，14 岁中举人，后来进维新派主办的时务学堂，跟随当时任国文总教习的梁启超学习。戊戌变法失败后，蔡锷东渡日本，投笔习武。辛亥革命爆发，云南新军举行“昆明重九起义”，建立了云南军政府，大家一致推举蔡锷为都督。八大胡同中“清吟小班”有很多。蔡锷独独看中了“云吉班”的小凤仙。每次蔡锷一来，小凤仙总是发现他周围的几个人时不时地朝他们这边看，不太像普通的嫖客。听妓院老鸨说，这些人是当局侦缉队的。蔡锷看已隐瞒不下去了，便向小凤仙讲明了自己的真实身份。凭着小凤仙的经验，她也早看出蔡锷不是一般的纨绔子弟，言谈举止之间有一股英武的气概。小凤仙虽是风尘女子，但她也是穷苦人家出身，在这么多年的苦难生活中，她深刻体会到社会的黑暗。蔡锷平时也经常给小凤仙讲一些民主、自由、平等的道理，渐渐地，小凤仙被他博爱的胸怀和正直的人品所打动，为这位忧国忧民的英雄所倾心，遂成为蔡锷革命的坚定支持者……

清朝咸丰以后，随着国势衰败，禁令渐弛，官员狎妓渐渐失控，不久就成为一种社会风气，有些地方的官场甚至到了酒席间无妓不饮的程度。光绪中叶以后，官员狎妓之风达到了空前鼎盛的时期。此时的妓馆艳帜高张，车马盈门，南娼北妓纷纷角逐于官场，一些官吏还公然纳妓做妾。

1900 年以后，传统社会伦理观念解体，道德堕落到极点，人心不古，市民对“妓”和“烟”的态度获得认同。逛妓院与进大烟馆成为那个时

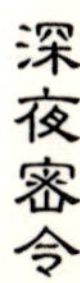

代的时尚行为。

有一首《逛窑子》段子生动地描写了这种生活：

请众位，不要吵，
听我把财主们吃喝嫖赌玩乐表一表：
穿大褂，戴礼帽，
金丝眼镜儿耳朵上套，
文明棍儿左手吊，
赤金戒指儿手指上套，
右手提的大皮包，
里边装的洋钱票，
推牌九、打牌、押大宝，
每天就在窑子里边跟那些娘儿们泡，
到晚上，不归家，
往窑子里落。
小兰姑娘生得多漂亮，
听我把摩登打扮表一表：
短头发，剪子铰，
用电打，烙铁烙，
头上烙的个乱七又八糟，
桂花油，头上倒，
嘿！又光又亮这股香儿有多好。
镶金牙，戴手表，
赤金戒指儿手指上套，
摩登汗褂穿了一个好，
洋白面的胳膊露得多半条，
耍水的裤子半腿飘，

一等小班里的妓女

嫖客与妓女常到石头胡同照相馆留影

洋袜子，是高吊，
小皮鞋，足下套，
走上咯噔咯噔杨柳细腰风不来它就自动摇。
两个跟包的后边绕，
洋肚儿手巾，胰子本是檀香皂，
擦罢一个脸，把饭叫，
吃的是珍馐美味海参燕窝鸡鸭鱼鹅把便饭要。
吃罢一个饭，把房头儿挑，
一挑挑在个十二号，
进房头儿，用眼儿膘，
嘿！
这个房头儿有多漂亮！
青缎褥子红缎靠，
纱罗帐，空中吊，
进罗帐我把排场闹，
料面儿一拆就是一大包，
捋金纸，条子铰，
呵一口，浑身发痒高兴得受不了。
这个姑娘把他抱，
瓜子仁，舌尖儿吊，
她口就往他口里拗，
不把他亲，不把他靠，
尽都是拐弯儿米汤糊弄他的洋钱票。
洋钱票，花完了，
当大褂儿，卖礼帽，

赤金镏子也卖掉，
先卖房，后卖地，
老婆娃娃都卖了。
哎嗨！不好了，
杨梅大疮长上了，
一走一哈腰，
两走两哈腰，
咀一呲，牙一咬，
疼得小子受不了，
请中医，看不好，
请西医，不见效，
无奈何找偏方把药找，
一抓抓了一大包，

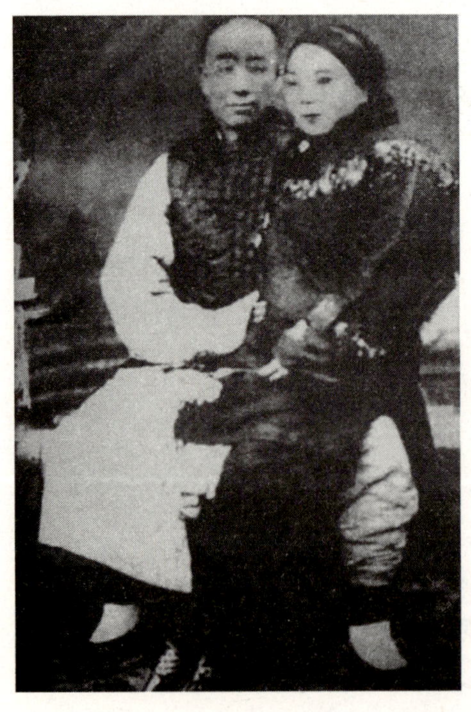
嫖客与妓女

打开包，用眼瞧，
嘿！抓得不少，
尽都是蜈蚣蝎子和斑茅，
攻毒汤，吃上了，
攻毒汤，吃上了，
杨梅大疮升天、落地、入骨、脚底烂在头上了，
鼻子也给烂掉了，
说顿话啦“嗯啊、嗯啊”听不着。
找亲家，没人尿，
找朋友也找不着，
无奈何大街上把饭要，
爷爷奶奶直乱叫，
下小店，没人要，
晚上就往铺底下落。
半夜里，死下了，

二人杠子抬到南城壕，
大狗咬，小狗咬，
脖颈也给啃掉了，
一颗脑袋就地抛，就地抛！

从清末至民国时期，大栅栏地区的妓院始终保持着相当的数量。据统计，民国五年（1916）为245家，民国七年（1918）为217家，民国十五年（1926）为208家。民国十八年（1929）为296家。民国三十年至三十五年（1941～1946）为114家，其中一等妓院22户、二等19户、三等73户，分布在大栅栏地区的15条街巷中，总人数达到3000多人。

“王大哥，你为我们介绍介绍这里最有名的妓院吧。”

北方班

“北平的一等妓院，分为南方班子和北方班子，情趣不同。南方班子里的姑娘，不分是无锡的，还是常州的，都自称是苏州人，可是绝不会有长江以北的；北方班子，差不多全是北平本地人。至于北平近畿外县

的，大多沦入二三等了。这与姿色并无太大的关系，主要是因为家境贫寒，没有置办衣装的本钱所致。

“南方班子里的姑娘，很会挑逗客人，如果有朋友在场，就显得碍眼了；北方班子则不同，她们待客人如老公，虽然亲昵，却相敬如宾，招待客人的朋友，则百般奉承，却不乱来。这些都是招徕之术。

“南方班子很会向客人要钱，名堂奇多，今天‘开市’，明天‘宜卷’，前来捧场就得破费，一旦对方开了口，客人还能不点头？否则以后就不好意思再进这个门了。而北方班子很有分寸，不到火候绝不开口要钱，除非遇上冤大头。他们还会假意站在你的立场上替你出主意怎么才能省钱。结果是让你花了钱，可是让你花得心甘情愿。”

“王大哥，听说庚子年之前，八大胡同是北方班的天下，当时流传着这样的民谚‘六部三司官：大荣、小那，端老四；九城五名妓：双凤、二姐、万人迷。’这句话是什么意思呢？”

“大荣、小那，端老这三位，是当时有名的嫖客；双凤、二姐、万人迷共五位，都是当时的名妓。

“双凤指的是二凤和三凤，她们是名门之后，只是父亲病故之后，家道中落，不得已而跌入娼门。因其不减当年名门闺秀之风，加上机巧灵敏，善于察言观色，懂得何时施展情色，便越发的风情万种，颇得人缘，后被人用七万两银子赎身并双双纳为小妾。

“二姐指的是老大、老二两位妓女。

“万人迷，曾是都统府的一个丫鬟，和仆人私通后被赶了出来，无路可走，投身石头胡同的妓院，因其长相出众，又有过大户人家的历练，举手投足都有一种与众不同的范儿，便宜渐渐有声，京城阔少争先恐后地来看她、泡她，内务府的一位郎中为了她，还倾家荡产。所以，人们给她起了这个万人迷的外号，可谓人见人爱。传说，她人在八大胡同，心里还一直惦记着都统府里那位初恋情人，她在接客的时候，曾经得到过四块金石，还偷偷地把其中一块给了都统府里的那个仆人。只是那个仆人不争气，没有足够的力量让万人迷演出一场红拂月夜私奔的好戏。”

“王大哥，南方班里最有名的是谁啊？”

“庚子年之后，南方班大量进驻八大胡同，南方班中最有名的是谢珊珊和苏宝宝。单听这名字，珊珊和宝宝，就与北方班的二凤、三凤、大姐、二姐、万人迷，透着不一样的味道，南国气息扑面而来，一股绵软的劲头让许多北京男人香酥了骨头。两位都是色艺双全，体态玲珑，肤色姣好，自然备受宠爱。谢珊珊是江苏人氏，苏宝宝是上海浦东人氏。当时各有王公公子的追逐，事情闹大了，前者曾经受到过御史张元奇的奏参，而后者苏宝宝笼络上的是庆王府里的庆二爷，倒一直逍遥自在，让自己跟着八大胡同一道出了名。”

清末民初清吟小班中的高级妓女

“这里为什么叫韩家潭？”

“韩家潭本是条小巷子，是北平著名的八大胡同之一。明代末年，这里住着一个姓韩的大商人，其宅内的花园里有一个大水潭，所以人们把这胡同叫韩家潭。而到了清代初年，大文豪李渔寓居此处，并在此修建了芥子园。所以，韩家潭非常有名。韩家潭（今韩家胡同）的妓院多为一等妓院。有满春院、金凤楼、燕春院、美仙院、金美楼、庆元春等。韩家潭一带差不多都是苏州的清吟小班。大门口亮堂堂的，悬挂招牌字号，写着‘清吟小班’四个小字的，那就是头等窑子。

“什么是‘清吟小班’？”

“所谓‘清吟’，就是走卖唱不卖身的意思，这不过是抬高身价罢了。”

“都沦落红尘了，还自命清高，今天我们可领教领教。”

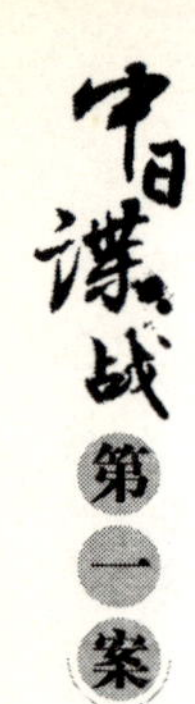

“想逛窑子，尽管进去好了。”

三人走到繁华热闹的韩家潭，这里有上虞会馆和广州会馆，著名的三庆班就在这里，这里共有一等南班子近20家。南北走向的胭脂胡同北连百顺胡同，北通珠市口西大街。自咸丰年间便香车络绎，游客如织，妓风大盛。后门至东皮条胡同，西为民居，临街一溜矮房为白面儿房，正面临街的洋楼是朝鲜冷面馆。

走到“莳花馆”门前，三人发现这里张灯结彩，人进人出，十分热闹。天渐渐黑下来，人不减少反而增多，男女的嬉笑声一阵阵地从楼中传出。一个三十来岁的伙计站在门口招呼着客人。

“哎——郑大爷，陈大爷，姑娘可等着您们呢！”门上的“清吟小班”大招牌下挂着两个大红灯笼，灯光照到客人的脸上，前面的一位脸形瘦长，戴着一副金丝眼镜，后面的一位身材魁梧，圆胖脸，头发梳得一丝不乱。最后面的一个人，穿着长衫，戴着一顶黑礼帽，帽檐遮住了灯光，看不清他的脸。

圆胖脸的郑大爷其实就是王天木，他连忙招呼后面的两位：“恭澍老弟，世维，今晚上我们要热闹热闹。哈哈！”原来戴金丝眼镜的年轻人是陈恭澍，穿长衫的是白世维。

陈恭澍和白世维跟着王天木大步迈进门去。

“莳花馆”是一座三进四合院。走进大门，首先映入眼帘的是影壁墙。然后转弯再往里走，早有伙计满脸堆笑地迎上来撩起门帘朝屋里让，很熟练地问道：“你们有熟人，还是见客？”这伙计的意思是，如果有熟识的姑娘，就指名道姓叫人，如果没有熟人，就说“见客”，“见客”就是让妓院里面的姑娘全部出来，让客人们挑选。

“见客！”站在前面的王天木朗声回道。

于是，那迎接的伙计拉开嗓门长长地喊了一声“见——客——！”然后，楼上楼下，前院后院的姑娘们一听到叫声，都如风摆杨柳、搔首弄姿地带着挑逗的神态出现在这三位客官面前。

三人一数，共来了八个姑娘。

这时，伙计放下门帘低声说：“我家共有十个姑娘，今儿个只来了八个。一个出条子没回来，一个有病跟您请假。”交代完了之后，这才笑嘻嘻地问王天木：“您看……”他故意把看字拉得很长，意在等王天木的回话。“您看……”的意思是你如果对哪个姑娘有意，就当面说出是哪一个，如果一个都不中意，就可以摇摇头往外走，也无须表示什么歉意，因为这是常事。万一真的没看清楚，还可以再来一个“二次再见”。

这时，一位特别妖艳的女子早站了出来：“咦，原来是王先生，这么长时间勿来，我还认为早把我忘了呢。”一口吴哝软语，甜腻之极。

王天木伸出肥白的手在那女子的嫩脸上拧了一下，很得意地对陈恭澍、白世维说：“怎么样？含春小姐可是京城的‘花国大总统’啊！”

含春是这里的红牌姑娘，年过标梅，风韵正佳，谈吐气质都不错，透着点矜持之态。

“含春姑娘可是个有志气的人儿，听说张宗昌要接她出去，她都执意不肯。”王天木当众夸她说。

张作霖

陈恭澍和白世维听了，点了点头，心中却质疑道，都已经沦落风尘了，还卖的什么正经。

含春用小手指敲着王天木的额头，嗲声嗲气地说：“王先生就是心肠坏格，你们男人个个都无良心，当面千好万好，转过头去就把我们给抛在脑后格。”

王天木满脸陪笑：“我住在天津，怎能天天来陪你呢？我们原来的那班老朋友呢？他们不是经常来吗？五爷呢？他可是最疼你了，恨不得把全家都搬来送给你呢！”

“哎哟，别提五爷了。五爷家的雌老虎凶巴巴的吓死人格。五爷身上既无有钱，又给看得出不了门，别提多可怜了。”

王天木说的五爷名叫吴泰勋，字幼权，他是前黑龙江督军吴俊升之子。吴俊升与张作霖同时遇难于皇姑屯，张作霖的儿子张学良便与吴泰勋同难相怜，拜了把兄弟，相互照拂。他出手大方，好交朋友，在华北一带是赫赫有名的人物。戴笠知道吴泰勋神通广大，早在跑单干搞情报时就想方设法结识了他，王天木还是他介绍给戴笠的呢。那次戴笠带着毛人凤来北平视察工作，做的第一件事就是把他的得力干将介绍给吴泰勋，他知道多结识人特别是有势力的人对情报工作的重要性：“你们在此关系太少，我要在北平逗留几天，你们跟着我，多认识些人，以后的工作便好做一些。尤其是五爷，你们一定要认识他。”吴泰勋果然介绍陈恭澍认识了许多人，有地痞流氓、黑帮头子，也有上层社会名流。戴笠这一行也收获不小，他通过吴泰勋的关系认识了黎天才、关吉璃、王卓然、王以哲、范崇谷、冯庸等东北军将领及上层社会人士，获得了关于东北军的第一手材料，蒋介石大为欣赏。

含春说的雌老虎是吴泰勋的太太朱媛。朱媛的老爸是曾经担任北洋政府财政总长的朱启铃，她出身名门，人称“朱九小姐”。朱媛嫁给吴泰勋后，发现吴泰勋是个败家子，整天吃喝嫖赌，她怕这样坐吃山空，当即用老爸言传身教的理财术把家产控制起来，吴泰勋花钱都要经她审查，还派人跟踪监视，怕吴泰勋逛妓院会将钱贴到妓女身上，结果吴泰勋被逼得干脆不出门了。

“陈老弟，你也点一个？”王天木怂恿陈恭澍。

“我还点飞龙！”陈恭澍红着脸点了这个名字最怪的姑娘。北平城里有许多妓馆，八大胡同离北长街十八号的特务站并不远，陈恭澍早已经不住张君武等的劝说，到莳花馆逛了一次，后来自己又去了一次，渐渐地，他去妓馆的次数越来越多了。女人真是忘忧物啊，他只有在妓馆里听着妓女的打情骂俏、撒娇撒痴的嗲声，才能将那颗悬着的紧绷的心放松下来。他就是在这样的心情下在莳花馆里认识飞龙小姐的。他第一次找飞龙只是因为这名字有点怪，想看看这到底是个什么样的女人。以后每一次到莳花馆他都要找飞龙，是什么地方吸引了他？飞龙并不很风骚，打情骂俏的本领也比不上其他姐妹，但她的圆圆的未脱天真的脸，笑起来脸上的两个小酒窝总让他想起少年时的女友，唉，家国多故，战乱频仍，她不知怎样了？还能见到吗？万事沧桑，即使能见到，又不知她变成了什么样？特别是飞龙的那一双眼睛吸引了陈恭澍，不知为什么，即使在笑时，那双大眼睛里也含着一丝忧伤、幽怨。每当看到她的眼，陈恭澍心里总是一阵激动。渐渐地，接触越来越多，飞龙似乎对陈恭澍产生了信任，断断续续地将自己的身世告诉了他。其实今晚上即使王天木不拉他，他也是要来莳花馆的，他已经有两天没看见飞龙了。

正寻思间，飞龙姑娘笑嘻嘻地出了列，只见她胖嘟嘟的，长得没有什么过人之处。

“谢客官垂爱！”飞龙姑娘一口吴侬软语，口音是是苏州人说北平话的味儿，糯糯的、甜甜的很受听。

陈恭澍听到这让人骨酥肉麻的声音，心说，这姑娘模样儿虽不出众，但丰乳肥臀，该鼓起来的地方都鼓起来了，干起活儿来，真是受用。

其实也不需要含春介绍了，飞龙早偎到陈恭澍身旁，一个脸上涂着厚厚脂粉的女子早抱住了白世维的胳膊。

几个人都挤到含春屋里。

“三位客官，随我们屋里坐。站了这半天，一定腿酸了吧，姑娘我给你们揉揉？”说话间，三人随含春和飞龙一起坐在含春的客厅里寻乐。

三人刚坐下，早有候在外面的娘姨们进来连忙端上一盘瓜子，随手打开一听香烟，又给三人各斟上了茶水，然后请教贵姓，开始找话头儿。

接下来，三人开始仔细欣赏两个姑娘的姿色，含春和飞龙也开始暗暗算计三人的钱包了。这就叫做“上盘子”或“开盘子”，北平叫“打茶围”。1933年时的行情，在头等班子打茶围，不管来了多少客人，是一块大洋。如果打开一听英国名牌香烟“茄立克”，再上一碟水果，通常都给两块钱。偶尔遇上不在行的，仍旧给一块钱的话，他们也绝不会争多论少。

王天木将手往兜里一摸，大大方方掏出五块大洋，放在众人面前。

众姑娘见了，那眼睛早笑得眯成了一条线儿。

王天木又点了一桌菜，老鸨早将酒送了来："各位大爷，好好乐呵啊。"

王天木将含春搂在怀里，那个名叫艳春的妓女抱住白世维的脖子硬要他干了一杯，飞龙则坐在陈恭澍旁边，往他面前的小碟子里夹菜。

王天木似乎也注意到了陈恭澍和飞龙的关系不同一般，亲了一下含春，转过头来对陈恭澍说："老弟，你和飞龙小姐倒是相敬如宾啊！"

含春用指点了一下王天木的额头，娇声娇气地说："人家陈先生多文静格，哪像你？"王天木哈哈大笑。

"到我屋里坐坐吧。"飞龙姑娘三番两次地请他们到她屋里去。

年轻的陈恭澍原以为随便在谁屋里都是一样，他哪里知道，第一次的生客不到本人屋里，就不算正式上盘子，也就不好收钱，这是他们的规矩。

二、深夜密令

突然，大门外传来急促的刹车声，十分刺耳!

接着是急促的脚步声，一直走到含春房门前。只听有人敲了几下门，不容里面的人回答就自行开门进入了。

"王大哥在里面么？"王天木、陈恭澍和白世维三人正和含春、飞龙、艳春姑娘嬉笑打闹，搂搂抱抱，男欢女爱之际，突然听到王天木的司机老萧在外面叫喊。

稍时，众人看到伙计领着老萧已经进入房间。

"真败兴！你们怎么找到这里了?!"王天木将手中的酒杯重重地摔放在桌子上，非常生气地责问，"什么事?!"

老萧急匆匆地上前，俯在王天木的耳边压低声音说："郑介民先生正满头大汗地到处找你们呢，已经找了好半天了。多亏郑先生的司机在胡同口看见我们的车子，问过我以后，才知道你们三人全在这里。现在，郑先生正在胡同口外车子上等你们呢！"郑介民，时任国民党军统局特务处副处长、复兴社十三太保之一、北平特派员。郑介民怎么到了北平

郑介民将军证

呢？1933年春，华北局势非常紧张。戴笠来北平视察工作，感到华北的形势比想象的还要严峻，特务处在华北地区的力量需要加强，于是决定成立特务处华北区。蒋介石表示同意。于是派特务处副处长郑介民兼任华北区长，负责华北一带的特务活动。戴笠指示，各站长与郑介民要保持单线联系。

陈恭澍心中暗想："郑先生这么晚亲自找上门来，一定有十万火急的情报。"想到这里，他急忙站起身来，快步往外迎接。

王天木马上也意识到了，只好慢慢推开坐在他腿上偎在他怀中的含春，立即起身对白世维说，"世维，你留下来等一会儿，我和恭澍出去看看什么事情。"说完，就和陈恭澍一起赶下楼去。

陈恭澍一听上司郑介民来了，吓得脸色煞白，哪里还敢在这里继续寻欢，也来不及掏钱开盘子，连忙拿起帽子快步就往外跑。

只见巷口停着一辆黑色的小车，一个人身穿风衣，头戴礼帽，颇有绅士风度地靠在车旁。

听到脚步声，那人转过脸来，巷口灯笼的光照到他脸上，三人看出那是一张长方脸，两只眼睛离得很近，鼻梁很高，嘴角从两边下垂。

华北区副区长、天津站站长王天木和北平站站长陈恭澍认出，来人正是他们的顶头上司、华北区区长郑介民！王天木和陈恭澍知道前些日子蒋介石和戴笠指派郑介民来北平指挥北平站的工作，他们只知道郑介民已经潜入了北平，却从未得到过他的联系。他们觉得可能像过去一样，不过是干打雷不下雨，便慢慢松懈下来。此时，见郑介民突然出现他们面前，的确吓了一大跳。

三人完全失去了刚才那种男欢女爱、醉生梦死的神态，都将头埋得深深的，谁也不好意思主动开口和郑介民搭话。

“玩得还舒服吧！你们可真有闲情逸致，害得我找得好苦哇！”他们刚走出大门没多远，就看见郑介民朝他们招手。

听到这句一语双关话，三人都吓住了，各自在心中盘算如何自救。“郑先生，我们下次不敢了。”王天木神情沮丧，有气无力地说。

陈恭澍和白世维也赶紧随声附和。

“郑先生，实在是不好意思。我们这就随您走吧。”王天木说。

“不用了，咱们干脆一起进去坐坐吧。”郑介民却让王天木陪着他一起重新回到了莳花馆，于是他们一起又回到了含春的客厅。

白世维地位最低，原想礼貌一番，却愣在一旁十分尴尬，鞠躬也不是，握手也不是。

“大家坐下来说话。”郑介民连忙亲切地招呼大家。

于是，三人这才放松下来，一起坐下。

含春、飞龙、艳春和娘姨、其他小姐们一见又来了新客人，都一起上来亲热地打招呼。

郑介民的兴趣完全不在这些如花似玉、打扮妖娆的姑娘身上，他压低声音问王天木：“天木兄，这里有没有方便说话的地方？最好找个隐密的地方。”

王天木忙转身去问含春。

含春含笑点了点头，小心地引导着四人往里面让。

里面是一间小套间，布置得相当雅致，是专供客人们捧场打牌用的。

含春一见他们恰好四个人，连忙笑吟吟地拉抬子准备牌场。

王天木一看含春等人不明究里，连忙悄悄地附在含春耳边嘀咕了两句。

含春听罢，立即收了笑容，赶紧给四人一一斟好了茶，又端上两碟水果，然后小心地带上房门，使眼色暗示莳花馆的人都跟着她退出去了。

不放心的白世维又出去，小心地前后左右仔细查看了一番。

等三人在桌子周围坐定后，郑介民干咳了两声，收敛了笑容，压低声音，持重地向三人传达指示："下午 5 点多钟，北平最高军政当局何部长召我前去，当面交付一项蒋校长下达的任务，其重要性，关系到整个华北地区的安危！

"我代表我们的组织，承担下来了。我来指挥你们干掉一个人，此人化名常石谷，实际就是前湖南督军张敬尧。我希望你们这次能行动得利索点。

"张敬尧已经投靠日本人，被任命为平津第二集团军司令，受日本的支持，他正在收买旧部，妄图策动华北自治，而且要杀害国民政府驻华北的最高负责人何应钦部长！

"制裁张敬尧的限期是从今日起计一个星期，也就是七天。"

"有什么线索没有？"突然有人问道。

"有！据可靠消息，张敬尧现已潜入北平东交民巷，正从事叛乱活动。再进一步的细节，需要我们自己侦查。"

"你们有把握吗？"郑介民环视三人道。

三个人都默不作声。

"一定要在一星期内杀了他！"说到"杀"字，郑介民用右手做了砍头的手势，眼中闪过一道寒光，脸上布满杀气。

陈恭澍听到杀字，不由得大吃一惊，头皮一阵发麻。他心中暗想：该来的到底来了。杀人，这是他进特训班时就有了思想准备的。但现在真的要去杀人了，对他来说还是第一次。而且要刺杀的是鼎鼎大名前湖南督军张敬尧。

郑介民通过陈恭澍的表情注意到了他的心理变化，紧盯着他的双眼，稍微停顿了一下，鼓励三人说："张敬尧此行是要分化国军队伍，直接威胁华北边防。华北的安危就系在你们身上。这可是个为党国争光除害的大好机会，成功了华北局势可稳固。如果失败被抓，我们便惹了大祸。这次行动由我亲自负责，任何行动均交我审定后才能执行。不可有半点

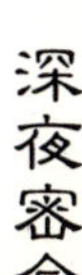

疏忽，我们应该不惜任何代价全力以赴完成任务。此项任务事关重大，必须不惜一切代价，只能成功，不能失败！你们明白吗？”

“明白！”三人低声而有力地回答。

看到陈恭澍紧张不安的样子，郑介民又缓下脸色，慢声说：“恭澍老弟，我知道你的难处，北平站刚刚建立，人员、装备都不足，困难很大。恭澍兄虽然从小生长在北平，但由于长期不在北平，人生地不熟。而经验丰富的天津站站长天木兄正好在北平。我已发电请示过戴处长，将刺杀张敬尧的命令交由天津、北平两单位集中力量合作执行，其任务分配，请天木、恭澍二兄自行斟酌。”

郑介民将头转向王天木：“王兄，有没有信心？”

王天木拍了拍胸口：“郑处长放心，保证让张老四夫有来无回！”

郑介民点了点头，站起身就要离开。

王天木笑着说：“郑处长，也乐一乐嘛。”

郑介民连连摇手，王天木知道，郑介民的老婆何淑芬是出名的母老虎，郑介民见了她甚至有点发悸。

郑介民走到门口，又回过头：“记住，这件事情十分紧急，蒋校长严命：不能超过一星期。不能浪费一分一秒！”王天木知道“蒋校长严命”的分量，老蒋平时和部下称兄道弟，可一旦有人违反了他的命令，惩罚毫不留情。他那玩乐的热情顿时凉了大半：“恭澍老弟，咱得抓紧时间。”

“本人立即将此事电话戴先生报备；明天上午 10 时整，我们在府右街集合汇报，有关事项，届时再详加讨论。”郑介民说到这里，停了一下，然后压低声音，一板一眼地说：“此去必须完成任务，最低限度，也要做到和他同归于尽。千万不能让日本人抓去，增加政府的工作困难。此去生还的机会不多，你们对家人有什么交待没有？”

“没有！为党国效力，义不容辞！”三人一同表决心。

“非常好，今天的会议就到这里。”郑介民非常满意地点点头，他看时间还不到午夜，就说：“我先回去给戴先生发电报，希望北平、天津两站立刻交换意见，着手行动。”

“是！请郑先生放心！”

蒋介石领导的国民政府国民党北平军分会为什么会下达刺杀张敬尧的命令呢?

1933 年 5 月，华北最高负责人、国民政府军事委员会北平分会何应钦获悉，原湖南总督张敬尧被日本人任命为平津第二集团军总司令，已经在 4 月份，携 30 万银元活动经费潜入北平，准备策动旧部，意图策动“华北自治”。华北是中华民族的摇篮。当时，华北包括晋、冀、鲁、察、绥等五个省和北平、天津两大城市。这里物产丰富，战略地位极为重要。为了实现“大日本帝国”的美梦，日本军国主义者在侵占我国东北后，又力图染指华北。

得到何应钦的报告，蒋介石忧心忡忡，他心中暗想：如果北平、天津丢失，有人在日本人的支持下另立伪政权，南京政府在国际上的威信将大打折扣！还必然会激起国内抗日反蒋的热潮，这显然对我非常不利。

于是，蒋介石分别向何应钦和戴笠下达命令：“立即安排特务刺杀张敬尧！”

第二章　阴谋

一、“以华治华”的阴谋基础

在蒋介石下达刺杀张敬尧的命令背后隐藏着日本帝国主义与亲日派汉奸的阴谋。

那么，日本方面是如何拉拢收买亲日汉奸策动“华北自治”的？“以华治华”的阴谋基础又是什么？

“中国革命或内乱对日本来说是绝好的侵华机会。”日本第一代对华间谍鼻祖青木宣纯一直这么认为。除了 1928 年的“济南事变”和 1931 年的“九一八”事变、“天津事变”，1932 年的“一·二八”事变这几次重要的武力征服，在 1933 年 5 月国民政府下令刺杀张敬尧之前，包括对待袁世凯、皖系军阀段祺瑞和奉系军阀张作霖等国内军阀，日本帝国主义者主要靠“以华治华”的外交策略来削弱中国，以实现其最终武力征服的目的。“以华治华”的策略基础是充分利用中国的内部矛盾分化瓦解中国，削弱中国，最终达到侵略、奴役中国的目的。

南北矛盾——国民党与北洋集团的矛盾

在 1933 年 5 月初，蒋介石、何应钦、戴笠、郑介民等下达刺杀亲日汉奸军阀张敬尧的命令之前，准确地说，从袁世凯篡夺革命胜利果实一直到 1928 年奉系军阀张作霖代表的北洋政府倒台，北洋政府与南方国民党的矛盾一直是中国最主要的一对矛盾，简称为南北矛盾，也就是以孙中山、汪精卫、胡汉民、蒋介石等代表的南方国民政府与以北洋政府首脑袁世凯、皖系军阀、直系军阀和奉系军阀等北洋军阀等派系代表的北洋政府的矛盾。北洋政府是指1912—1928年由北洋系军阀控制的中华民国北京政府的通称，这是相对于孙中山领导的改组后的国民党在南方成立的广州军政府的称呼。北洋是指位于渤海、黄海、朝鲜半岛附近的一个地域，袁世凯曾在这里开创了近代新军——北洋军。

1911年武昌起义后，中国终于推翻了几千年的帝制，推翻了清王朝，建立了南京临时政府。不久，孙中山等南方革命党向袁世凯等代表北洋集团妥协，革命的胜利果实落入北洋军阀首脑袁世凯手中。此后，孙中山领导的同盟会逐步分化。1912年8月25日，孙中山将同盟会与其他4个小党联合组成国民党，他想通过“议会道路”实现“革命理想”。1913年7月孙中山不得不领导国民党发动了反对袁世凯的“二次革命”，结果失败，国民党开始四分五裂。1914年7月，为了纯洁党组织，统一思想，加强纪律性，孙中山召集部分国民党党员在日本东京成立中华革命党。1919年10月10日孙中山又将中华革命党改组为中国国民党，发布了《中国国民党规约》，规定“以巩固共和，实行三民主义为宗旨”。1921年，孙中山领导的第二次护法战争失败，国民党严重受挫。

1925年7月1日，孙中山死后的改组后的联俄联共的国民党在广州成立国民政府，开始公开与北京的北洋政府分庭抗礼。广州军政府之所以公开与北洋政府分庭抗礼，是因为孙中山代表的国共两党，以及背后的人民群众，被北京政变后北洋军阀首领段祺瑞代表的帝国主义和封建军阀给耍了。1924年秋，正是北洋政府内部权利斗争的焦灼点儿，直系军阀倒台，皖系军阀首领段祺瑞借助奉系军阀张作霖和冯玉祥开始掌控北洋政府。1924年，冯玉祥在第二次直奉战争中任直军第3军总司令，他趁直、奉两军在石门寨、山海关等地激战之际，突然回师发动北京政变，推翻了“贿选”的大总统、直系军阀首领曹锟，从而推翻了直系军阀政府。冯玉祥将清朝的末代皇帝溥仪驱逐出宫，改所部为中华民国国民军，任总司令兼第1军军长，并电邀一直受北洋政府压制的孙中山赴京共商国

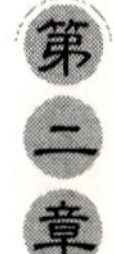

事。但迫于形势，冯玉祥又同反直系的奉系军阀张作霖、皖系军阀段祺瑞妥协，组成以段祺瑞为临时执政的北洋政府。张作霖、冯玉祥、卢永祥等于1924年11月15日推段祺瑞为“中华民国临时执政”，摄行大总统，并废除了曹锟宪法，终止《临时约法》和取消国会。1924年12月18日，段祺瑞派许世英、叶恭绰赴天津迎接孙中山。孙中山发表《北上宣言》，提出应先召集国民会议，以谋中国统一与建设。中国共产党支持孙中山北上，并于1924年11月发表宣言，指出在全国正式政府未成立前，国民会议预备会议应该是号令全国的总机关。这个主张得到了全国人民的拥护，于是国民会议运动汇合废除不平等条约运动，在全国范围开展起来。

为了抵制国民会议，段祺瑞于11月24日抢先就任中华民国临时执政，总揽军民政务，统率海陆军，再次上台，成为中华民国的元首，实际上仰奉系军阀张作霖的鼻息。直系军阀曹锟垮台后，实际上是奉系军阀张作霖控制了北京政权，他们抬出皖系首领段祺瑞为临时执政，实际则在背后操纵。段祺瑞立即筹备召开善后会议，企图通过善后会议产生国民代表会议，再通过国民代表会议制定宪法，组织正式政府，使其统治合法化。段祺瑞（1865～1936），皖系军阀首领，民国时期政治家，北洋三杰”之一。他曾帮助袁世凯练北洋军，纵横政坛十五载，一手主导了袁世凯死后北洋政府的内政外交，有“三造共和”的美誉，后来因迷信武力统一，为直系军阀击败而下野，这一次，段祺瑞借助和奉系军阀张作霖和孙中山的三角同盟实现了短暂复出。

1924年12月31日，孙中山抱病入京。段祺瑞却提出召集军政商学实力派组成的善后会议，以抵制孙中山主张召开的民选的国民会议。孙中山决定国民党员不参加善后会议。1925年2月1日，段祺瑞主张的善后会议召开。然而“善后会议”解决不了任何实际问题。各派军阀之间争权夺利，纵横捭阖，敌与友之间根本无一定之分。3月1日，孙中山领导的中国国民党左派和中国共产党在北京召开了国民会议促成会全国代表大会，揭露了善后会议的反人民性质，坚决反对以国民代表会议代替国民会议。

1925年3月12日，孙中山在北京恨恨不平地去世了。1925年5月

30日，为反对日本资本家打人和无理开除工人，要求增加工资、及时发工资，震惊中外的五卅运动在上海爆发，并很快席卷全国。

孙中山的去世、五卅运动的爆发，是1925年7月1日国民党在广州成立国民政府开始公开与北京的北洋政府分庭抗礼的根本和诱发原因。

1926年7月4日，为完成孙中山的遗愿，国民党中央在广州召开临时全体会议，通过《国民革命军北伐宣言》，陈述了进行北伐推翻北洋政府的理由。1926年7月9日，蒋介石就任中华民国的广州国民政府国民革命军总司令，进行北伐誓师，北进讨伐北京北洋政府及其领导下的各路军阀，以完成中华民国的统一。

南方的北伐军决定各个击破，先攻打直系军阀吴佩孚，然后攻打东南的孙传芳，最后攻打奉系军阀张作霖，不到一年北伐军就控制了全国半壁江山。

1927年的4月和7月，在北伐战争尚未完全胜利之时，蒋介石、汪精卫急不可耐地先后进行“清党”、“分共”，来对付中国共产党，使北伐中途停顿，给北洋军阀以短暂的喘息之机。

张学良

1927年4月19日武汉方面任唐生智为北伐军总司令继续北伐。5月南京方面北伐军也继续北伐。1927年8月中，东路北伐军在徐州战役失利，蒋介石下野，南京政府被新桂系把持。8月底，何应钦、白崇禧指挥北伐军在龙潭战役中击败孙传芳对南京的反攻。

1928年，国民政府内部蒋介石、新桂系、冯玉祥、阎锡山四大派别联合进行北

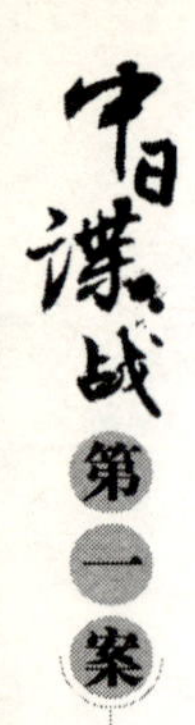

伐，迅速击败奉系军阀张作霖。使国民政府形式上统一了全中国。1928年4月，奉系军阀张宗昌部在滦州被北伐军彻底打垮，逃到了大连，孙传芳在北京宣布下野，张宗昌、孙传芳残部向北伐军投降。

在北洋政府就要倒台之际的1928年5月，段祺瑞急忙联络徐世昌、王士珍、曹锟、熊希龄等北洋元老，发起“和平运动”，呼吁南北双方停止战争，召开和会。

1928年6月4日，张作霖当夜撤离北京，退出山海关外，张作霖的专列在到达沈阳附近的皇姑屯（京奉铁路和南满铁路交叉的三洞旱桥），被日本关东军埋设的炸药炸死。

1928年7月5日，蒋介石因北洋皖系军阀中的安福系在天津、大连活动，致书警告段祺瑞。7月10日，段祺瑞函复蒋，否认安福系在天津、大连活动。1928年10月1日，段祺瑞匆匆赴大连休养。

1928年12月29日，张学良宣布奉吉黑三省由北洋政府五色旗改悬国民政府青天白日满地红旗，改保安委员会为东北政务委员会，即东北易帜，宣布效忠南京中央政府，北伐至此宣布成功。

但是，北洋集团并没有完全覆灭，北洋集团与蒋介石国民政府的矛盾，仍在继续。

北洋集团的内部矛盾

1928年北洋政府倒台之前，北方的北洋集团势力一直强于南方的国民政府。因此，北洋集团内部的矛盾也成为日本人用来搞“以华治华”、搞乱中国的重要基础。

北洋集团内部的矛盾，主要是皖系军阀、直系军阀和奉系军阀等派系之间的矛盾。袁世凯生前，北洋集团尚能维持统一。1916年6月6日袁世凯死后，加上中国的小农经济基础与帝国主义列强分而治之的策略，中国就丧失了政治中心，兵为将有，政治权力也分散在各路军阀手中，不仅中央不能控制各省，甚至省也不能控制下属各县。督军团横行无忌，立法、行政、司法机构大多徒具形式，中央政府只能在对外关系上勉强代表着国家。中国北洋集团的大统一局面迅速结束了，中国很快陷入了群雄纷起、兵连祸结的军阀割据年代，北洋内部分裂为皖、直两大系，奉系也在东北迅速崛起，各地大小军阀如晋系、滇系、桂系等无不割据一方。

自 1916 年袁世凯死至 1920 年直皖战争爆发，北京政府基本上为皖系军阀段祺瑞把持。

1920 年 7 月，直皖战争爆发，直系与奉系结盟，未及半月，皖系即败下阵来，直系曹锟、吴佩孚成了北京政府的新主人。1924 年 10 月，倒直的冯玉祥发动北京政变，囚禁直系首领曹锟，吴佩孚失败南下，直系军阀统治时期告终。直系垮台后，奉系控制了北京政权。

1925 年 10 月，在第二次直奉战争中失败的直系军阀吴佩孚在武汉就任十四省讨贼联军总司令，发动反奉战争，又称国奉战争，图谋东山再起。同时，东南孙传芳响应起兵驱逐苏皖等地奉系势力。11 月，在南京宣布成立浙、闽、苏、皖、赣五省联军，自任联军总司令兼江苏总司令，一跃而为五省霸主。

1925 年 11 月 22 日，冯玉祥支持奉系将领郭松龄在直隶滦州倒戈，将所部改称东北国民军，迅速回师占领山海关、锦州、新民等地，直逼沈阳。郭松龄反奉本是要配合冯玉祥反直，两人联手打击奉军，而冯玉祥行动迟缓，被直军拖住后尾，加之奉军引来日本的干涉，致使 12 月 24 日郭松龄兵败新民县被捕，次日被杀害。

于是，奉直两系都对冯玉祥恨之入骨，决定不计前谦，联手反击冯玉祥这支新起的军队。于是，奉系军阀张作霖事后与直系军阀吴佩孚弃嫌修好，又与阎锡山、张宗昌等达成交易，共同组成“讨赤联军”，合力对冯玉祥国民军作战。

张作霖挥师南下入关，挺进京津。张作霖以牺牲南满、东蒙的权益换取了日本的出兵干涉。1926 年 3 月奉军在日军的掩护下占领天津。

1926 年 4 月，冯玉祥从北京撤退至昌平南口镇死守。所以这场大战，冯玉祥西北国民军从 15 万人马锐减至 5 万人马，最后退到绥远五原，冯

玉祥下野赴苏联结束。反奉战争以失败告终。

1926年4月，北洋政府“临时执政”皖系军阀首领段祺瑞被迫下台。1927年6月，奉系军阀张作霖率领奉军占领北京后，和直系军阀吴佩孚修好联合起来，暂时建立了他们在中国中部和北部的统治，并组成直系和奉系军阀势力所控制的北京政府，这个政府由内阁“摄政”。

这时，南方的国民革命兴起，五卅运动的爆发引发了全国性的革命造反高潮，广东革命军的北伐时机已经成熟。

奉系军阀张作霖和直系军阀吴佩孚代表的北洋军阀在面临失败的最后关头，仍不愿意自动退出历史舞台。1927年6月，张作霖在北京组织安国军政府。1927年6月18日，张作霖在北京就任北洋军政府陆海军大元帅，代表中华民国行使统治权，成为国家最高统治者，并组成北洋军阀统治时期第32届、也是最后一届内阁，成为北洋军政权最后一个统治者。奉系军阀张作霖企图联合直系军阀吴佩孚等各派军阀，进行最后挣扎。

国民党的内部矛盾

1928年，在北洋政府垮台后，国民党领导的国民政府开始取代北洋集团成为中国政坛上的主角。因此，国民党内部的矛盾也就成为日本“以华治华”，分化瓦解中国的重要基础。

像袁世凯死后北洋集团分裂一样，1925年3月孙中山逝世后国民党内也开始分裂。

国民党内的右翼势力形成了西山会议派，反对孙中山的三大革命政策，开始进行反对共产党、分裂国民党的活动。

1926年1月1～19日国民党在广州召开“二大”，重申了孙中山的三大革命政策，处分了右倾反共的西山会议派的主要成员。在这次大会上，蒋介石成为中央执行委员常委、国民革命军总监。此后，以蒋介石为首的国民党新右派相继制造反动的、打击和排挤共产党的“中山舰事件”和“整理党务案”，使共产党员被迫辞去他们担任的国民党中央部长等职。蒋介石先后攫取国民党军事委员会主席、组织部长、军人部长以及中央常务委员会主席等要职，逐渐掌握了国民党的领导大权。

当北伐在国共积极合作下取得巨大胜利时，1927 年 4 月 12 日，蒋介石发动了四一二政变，进行反共清党活动，镇压共产党人和工农进步力量，打击和排斥国民党左翼，并在南京另立国民政府，宁汉分裂。宁、汉分别指南京和武汉。蒋介石以汪精卫领导的武汉政府受共产党控制为由，在南京另组国民政府，主张清党。汪精卫领导的武汉政府下令开除蒋介石的党籍，并计划派兵征伐南京，史称“宁汉分裂”。

1927 年 7 月 15 日汪精卫追随蒋介石在武汉实行“分共”，宁汉开始出现合流趋势，共同破坏国共合作的统一战线。蒋介石、汪精卫相继背叛革命后，以蒋介石、汪精卫为首的国民党背叛了孙中山的三大政策，已不再是工人、农民、小资产阶级、民族资产阶级的革命统一战线组织，而成为代表地主、买办资产阶级利益的政党。

这时，踏实践行孙中山新三民主义路线的以宋庆龄为代表的国民党左翼与共产党人发表声明，退出国民党中央。

1927 年 7 月以后，国民党内在国民党左派之外，形成了宁、汉、沪 3 个集团：南京有蒋介石控制的“国民政府”和“中央党部”，武汉有汪精卫控制的“国民政府”和“中央党部”，上海有西山会议派的“中央党部”在活动。此外，还有粤、桂、晋等地方势力。在这些势力中，宁、汉双方集中了国民党中最重要的一批领袖人物，又各自掌握着一个政府，拥有一支军队，割据着一大块地盘，因而成为最有分量的势力。他们一方面为争夺最高权力明争暗斗，另一方面很快在反共的共同目标上开始合流。他们为了实现“合作清党”、“统一党务”，进行了一系列酝酿和接触。冯玉祥从中牵线，与各方反复电商，于 7 月 20 日提出解决宁、汉合作的具体办法。汪精卫等表示愿意“和平统一”，同意“迁都南京”。蒋介石、李宗仁、胡汉民等欢迎武汉重要分子到南京“柄政”，赞成各方“共同北伐”。8 月上旬，宁、汉双方基本上达成了妥协。这时，汪精卫等虽然同意与宁方合作，但仍坚持反蒋态度，且声浪 很大。同时，蒋介石排斥异己，引起桂系的不满，李宗仁、白崇禧等对蒋不再采取积极支持的态度。加之蒋介石亲自指挥的津浦线上战事的失败，使其陷入困境。蒋介石感

到自己的地位还不巩固，便采取以退为进的策略，于8月13日发表下野宣言，宣布辞去国民革命军总司令职务，然后回浙江奉化。不久，东渡日本。蒋介石的下野，加快了宁、汉合作的步伐。9月11日至13日，宁、汉、沪3方代表在上海举行谈话会。出席会议的有汪精卫、谭延　、孙科、李宗仁、张静江、蔡元培、李石曾、邹鲁、张继、谢持、许崇智等21人。宁方的蒋介石、吴稚晖、胡汉民和汉方的陈公博、顾孟余拒不出席。

1927年10月至11月，武汉国民政府和南京国民政府之间爆发了宁汉战争。因为作战主力部队分别为武汉国民政府内部的唐生智部和南京国民政府内部的新桂系李宗仁部，所以又称为“李唐之战”。宁汉战争使“宁汉合流”的结果得以保证。使国民政府得以维持统一。新桂系也在宁汉战争以及二次北伐中，势力迅速扩张到极盛。

1927年12月3日至10日国民党中央执行委员会在上海召开国民党二届四中全会预备会，会议的最后一天恢复了蒋介石的北伐全军总司令职务。1928年1月4日，蒋介石到任，继续领导北伐。北伐军在占领河南之后，取得原属北洋军的冯玉祥、阎锡山等人的加入。

1928年年底东北易帜，国民党北伐胜利统一全国后的数年间，国民党党内武装对峙不断，终因汪精卫、胡汉民二人分立，但却总有一人支持蒋介石，从而使蒋介石能稳坐南京中央政府。

国民党内部的矛盾，就被日本帝国主义和北洋军阀利用，不断挑起事端。

国共矛盾

1927年国民党三全会后，苏联领导人斯大林派罗亦到武汉协助苏联政府派遣的中国国民党首席政治顾问米哈伊尔·马尔科维奇·鲍罗廷组织农工阶层展开群众运动，农民协会、土地委员会一时间成为了有武装权力的组织。1927年3月10日，武汉国民政府主持召开国民党二届三中全会，通过《统一党的领导机关决议案》等一系列提高党权、防止个人独裁和军事专制的决议，取消了蒋介石的中央常务委员会主席和军人部长一切公职。

“我决不接受该决议！如今，共产党人在国民党内部势力日益膨胀，党中有党，如不早日剪除，今后会更难控制。共产党人在北伐军攻克的地方大搞打土豪、分田地的恐怖政策，遭到许多国民党员的反对……现在，是到了清党的时候了！”蒋介石在南昌发表《告黄埔同学书》，表明他不接受武汉国民政府的决议，并表达了清共的意图。

各国租界在蒋保证不以武力改变租界现状后答应提供援助。

1927 年，蒋介石与汪精卫先后背叛了孙中山“联俄、联共、扶助农工”的三大政策，发动了“四一二”反革命政变和“七一五”反革命政变。从此，代表地主、买办资产阶级利益的国民党与代表工农利益的中国共产党也由合作走向分裂和对抗。

当日本帝国主义加紧侵略中国的时候，以蒋介石为首的国民党领导集团又奉行“攘外必先安内”政策，集中兵力“围剿”中国共产党领导的红军。

以上矛盾交织在一起，错综复杂，正是被日本等帝国主义国家用来分化瓦解中国、“以华治华”的外交与间谍策略基础。

二、“发动武力解决满蒙问题”

从 1929 年开始，关东军高级参谋板垣征四郎与石原莞尔在奉天再度联手，前后三次组织关东军参谋进行“旅行”演习。

从 1904 年第一次踏上中国这片土地，到 1929 年成为关东军高级参谋，板垣征四郎就像猎狗一样具有超常的嗅觉，他对中国的地理、政治、经济、军事情况了如指掌，他与土肥原贤二、矶谷廉介一起，被誉为日本陆军中的“三大中国通”。

1885 年 1 月 21 日，一个婴儿降生于日本岩手县岩手町沼宫内的一个士族家庭，他的名字叫板垣征四郎。

“效忠天皇陛下”！“为大日本帝国献身”！甲午战争之后，日本军国主义思想高涨，受祖父和父亲的影响，小小年纪的板垣征四郎坚定地

这样宣誓。一个军医被他的执着打动，最终破例关照他于 1901 年升入陆军中央幼年学校。

1903 年 12 月，板垣征四郎进入日本陆军士官学校，成为该校第 16 期的学员。陆军士官学校第十六期出过许多侵华的“知名”人物，像土肥原贤二、冈村宁茨、安藤利吉等，在日本军界被称为“荣耀的十六期”。

1904 年 12 月，正值日俄战争爆发，刚刚 19 岁的板垣征四郎驰骋沙场的梦想似乎可以实现了。这个刚刚从陆军士官学校毕业的步兵小队长板垣征四郎怀着粉身碎骨为天皇“尽忠”的信念随部队开赴中国东北前线，狂热地投入到侵略战争中。板垣征四郎因作战勇猛而闻名军中。在一次大会战中，板垣征四郎的左胫部被子弹打穿，伤势非常严重，但他仍坚持战斗。后来部下硬把他抬下火线，送到随军医院。等到伤口愈合，战争已经结束了。这一次，板垣征四郎“打仗立功”的目标没能实现。但弹丸岛国日本经过 20 个月终于战胜陆上强国俄国，强迫俄国与日本于 1905 年 9 月 5 日签订了《朴次茅斯和约》。日俄战争的胜利极大刺激了板垣征四郎等日本军国主调解者侵略扩张的野心。在这场侵略战争中，板垣征四郎跟随部队在中国东北的旅顺、奉天等地与沙俄军队作战，中国广袤的土地、丰富的资源，在板垣征四郎的脑海里留下了深刻印迹。

“如果日本帝国能拥有这些，将会变得更加强大。”板垣征四郎心中暗想，以后，这种侵略思想支配了罪恶的一生。

1913 年，板垣征四郎被调回日本，进入日本陆军大学第 28 期学习，同时晋升为步兵大尉。1916 年，板垣征四郎从陆军大学毕业。

1917 年，由于板垣征四郎自幼学习中国文化，深谙中国民情风俗，而且能够讲一口流利的汉语，他就被日军参谋本部以研究员的身份派往中国云南。

1919 年，板垣征四郎被调任汉口派遣队参谋，这几年中，他辗转于昆明、汉口等地从事间谍工作。

在汉口期间，板垣征四郎与同任参谋的石原莞尔相识，两人都是法西斯军国主义狂热分子，因此二人一见如故，从此狼狈为奸。

1922 年，板垣征四郎调任日本陆军参谋本部中国课课员，同时兼任陆军大学教官。这期间，他仍非常关注中国问题，寻找各方面资料，进一步深入研究中国。

1924 年，板垣征四郎再一次被派遣到中国，任驻华公使馆武官助理，在武官林弥三吉和本庄繁手下工作。

1926 年，板垣征四郎升任参谋本部中国班班长。1927 年 5 月，板垣征四郎出任冈山第 33 步兵旅团司令部参谋，同年 7 月板垣征四郎任第 10 师团司令部参谋。1928 年 3 月，板垣征四郎晋升为大佐，出任天津第 33 步兵联队联队长。

1929 年 3 月，板垣征四郎率部调驻奉天，5 月改任关东军高级参谋。开始了他在中国的最可耻的罪恶时代。

1929 年 7 月 3 日至 12 日，板垣征四郎和石原莞尔带队组织了“北满参谋旅行”，随员有佐久间亮三大尉等 5 人，主要课题是研究日军在哈尔滨附近地区进行攻防战的问题，并且提出了就“有关统治占领地区问题研究”的研究课题。

1929 年 10 月，板垣征四郎和石原莞尔带队组织了“南满辽西参谋旅行”。这次旅行的主要课题是，研究日军在锦州地区进行作战的问题。

板垣征四郎

“我想大家对天皇的意图很明确了吧！中国是一块肥肉，现在谁都想吃，我们当然也不能袖手旁观，这是军部最近拟定的一份长久计划，先请大家看一下。”1930 年 12 月，一场大雪整整下了 1 个星期，而在沈阳的日本关东军军部的办公室中正热火朝天，日本参

谋部、陆军省、海军省，天津驻屯军各方的代表以及特务机关的永田铁山、土肥原贤二、板垣征四郎、石原莞尔等正在一起开会。1929 年 7 月，宇垣一成大将复任陆军大臣。他是亟图“解决满蒙问题”的人，1930 年 8 月，素为宇垣一成所赏识的永田铁山大佐，就任陆军省要津的军务局军事课长。此时，正当中国爆发中原大战、军阀政客嚣聚北平、举行所谓扩大会议、张学良派兵入关拥护中央定乱之际。面对中国的内乱，日本人喜出望外，立即派永田铁山及参谋本部支那课长重藤千秋、陆军省支那班长根本博，到沈阳、北平、天津观察形势，与天津特务机关长土肥原贤二、关东军参谋板垣征四朗、石原莞尔、北平助理武官铃木贞一等同志交换意见。永田铁山示意副官下发文件，上面印着“以武力占领满洲的具体行动纲领”字样。接着副官又发下一本小点儿的文件，上面印着“行动计划”字样。见手下人都看完了文件，永田铁山接着说道，“我方必须占领全中国。第一步，我们占领中国东北三省，成立一个政府，这样我们便算站稳了脚；然后我们再进占热河、唐山、遵化、密云，直逼天津，到那时，中国便是我们的了。各位的职务及具体工作文件上已标明，须指出的是，这些活动计划，均归土肥原贤二阁下及板垣征四郎具体指挥，有什么问题可直接找他们！”这样，这群日本军官和特务在沈阳秘密决定了“发动武力解决满蒙问题”的原则。

三、螳螂捕蝉背后的阴谋——张学良讨伐石友三

螳螂捕蝉，黄雀在后。1931 年 7 月 23 日，张学良通电讨伐石友三，调东北军主力入关，从东北调进关内大量精锐部队，导致东北防守异常空虚。无意中为日本人发动“九一八”事变提供了最好的时机。

石友三原属冯玉祥的西北军。和张宗昌、韩复榘一样，石友三在国内军阀混战时期，由于实力弱小，加上个人野心的驱使，他总是见风驶舵，朝秦暮楚，反复无常，后来在抗日战争时期，更是公开走上了叛国投敌的道路。于是便有了“倒戈将军”的绰号。

石友三（1891年～1940年），字汉章，吉林长春人。年幼时因家贫在长春城毕家粮坊当学徒，结识了毕家少爷毕广垣，得以入东关龙王庙小学读书，有机会与该校教员商震有了师生之谊。

石友三

1908年，石友三投军进入北洋陆军第三镇吴佩孚营，随营移驻河北廊坊。后因兵变流落北京。

1912年，石友三再次投军进入冯玉祥营，充当马夫。天性机灵、善于察言观色的石友三很快成了冯玉祥的贴身护兵。并随着冯玉祥的升迁而擢升，与韩复榘、刘汝明、孙连仲、孙良诚等并称为冯玉祥的“十三太保”。

1924年10月，冯玉祥在北京政变，冯玉祥领导的部队改称国民军。当时，石友三任第八混成旅旅长，后升任第六师师长、第六军军长兼第六师师长。

1926年春，奉军、直军、直鲁军、晋军联合向冯玉祥领导的国民军发动进攻，国民军四面受敌，石友三奉冯玉祥命令进攻晋军，攻占左云、岱岳后，在雁门关受阻。

“如今部队伤亡较大，且又得不到冯玉祥接济。为了保存实力，我不如利用与晋军前敌总指挥商震的师生关系，达成休战协议。”这样，石友三与他东关龙王庙小学的老师商震休战了。

冯玉祥离开部队赶赴苏联后，国民军由张之江、鹿钟麟、宋哲元代理指挥，南口大战失败后，沿京绥线向西溃败。

晋军乘机夹击，国民军各部溃不成军。

然而，由于石友三与晋军早有休战协议，一路上并未受阻，反而收

容了许多散兵，第六师增编为三个师。

国民军撤至归绥、包头后，国民军指挥张之江等人决定再向西进入甘肃，而石友三不愿西行，趁张之江等人无法制约自己，便联络韩复榘，一起投降了阎锡山。这是石友三第一次背叛冯玉祥。

1926年9月17日，冯玉祥从苏联回国，决定于五原（今中国内蒙古自治区巴彦淖尔市下辖的一个县）誓师，响应北伐，电召石友三到五原开会。

“如果冯玉祥处罚我怎么办？”石友三充满了顾虑。

“冯司令说对你以往不究。”冯玉祥派人规劝。

于是，石友三又脱离了阎锡山的晋军，回归冯玉祥的国民军。

石友三跪在冯玉祥面前，痛哭流涕地悔罪。石友三回归冯玉祥后，被任为第五路司令。

1927年，石友三随冯玉祥参与了对奉军的作战。

1928年3月15日，为报复帮助国民党豫军讨贼军总司令、建国豫军总司令樊钟秀抵抗冯玉祥国民军的少林寺僧，石友三“火烧少林寺”，千载少林寺之精华，被石友三付之一炬！

二次北伐结束后，石友三虽然立下了战功，但毕竟背叛过冯玉祥，冯玉祥及其亲近将领张自忠、高敬亭等都对他都有戒心。

冯玉祥在论功行赏时，没有给石友三什么实惠，反而在其后的编遣中，将石友三部缩编为陆军第二十四师，将石友三降为师长，移驻河南信阳。

1929年3、4月间，蒋桂战争爆发，蒋、桂双方都想拉拢冯玉祥的国民军，而冯玉祥则想坐收渔利，命石友三率部向襄樊推进。

桂军全线溃败后，冯玉祥立即通电拥蒋，又命石友三和韩复榘向武汉进军。

蒋介石急电石友三和韩复榘停止进发，同时以劳军为名，派人携巨款收买石友三和韩复榘。

石友三和韩复榘在蒋介石的利诱下，又产生反叛的念头儿。

5 月，冯玉祥通电反蒋，所部改称护党救国军。

石友三被任为第三路总指挥，统率自己的第二十四师以及第二十六、第二十九师，总兵力五万余人。

冯玉祥命令石友三、韩复榘各部暂往西撤。

韩复榘首先反对冯玉祥的西撤命令，发表通电拥蒋，擅自率部进入洛阳。

当时，石友三在南阳，也决定叛冯投蒋。

“如今蒋介石势力大，冯玉祥势力小。只有投蒋，才会有光明的前途。”1929 年 5 月，冯玉祥第一次举兵反蒋时，石友三和韩复榘、马鸿逵突然率部叛冯投蒋，导致西北军几乎全面崩溃。

“现在，我宣布蒋委员长命令，任命石友三为反逆军第十三路总指挥和安徽省政府主席。”6 月，石友三率第十三路军开到许昌后，蒋介石的私人代表钱大钧也到达许昌劳军，设盛宴款待石部军官，并交给石友三 500 万元犒赏费。

为表示感激，在第二天的阅兵仪式上，石友三大骂冯玉祥，宣布其“十大罪状”。

“这个卖主求荣的家伙，太可恨了！我们应该立即干掉他！”几个愤怒的石部军官暗中串联，密谋杀死石友三，重归冯玉祥。

不料，事情泄密，石友三立即撤换那些企图反对他的军官。

石友三投蒋后，被派驻山东德州。在此后的两年多的时间里，石友三又先后三次反蒋。

1929 年秋天，石友三率部往安徽接替反蒋的方振武就任安徽省主席。

“传蒋委员长命令，让你率部开赴广东讨伐李宗仁、陈济棠，事成之后委任你为广东省主席。”石友三刚到蚌埠，却又突然接到蒋介石新的命令。

12 月 1 日，唐生智领衔通电讨蒋。

“我本不是蒋介石的嫡系部队，他调我南下广东，恐怕是要收编我的军队吧。”1929 年 12 月，石友三及其部属不愿离开北方南下，更担心在

途中被蒋军消灭。

这时，两广及唐生智也派人来游说，联合讨蒋。

石友三同意，被委任为“护国救国军”第五路总指挥。

2日晚，石友三命令排列在长江北岸的数十门大炮一齐炮轰南京，造成南京城极大的混乱。

石友三反蒋后，自知实力薄弱，即撤往安徽，再撤往河南商丘、新乡一带，与韩复榘、马鸿逵连通一气。

不久，唐生智被蒋介石击败。

12月21日，阎锡山发表反唐拥蒋通电。

为求自保，石友三通电投靠阎锡山。

蒋介石见石友三已经归降阎锡山，也就暂时不再追究他炮轰南京的反叛行为。

1930年春，冯、阎酝酿讨蒋，拉拢石友三，许以山东省主席和第四方面军司令之职。

“如今各路军阀一齐反蒋，蒋介石恐怕要彻底完蛋了。”1930年春，中原大战爆发后，石友三权衡利害，决定与冯、阎联合，这样，他又一次回到冯玉祥的麾下，被委任为第四方面军总司令，南渡黄河，参加作战。蒋介石一度险象环生。

5月，中原大战爆发，石友三率第四方面军十万之众，从河南进攻山东，8月，又转入陇海线作战。随着战争的发展，石友三见自己一点实惠也没有捞到，不禁消极观望起来。这时，冯、阎军已呈败势，又听说张学良要出兵助蒋，石友三又在盘算自己的退路。

9月18日，张学良发出拥蒋通电，率东北军入关，阎、冯失败。

“张学良是我的东北老乡，我可以前去投靠张学良，以求得他的庇护。”石友三即通电响应，同张学良暗中联络，投靠张学良，率部主动北撤至冀南、豫北的一带。

张学良便将石友三部收编为国民革命军十三路军，石友三任总指挥，军部驻邢台。这是石友三第三次背叛冯玉祥。

“如今，我已经拥有 6.4 万人，下一步，我应该夺取整个华北地区。”石友三对此仍然不满。

在中原大战中，石友三由于投机取巧，兵力基本没有受到损失，成了北方军阀中势力比较完整的一个。他率部进据豫北冀南三十余县，自任县长，就地筹饷，占据了一块地盘。

在中原大战中立有战功的韩复榘被蒋介石委任为山东省政府主席。其余的西北军被拆得四分五裂。石友三尽管在中原大战期间再次降蒋，也仅得到河北顺德府一地。其他如宋哲元部奉命暂驻晋南绛县，吉鸿昌部驻豫南信阳，孙殿英部驻山西晋城。蒋介石随后又将暂驻山东、原本和韩复榘属同一阵营的孙连仲部调往江西。从此，作为一个完整军事系统的西北军解体。

中原大战后，最不满现状的就是石友三。

1931 年春节，石友三亲赴沈阳谒见张学良，以东北同乡的关系，尽量向张学良输诚。

张学良也有意收容石部，以扩充自己的势力。

蒋介石得知石友三到了沈阳，密电张学良将他扣押。

石友三得知，急忙辞行。

但张学良挽留了他一个多月，在此期间，与蒋介石往来电商，替其开脱，石友三不解其意，反而对张产生怨恨。

石友三回到归德（邢台）后，张学良派员到石友三驻地点检部队。石部共编为“甲种师二师、乙种师四师、骑兵一旅及特务团、炮兵团、工兵团、铁甲车大队，共约六万余人”。张学良将其部收编为第十三路军，石友三为总指挥，辖六师又五个团以及一个铁甲车大队，拥有兵力六万四千余人，每月领取定额军饷六十万元。

石友三表面归顺张学良，暗中却又积极备战，准备向北扩展，争夺“华北王”的宝座。

“如今，王树常做河北省主席，刘峙做河南省主席，韩复榘做山东省

主席，商震做山西省主席，李培基做绥远省主席，我拥有的兵力不在韩复榘之下，而且建制完整，又在张学良入关前就已致电张学良表示服从东北，却一无所得。我月需军饷六十余万，蒋介石和张学良却借口中央及东北财政困难，每月只给我维持费二三十万。”石友三十分不满。

“与其让你的士兵受饿，不如实行缩编。”张学良提议。

“这分明是让我大量裁减军队嘛。”

“我的部下均系多年共患难之袍泽，实难缩编。”

“如果给我一省地盘，我可以自行筹饷，河南、绥远均可。”石友三向张学良要求。

1931年3月，蒋介石扣留胡汉民因而引起两广事变，孙科、胡汉民、汪精卫和陈济棠、李宗仁等派系，5月在广州成立国民党非常会议宣言讨蒋，另组国民政府。

并特派李汉魂见石友三，委他为委员和第五集团军总司令，石友三接受此任命。

1931年5月28日，张学良因患重伤寒住进北平协和医院调养，由参谋长戢翼翘负责处理副司令北平行营事务。

于是，日本驻华机构四处散播张学良病危的消息。

“张学良已经病故。”日本驻济南领事向韩复榘造谣称。

“如今张学良病重住进北平协和医院，正宜举事。”这时，与张学良素有积怨、已经投靠日本人的张学良堂弟张学成从北平到归德对石友三说。张学成字铸卿，是张作霖的二哥张作孚（清末宣统年间在黑山县任警察队长时剿匪阵亡）的长子，张学良的堂弟。其父死后，他与胞弟学文及三个妹妹均由张作霖抚养成人。张学成与张学良同期就读于东北讲武堂第一期。毕业后，与其弟学文一同被张作霖送到日本陆军大学留学深造，归国后张作霖提拔张学成为卫队营营长，不久，又提拔他担任东北军团长、旅长。尽管20多岁就升任旅长之职，在别人看来已是奇迹，但张学成却并不满足，因为，他的眼睛始终在盯着张学良，此时的张学良已经当上了军团长。正好张宗昌邀请他到自己的部队担任师长，张学成借口“出去历练一下”，便离开奉天，来到张宗昌手下出任第70师师长。张宗昌的部队被北伐军击溃，张宗昌逃往大连。失去依靠的张学成在这种情况下也不愿意回到张学良身边，而是转身投靠了军阀石友三。石友三倒张已失败告终。张学成逃往天津日租界隐居，投靠了日本人。

“你可代表我前往与日本关东军联系，最好取得日本关东军的配合。”石友三对张学成说。

于是，张学成带着石友三的使命赶赴关东军司令部去了。

设在长春的关东军司令部

“可以让石友三和阎锡山、韩复榘结成反张同盟，告诉他们，等他们举事后，我们日本关东军从背后打击张学良的东北军。”关东军参谋长三宅光治和天津特务机关长土肥原贤二商议道。

“好主意！”土肥原贤二道。

于是，张学成将关东军的阴谋回复给了石友三。

“你可以和石友三、韩复榘结成反张同盟。战斗打响后，我们日军由背后进攻张学良的东北军。”日方又派奉天特务机关长秦真次到大连告诉在大连寓居的阎锡山。

阎锡山表示同意。

张学成走后，关东军参谋长三宅光治怕石友三犹豫，决定派土肥原贤二亲自去问石友三。于是土肥原贤二到邢台秘密会晤了石友三，再一次转达了关东军将背后打张给予支持的意见。

这样，石友三下定决心反叛张学良。

“你千万不要反张。”石友三部驻北平办事处处长毕广垣（即石友三幼时当学徒的毕家粮坊的少爷）力劝他道。

“如果他泄了密，大事将坏。”石友三不听劝告，差点将毕广垣杀害。

“目前，张学良派到我部的秘书长张云责很可能会泄露真情，为防止泄密，看来，只有杀人灭口。”6 月，石友三加紧备战，为防备泄密，他下令将张云责活埋。

随后，石友三将部队扩编为九个军，以孙光前、米文和、程希贤、沈克、张学成、梁方起、王心斋、唐帮植为军长。

“我们应该与汪精卫联合。”石友三的总参议张化南主张。当时，土肥原贤二又主张汪精卫和吴佩孚联合反蒋。

“你先攻取北平，赶走张学良，然后我们在北方建立一个反蒋的联合政府。”汪精卫从日方手中拨给石友三的军队 60 万元，他怂恿石友三道。

“我是吉林人，这下我就可以打回老家了！”石友三与汪精卫一拍即合。

这样，在土肥原贤二的“北洋派大同盟”计划的策反下，1931 年 7 月 18 日，石友三在归德宣誓就任广州政府所委任的第五集团军总司令职，并首先向当时蛰居在四川的吴佩孚发出反蒋讨张通电，督率各部沿平汉路北进，准备一取石家庄，二占保定，三进平津。

“石友三如果能够赶走张学良，就可以为我大日本帝国所用。”当时，土肥原贤二在天津设立了特务机关，策划北方反动军人供其利用。

当时，反蒋各派还认为石友三会南下讨蒋的。

石友三当时号称10万人，实际有枪6万余杆，驻在彰德至顺德一带，与在晋南的孙殿英，在豫西的张钫，以及山东韩复榘、宁夏马鸿逵、安徽的刘镇华等均有联络。

孙殿英、张钫、刘镇华均为河南人，倡导“豫人治豫”，反对蒋介石的嫡系军人刘峙盘踞河南，当时，刘峙为河南省府主席。

在一致反蒋的目标下，大家推石友三首先放头炮。

不料，石友三的目的在北而不在南。石友三表示愿意拥戴张作相以代替张学良，想分化奉系。同时，石友三又认为平滓卫戍总司令于学忠是吴佩孚的旧部，通过吴佩孚的关系，可以拉拢过来。由于这些因素，石友三决定挥戈北指。

在石友三的军队北上攻打张学良后，阎锡山于1931年7月下旬乘日本飞机秘密由大连飞抵大同，原本想响应石友三，事前并约吴佩孚到大同见面。后来因为汪精卫和蒋介石再度合作，也就只好作罢。

“如果被石友三的一小撮人马赶出关外，我们东北军将会面子扫地，为人轻视。我们应该立即从关外调入数万人马，解决了石友三后，然而再返回关外原防地。”自从5月28日张学良患重病住院后，直到“九一八”事变前不久方才痊愈，东北军重大事情由参谋长戢翼翘等人商量决定。众人商议后决定。

7月24日，南京政府下令免去石友三本兼各职，以刘峙、张作相为总司令组成南、北两路集团军，以及晋军商震等部，联合讨伐石友三，讨石之战爆发。

石友三进占石家庄，再往北推进时，即受到南北夹击，双方激战三昼夜，石友三部伤亡惨重。石友三部被东北军于学忠部打败，原来约定响应的各军都按兵不动，晋军则乘石友三之危出兵石家庄加以侧击。

7月31日，石友三下令转路退回山东。时逢天降大雨，山洪暴发，河水猛涨，石友三的部队在渡滹沱河时人马淹死无数，近七万之众，大部被歼，余部被俘，军长孙光前被俘后遭枪决。石友三起兵讨伐张学良失败，没有达到消灭张学良的目的，却把多年来积累起来的老本一下子蚀光了。石友三仅率少数随员仓皇逃往山东德州，归附老友韩复榘，过着寄人篱下的寓公生活。

“石友三怎么败得这么快！”阎锡山陷于了进退维谷之境。

吴佩孚接到阎锡山的电报后，于7月16日行抵成都，邓锡侯、田颂尧代表国民党政府出城欢迎。吴曾往青城山小憩。8月8日，吴佩孚由灌县取道汶川、茂县、松潘入甘，拟经甘边入陕。

这个时候，土肥原贤二仍在继续导演汪精卫、吴佩孚合作和“北洋派大同盟”双管齐下的把戏。

阎锡山的日文秘书陈觉生（广东人，家住在长崎）衔土肥原贤二之命，经常与汪精卫联系。

土肥原贤二策划的“北洋派大同盟”以阎锡山为中心，并已取得山东韩复榘的同意。韩复榘自叛冯投蒋后，因地盘军饷等问题，又与蒋介石发生了尖锐的矛盾，所以也表示拥戴吴佩孚。韩复榘素来不喜欢段祺瑞，他经常向人说：“段芝老虽系北洋派的老前辈，但是安福系臭名昭彰，必须改弦更张。”他认为，“如果段祺瑞能断绝安福系的关系，我也可以表示拥护，但是将来在北京成立政府，军事政治必须分开，段祺瑞可主持政治，由吴佩孚主持军事。”

以上是“九一八”事变前，在日本侵略者的导演下，原属北洋派的各军阀，包括山西军、西北军与吴佩孚的微妙关系。

1931年9月23日，吴佩孚在甘肃文县接到邓锡侯的电报，才知道沈阳发生了“九一八”事变。

四、黄雀在后——“九一八”事变

“螳螂捕蝉，黄雀在后”，石友三失败之后仅仅一个多月，“九一八”事变就发生了。

1931年7月，板垣征四郎和石原莞尔带队组织了“北满参谋旅行”。研究课题表面定作《对苏作战结局之研究》，实是为了对北满地形进行实地军事探测。

经过以上三次“旅行”，板垣征四郎和石原莞尔对长春、哈尔滨、海拉尔、洮南、山海关、锦州等地的地形和中国军队的军情进行了刺探，以此为基础，暗中制定了侵略中国东北的作战计划。

“张学良的东北军约有25万，其中沈阳附近有两万精锐部队，拥有飞机、坦克、大炮等武器装备，而当时奉天附近的关东军只有1.09万人，从数量上处于绝对劣势。”板垣征四郎说。

“我不用拔剑，只用竹刀就足以吓退张学良！”由于东北军在中东路事件中战败，石原莞尔轻蔑地说。

“要实现以寡制众，我们就必然以突然袭击的方式给中国军队以致命的打击！迅速攻占奉天，并在其他国家的干涉尚未开始时，迅速占领东北其他战略要地。”板垣征四郎向石原莞尔等人说。

在板垣征四郎不遗余力地鼓动之下，侵占“满蒙”渐成日军共识。为了寻找借口，制造紧张气氛，1931年6至7月间，板垣征四郎蓄意在中国东北相继策划制造了万宝山事件和中村事件，后者直接成为日本发动“九一八”事变的导火索。

1931年9月18日晚10点20分，关东军引爆事先埋在靠近中国军队北大营的南满铁路线上的炸药，炸毁奉天城北郊柳条湖附近的一段路轨。日军以中国军队炸毁南满铁路为由，向中国军队发起攻击。顿时，东北军北大营枪炮声大作。接到偷袭成功消息的板垣征四郎，一面将这个好消息转告给留守关东军司令部的石原莞尔，一面以关东军司令官本庄繁的名义，命令一部分日军占领北大营，并向奉天城发起突然袭击。9月19日清晨，奉天城的枪炮声终于平息下来，一夜之间奉天城成了日本兵的天下，成群结队的日本兵扛着太阳旗，耀武扬威地招摇过市。关东军司令部也在占领当日迁至奉天城。

在日本国内的纵容下，关东军乘胜出兵吉林。继奉天落在日军手中之后，不久营口、凤凰城也被攻占，长春以南的重要军事重镇悉被攻占，很快地，吉林省全境已在关东军囊中。日军占领吉林后，板垣抛开日本

大本营关于“鉴于目前国内外之大局，暂不实行对北满积极作战”的命令，坚决主张继续进攻齐齐哈尔，进而占领黑龙江省。

面对日本的挑衅，张学良和蒋介石达成了“不抵抗”的共识。

“如今，东北军没有能力单独抵抗日本的军事攻击，日本最希望能够挑起战端，所以不断升级挑衅行为，而东北军一旦与日本开战，我根本不可能得到任何来自蒋介石中央政府的支援，结果只会是丢掉东北的领土和损耗自己的军事实力。”想到这里，张学良严格命令军民百姓：“面对日军的挑衅，你们要打不还手，骂不还口。不要给日本人挑起战端的借口。”

而蒋介石的“不抵抗”，则是为了贯彻他的“攘外必先安内”的政策路线，集中力量剿灭共产党。

于是，张学良率领几十万东北军撤退至山海关内，致使东北沦陷，大好河山尽丧敌手。短短不到5个月的时间，整个东北地区100多万平方公里的大好河山，3000万人民尽陷于日寇的铁蹄之下！

日本帝国主义占夺东北的突发事件，使全国大受震动，全国各阶层人民一致要求停止内战，抗日救亡。上海、南京学生向国民党政府请愿抗日，外长王正廷被爱国学生殴伤。

由于板垣征四郎在“九一八”事变中的突出表现，得到了日本民众的一致叫好，日本著名音乐指挥家小泽征尔的名字就是在板垣征四郎和石原莞尔的名字中各取一个字。

正是由于日本的幕后策动，石友三才敢叛变蒋介石和张学良。

石友三叛变，逼迫东北军从东北调进关内大量精锐部队，导致东北防守异常空虚。为日本人发动“九一八”事变的发动提供了最好的时机。这也正是日本幕后策动石友三叛变的最终目的。

当时，东北军实力有限，一方面要防备虎视眈眈的日本关东军，另一方面要威慑华北的各个军阀，想同时兼有华北和东北，显得非常不现实。

东北军如果不出关争利，安守东北，“九一八”也许不会发生了。东北军不出关，日本关东军就不敢轻举妄动。

不过，即使东北军不出关，日本对东北动手只是时间问题。占领东北，是日本箭在弦上的事。张作霖的死可以证明这一点。但张学良在东北保不准也会被日本人暗杀，东北军也难逃被分化肢解。

“九一八”事变爆发后，日本关东军司令本庄繁任命曾经投靠石友三的张学成为“东北自卫军总司令”，张学成收编胡匪及凌印清残部，大肆招兵买马，很快就扩充了4000多人，与义勇军为敌。张学良决定召开有张学成弟弟张学文参加的家庭会议，由大家共同决定如何处置张学成。讨论的结果，家人们一致认为，张学成的所作所为，已经背叛了家族、背叛了国家，决定“大义灭亲”，以慰先人在天之灵。锦州的熊飞、米春霖遂集中公安骑兵部队于11月中旬前往高山子围剿。高山子一战，张学成和日本顾问等一伙日伪官员被击毙，并生擒伪军官多人。死的地方离其父张作孚殉职的地方不远。

张学成伪军的被消灭，鼓舞上辽西抗日义勇军的抗日斗志，日军暂时放弃了进攻辽西的计划。

五、“天津事变”—— 再制造出一个“九一八”事变

日本制造“九一八”事变占领东北后，接着又要占领华北，企图在华北再制造一个伪政权，然后以华北为跳板，进而占领全中国。

当时，天津是河北省政府所在地。王树常是河北省政府主席兼东北军第二军军长。

“要占领华北，就必须首先搞乱天津这个河北省的指挥中心。”日本侵略者又制订了新的阴谋。这样，天津就成了日寇抢占华北的突破口和重点城市。早在关东军准备进攻热河之前，日本军部就已经着手“扰乱华北”工作。在得到中国东北这块肥肉以后，日本就想把天津变成第二个沈阳，再制造出一个“九一八”事变。

早在1931年3月，日本正式在天津设立了特务机关，由土肥原贤二担任特务机关长。此间，土肥原贤二曾利用石友三打击张学良，拉拢阎

锡山，想一并解决满洲和华北问题，结果阎锡山倒戈，石友三兵败，未能得逞。

1931 年 8 月 16 日，出任奉天特务机关长的土肥原贤二回国述职。

“九一八”事变爆发后的当天，土肥原贤二由东京赶回奉天任所。隶属于关东军司令部的奉天特务机关，一时成了指挥中心。1931 年 9 月 20 日，土肥原贤二被任命为奉天市市长。1931 年 9 月 22 日上午，日本特务头子土肥原贤二在关东军参谋长三宅光治办公室四人秘密会议上提出了一个方案，其核心内容是建立由日本控制、脱离中国本土的“满蒙王族共和国”。日本中央军事机构根据这一方案制定了《满洲问题处理方针纲要》，并派遣土肥原贤二到天津，秘密策划在“天津事变”。

1931 年 10 月 25 日，土肥原贤二接受关东军的指令由奉天前往天津，在天津制造混乱，以方便日军借机进入，一石两鸟，还要达到劫持清朝末代废帝溥仪到东北去的目的。

在土肥原贤二等日本特务的领导下，日本天津租界不仅驻有“合法”的日本军队，还豢养了一批土匪武装。这批土匪有 2000 余人，原是冀、鲁、豫地区的土匪、兵痞、流氓、吸毒客等，由日寇与汉奸陆续将他们招募到天津，发给蓝色便服，以戴黄色袖章为标记，蛰伏在日租界的各个秘密据点内进行训练。与此同时，日轮“天潮丸”驶至天津，将一批武器运往海光寺日本兵营，发给招募来的这批人。他们不穿军装，身怀武器，为非作歹，老百姓都叫他们汉奸便衣队。另外，日军还暗中武装“在乡军人会”等日本、朝鲜浪人，组织所谓“义勇队”。

被土肥原贤二等日本特务收买的失意军人李际春、张璧等，也伏居在日本租界内，由日方提供经费。李、张二人分任汉奸便衣队正副总指挥，密谋暴乱。

“只要你在河北省搞出个‘新局面’来，就由你担任河北省主席。”土肥原贤二曾对李际春封官许愿说。

日军在日租界的中原大楼、宁家桥东岳家大楼和日本花园等处，秘密修筑了望台和工事，监视天津情况，指挥便衣队活动。

为了配合日本关东军进攻辽西，完成对东北地区的全面占领，成立伪满洲国，并为侵占华北打开通道，1931 年 11 月 8 日，日寇利用在天津日租界豢养的一大批汉奸便衣队发动了第一次“天津事变”。

8 日晚 10 时 30 分，在日军炮火的掩护下，汉奸便衣队由天津海光寺等地冲出，分数路袭击天津警察局、天津市政府及河北省政府。同时，日租界军警宪兵也全体出动。一时间，城内交通断绝，商铺闭门，大批难民流离失所，许多无辜民众在混乱中致死。

事变中，河北省政府主席王树常事先得到情报，做了戒备，暴乱遭到了当时由东北军组成的天津保安队的痛击。保安队击毙暴乱分子 60 余人，捕获 300 多人，斩首和枪决了 40 多人。便衣队失败后逃回日租界。及时平息了暴乱，控制了局势。

“天津事变”后，日本人不胜而胜，天津保安队却不败而败，在这次抵抗侵略的战斗中表现突出的几位中国军人，都被调离天津。南京政府不仅不让河北省政府主席王树常与日寇对抗，事后还要王向日道歉，取缔反日言论，中国先撤防御工事与日本司令香稚谈判。国民党最高当局这样对待地方政府官员，使王树常不敢到租界逮捕闹事的败类，只好采取消极戒严的办法，致使天津人民行动维艰，小商小贩及三轮车夫等约数万人生活受到影响。王树常虽然受尽挟持，苦于周旋，但天津地方人士对他并不理解，责难颇多。河北也有攻击他的空气。他硬既不能，软亦不可，左右为难，应付甚苦。

于学忠

张学良对王树常是非常信赖的，王树常难以再干下去，他便想到了于学忠，于是便考虑让两人对调。

事前，张学良约于学忠谈话

说：“河北问题，庭五（王树常字）很难应付，你做事果决，意志坚强，我想让你二人的职务对调一下。”于学忠对张学良忠心拥戴，惟命是从，欣然同意。

1932年8月17日，南京政府明令发表于学忠与王树常对调。于学忠任河北省政府主席，王树常任平津卫戍司令。接到命令，于学忠遂赴天津河北省政府就职。

河北省政府主席于学忠一贯主张坚决抗日，看到日军在中国的土地上横行霸道，为所欲为，他义愤填膺，对蒋介石的南京国民政府不准抗日始终不以为然。他一心要严惩日寇，粉碎日寇搞乱天津的阴谋，打击汉奸，惩治“便衣队”，整顿天津秩序。一上任，于学忠便采取了一系列坚决而又灵活的措施。外交方面，对日本国外交事务的处理和对其他各国一样，凡属从前中日正式条约所应履行的事项，一如既往，照旧履行；而对于日方提出的各种新要求，合理的就接受，不合理的则坚决拒绝，绝不屈从。

于学忠断定，因兵力不足，驻津日军尚无能力与天津驻军发生正面冲突。而那些由地痞流氓组成、缺乏军队素质的“便衣队”，不难消灭。他下令撤销了戒严令，准许市民自由活动。为了有足够的军警力量对付“便衣队”，他下令一一三师李振唐所部唐君尧、周福成两个团的官兵，统统改着保安队服装，轮流到市内值勤，集中警戒，如果遇“便衣队”出来闹事，该打就打，该抓就抓，坚决惩处。

“日本人有飞机大炮，你们手里拿的也不是烧火棍，怕什么？只要日本鬼子先动手，你们就给我狠狠地打，出了事我于学忠负责！”为了鼓舞士气，于学忠郑重地告诉部队。他严令驻在北平南苑的东北军炮七旅旅长乔方，随时做好战斗准备。如果日军公然发动战争，一接到命令，就立即派出一团炮兵驰往天津，就将所有炮弹都倾注到海光寺日本兵营里。绝不允许日本鬼子像拿沈阳那样，用一些乌合之众的便衣队便白白捡走了天津。依据《辛丑条约》规定，中国军队只能驻扎在距离外国驻军点20公里以外处。但为了保卫天津，防备日军突袭，于学忠命令五十一军的一一三、一一四、一一八师，分别驻扎在天津、塘沽、马厂、杨柳青一带；并在大沽构筑工事，防止日军在塘沽登陆。

于学忠坚决抵制日寇的强硬态度和决心，使部下深受鼓舞，极大地增强了顶住日本人的信心。

从此以后，日军搞戒严，东北军也搞戒严，日军搞阅兵，东北军也搞阅兵……有时隔着一条马路，敌我双方都荷枪实弹比武似地进行检阅操练。日方阅兵的马路上冷冷清清，我方阅兵的马路上却十分热闹，天津市许多工人、学生、居民围观叫好。明显看出，人民群众非常支持于部官兵与日寇进行斗争。从此，东北军抵制日寇，保卫天津的士气进一步高涨。日本侵略者看到于学忠一心要和他们拼到底，自知利用"便衣队"想夺下天津已不可能，又不愿下大本钱重蹈在上海和十九路军硬拼消耗的覆辙，因而日军的狂妄行为开始有所收敛。日寇的暂时退让，使"便衣队"像一群无势可仗的走狗，再不敢出来闹事。从此，天津秩序表面上开始好转。

见来武力不行，日方又开始来文的。为了窥察华北的防范戒备情况，日本浸略者派出了由经济界、各株式会社、新闻界、军界以及其他民众团体组成的考察团、观光团到天津访问，日本现职军官和特务如田代义我、高桥、根本，矶谷、丰多、柴山、土肥原贤二等人，都频繁来与于学忠接触。驻北平的日本代办若杉要和驻天津的日本总领事川樾茂，也时常来和于学忠谈话。此外，日本宪兵不断到保安队、公安局造访、"叙旧"、"交朋友"。表面上他们有所退让，实际是以退为进；看上去"友好"、"亲善"，实际上却心怀鬼胎，暗藏杀机。面对日寇的频繁造访，于学忠谨言慎行，机智应对，处处提防。他要求部队要随时提高警惕，搞好战备，防止日军突袭。

六、段祺瑞东山再起的梦幻破灭

1931 年 9 月 19 日，日军占领沈阳后，东北边防司令长官公署退驻锦州，辽西一带尚有东北军四五万人在威胁着日军。

“为了扩大对华侵略成果，我们必然军事、政治双管齐下。”在关外，关东军司令本庄繁领导张景惠、臧式毅、熙洽等认贼作父的一群汉奸酝酿在东北建立一个伪国。不过，此时尚未决定利用溥仪。

在关内，则派遣土肥原贤二前往天津积极拉拢大小军阀充当日本的傀儡……

1931年9月，日军侵占中国东北后，关东军特务机关长土肥原贤二曾经数次到天津秘密会晤已经下野的北洋元老、皖系首脑段祺瑞，请段祺瑞出面组织华北政府。不料，皖系军阀中的安福系泄密，段祺瑞的幻梦因此破灭……

1931年11月初，土肥原贤二会见溥仪后，又去见段祺瑞高谈东北问题，由陈觉生担任翻译。

“如果你决定出关组织政府，我们将通过大仓洋行垫款500万元作为您的活动费。另外，您对东北问题有何高见？”土肥原贤二问段祺瑞。当时，日本尚未确定利用溥仪当满洲国的傀儡皇帝，而是想拥段祺瑞出关组织政府。

“中日同文同种，这个问题不需经过战争，就可以获得解决。”段祺瑞表示。

“东北中日悬案共有三百余件，张学良把责任向南京推，而南京又向地方推，日本政府不能任其再拖延下去。其中最重要的有四项：一、南满平行线必须废止；二、葫芦岛筑港必须废止；三、吉会铁路必须迅速施工；四、东北日韩人杂居问题必须解决。”土肥原贤二向段祺瑞提出了交易的条件。

“前三条容易解决，第四项我不能马上回答，因为外侨杂居问题，应先解决由谁负责保护。如由中国保护，必先制定法律。如由日本保护而行使警权或司法权，则必引起两国纠纷。”段祺瑞说。

土肥原贤二当时不好代表日方表态，当天他就回到沈阳请示去了。

“日韩侨民杂居问题可以暂时保留，容后再议。”三天后，土肥原贤二又回到天津会见段祺瑞。

“那我就等您的经费喽。”

接着，大仓洋行驻北平经理、日本特务林龟喜为段祺瑞提供了500万元的活动费。

于是，段祺瑞就等着“黄袍加身”了。

段琪瑞

段祺瑞的儿子段骏良过去从不过问政治。段祺瑞却指定段骏良为代表，与陈觉生、土肥原贤二及各方面接洽，与日方接洽时以陈觉生任翻译，依附于段祺瑞的安福系分子一无所知。

安福系是中国北洋军阀时期依附于皖系军阀首领段祺瑞的官僚政客集团。因其成立及活动地点在北京宣武门内安福胡同，故称安福系。袁世凯死后，皖系军阀首领段祺瑞出任国务总理，操纵了北洋政府。为了排斥异己，推行“武力统一”，建立皖系的独裁统治，段祺瑞指使其亲信徐树铮组织自己的政客集团。1918年3月，在徐树铮的策划下，王揖唐、王印川、光云锦等皖系政客在安福胡同成立安福俱乐部，为该系形成肇始。徐树铮、王揖唐是核心人物。从成立到1920年直皖战争皖系失败止，安福系一直是左右北方政局的重要的作为皖系军阀政治力量。在1918年8月的新国会选举中，安福系以非法手段操纵选举。在全部议员的400多人中，安福系即占380余人，王揖唐被举为众议院议长，因而这届国会

被称为安福国会。后徐世昌就任大总统，段祺瑞被免总理职，皖系军阀仍通过安福系成员在参、众两院的多数议席左右北京政府。1920 年直皖战争后，段祺瑞通电辞职。直系军阀控制下的北京政府下令解散安福俱乐部，通缉徐树铮等首要分子。徐树铮避匿日本使馆，王揖唐潜逃日本，但安福系势力仍然存在。后徐树铮著《建国真铨》，鼓吹皖、直、奉三系军阀联合以对抗广东革命政府。直到段祺瑞在 1926 年 4 月彻底垮台时，安福系才解体。

在“北洋派大同盟”中，直系军人曾经痛骂过安福系，表示很难合作。

“段祺瑞可拥，而安福系不可用，这个问题必须加以解决。”韩复榘也表示。

1931 年济南会议（会议中心问题是由北方军人联合拥戴段祺瑞、吴佩孚合作反蒋）后，韩复榘派代表刘熙众到天津与段祺瑞谈到安福系的问题。

“鱼馁肉败不食。”段祺瑞毅然表示，安福系既然臭名昭彰，今后自然不会再用他们了。

当时，原直军田维勤的总参议鲍观澄从沈阳被释放来到天津，从日本人那里得知了段祺瑞将在沈阳组织政府的消息。于学忠驻军榆关时，鲍观澄经常奔走其门，于学忠为避嫌，将鲍观澄逮捕送往了沈阳监禁。鲍观澄因与土肥原贤二有关系，“九一八”事变时得释，后为哈尔滨伪市长，并曾任伪满第一任外交部长。

鲍观澄根本不知道段祺瑞的一切活动都瞒着安福系，鲍观澄竟然向安福系的核心人物王揖唐拱手贺喜。

“喜从何来？”王揖唐问。

“好呀！你们做的政治买卖，想瞒过我！老实说，送款给你们做政治活动费的日本人与我同车来津，岂非真凭实据？”鲍观澄说。

于是，王揖唐将计就计地骗出了真实情况。

鲍观澄走后，王揖唐去访问他的亲家姚震。

“亲家！你们真不够朋友，这样的大事为何要瞒着我。”王揖唐走进门就气势汹汹地冲姚震说。姚震，安福系中坚分子，日本早稻田大学法科毕业，与段祺瑞为合肥同乡，与王揖唐为儿女亲家，1927 年曾任潘复内阁的司法总长。他精通日语，日本朋友极多，如日本二二六事变被刺的斋藤，大藏省大臣高桥是清、陆军省大臣南次郎以及芳泽大使都是姚震的同学。姚震尝恬不知耻地说 :“我是日本宰相大隈伯的及门弟子 (大隈伯曾任早稻田校长)。”1920 年直皖战争后，姚震与徐树铮、梁鸿志、曾毓膋、段芝贵、丁士源、朱深、王郅隆、李思浩、姚国桢等同为被通缉的十大祸首，都躲在日本大使馆，由使馆卫队长土肥原贤二与天津日本驻军司令南次郎掩护逃往天津日租界。“九一八”后，姚震为段祺瑞所弃，于 1935 年病死天津。

“你说的什么呀？我怎么全然不知啊！”姚震愕然不知所答。

“看来，我们同样被老头子 (指段祺瑞) 关在门外了。”后来，姚震向王揖唐问明情由，才知道真相，两人不禁同病相怜起来。

“老头子出山的事情，你们为什么瞒着我们？”姚震去找日本天津驻屯军司令香月，大兴师问罪。

“我根本不知道这些情况呀。”香月说。

姚震又去找日本宪兵司令兴师问罪。

“我全然不晓。”日本宪兵司令回道。

姚震找遍了日本方面在天津的大小头目，都称不知道这回事。

最后，姚震找到了土肥原贤二。

土肥原贤二开始时支支吾吾。

“难道你反对老头子 (指段祺瑞) 出山吗？”土肥原贤二知道瞒不下去，便反问姚震道。

“我反对你们瞒着我干这件事情！你们一定是找太子 (指段祺瑞的儿子段骏良) 商量过的。这家伙太没天良了！”姚震说。

“我们已经借给老头子活动费了。”土肥原贤二透露了大仓借款问题。

“老头子以前曾向大仓借过款，我是经手负责人，他下台时尚欠五十万，旧债未清，何能再借？汤玉麟明日就可送三百万元来，可以不要你们的钱，但你们的事情不经我手，我必定要破坏到底。”姚震信口开

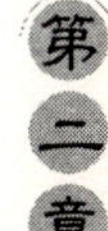

河地说。

“你看这事情该如何处理？”土肥原贤二找陈觉生来商量补救办法，但是终究没能想出什么办法来。

这样，段祺瑞向日本人借款准备到东北组建傀儡政府的秘密渐渐被姚震泄露出来，天津大公报首先开炮攻讦段祺瑞的儿子段骏良。

段氏父子气得直跺脚，但也无可奈何。

“公对东北事变，有何意见？”段祺瑞在大公报发表谈话时记者问他。

“事已至此，只好想办法收拾残局。我认为盗已入室，但也未必即据为己有，只有给他些东西，让我们自己收回来再说。”段祺瑞回答。

“如今段祺瑞内部发生纠纷，段祺瑞已经失去了利用的价值，看来，只有利用清朝的废帝溥仪了。”土肥原贤二认为。于是，便发生了1931年11月10日日本便衣队在天津事变中劫走溥仪的一幕。

1932年1月22日，段祺瑞被聘为“国难会议”会员。日本则加紧策动段祺瑞出山。

“段祺瑞正与日本勾结，准备再次出山。”蒋介石得到报告。

“我们应该抢在日本人前面，控制住段祺瑞。”蒋介石下令。

1933年1月榆关失陷后，日本在东北建立伪组织的风声一天紧似一天。

“听说段祺瑞想到上海看望他的女儿。”

“很好，你正好可以利用这个机会陪同段祺瑞南下。”蒋介石安排钱新之道。

1月22日，段祺瑞乘车到达南京，蒋介石亲自到下关车站迎接，并称他做老师，亲自用手搀扶他。

段祺瑞到上海后，立即就受到了蒋介石手下特务的监视，失去了行动自由而不能离开上海了。

七、骗走溥仪——伪满洲国傀儡政权的出炉

直到1931年9月22日，日本才确定将溥仪出任伪满洲国皇帝……

在日本侵略者策划成立东北伪满洲国傀儡政权的过程中，板垣征四郎和土肥原贤二为伪满洲国建立立下了“汗马功劳”，板垣征四郎更是奉命充当了急先锋。

“目前，中国方面正陷于极端的混乱和恐怖中，由你土肥原先生这样一个深受中国方面信任的军人出任奉天市长最为合适。同时，为加强奉天市外围的沈阳县的治安，我觉得让管原宪亮先生担任县顾问比较合适。”1931年9月21日，关东军参谋板垣征四郎紧急约见了土肥原贤二和管原宪亮。1931年8月，土肥原贤二才接替铃木美通少将任奉天特务机关长，他和关东军领导机关的联系，也只有很短的时间，丝毫未参与“九一八”的策划活动。“九一八”事变的前几天，土肥原贤二为报告中村震太郎事件已去东京。9月18日当天，土肥原贤二回来时又顺便访问了朝鲜总督宇垣一成。当他听到突然发生的“九一八”事变后，立即返回了奉天。

“按照关东军司令官的指示，根据关东军的方针，今天我们召开一个收拾满洲局面的会议。”1931年9月22日午前8时左右，奉天天气晴朗，秋高气爽。在沈阳馆里的关东军司令部参谋长办公室里却在策划着新的阴谋。参谋长三宅光治以自己的名义召集了一个有土肥原贤二、板垣征四郎、石原莞尔等三人参加的重要会议。一片仓衷也列席参加。会议开得非常热烈。土肥原贤二、板垣征四郎、石原莞尔三人各持己见，互不相让。

“我认为应该建立以日本人为盟主的满蒙五族共和国。”土肥原贤二说。

“我们应该趁此机会一举解决南北满洲问题，根据过去研究的‘占领地维持方案’的宗旨，将全满做为我国领土予以统辖占领。”板垣征四郎说。

“我同意一举解决南北满洲问题，但必须考虑中国民心的向背以及国

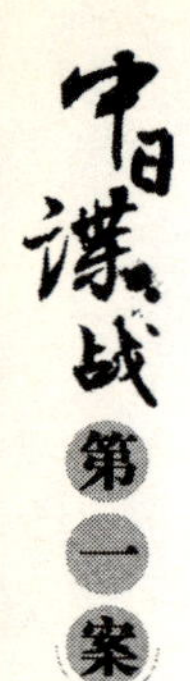

内外形势……”石原莞尔表示自己的忧虑。

“为了适应目前的形势，以能够取得切实成效为原则，我决定：在我国的支持下，以东北四省及蒙古为领域，以宣统皇帝为首建立中国政权，并使其成为满蒙各民族之乐土。”关东军司令部参谋长三宅光治宣布了会议结论。会议炮制出“满蒙问题解决方案”，提出以溥仪为“元首”建立“新政权”，“领土包括东北四省及蒙古”、“国防和外交由日本帝国掌握”。

接下来，板垣征四郎秘密访问了哈尔滨特区行政长官张景惠，促其“独立”。9 月 27 日，张景惠宣布成立“东省特区治安维持会”并自任会长，暗中策划“独立”。

在板垣征四郎派人策动下，9 月 28 日，清朝“闲散皇族”熙洽公布伪吉林省省长公署组织大纲，宣布吉林“独立”。

“‘九一八’事变后，为了避免国际上谴责我们日本，我们迫切需要找一个政治幌子以显示关东军并不是占领满洲，而是当地人民请我们来帮助他们建立新国家，这个新国家的元首就是他们原来的满清皇帝。为此，我决定派你前往游说溥仪前来满洲复位。”1931 年 9 月 30 日，在奉天的板垣征四郎派上角利一去驻天津日本司令部会见溥仪，诱骗溥仪到东北“复位”。

“目前时机还未成熟，我回去考虑一下再作答复吧。”溥仪对上角利一说。1912 年 2 月 12 日，溥仪退位。在 1924 年的北京政变中，冯玉祥授意摄政内阁通过了《修正清室优待条件》，废除帝号，将溥仪和皇室赶出了紫禁城。溥仪连忙逃进日本公使馆，并于 1925 年逃离北京，在天津的日本租界宫岛街邸宅里过着流亡生活。

由于当时关东军内部、天津日本驻军及总领事馆之间有矛盾，溥仪没有成行。

1931 年 10 月 1 日，洮南镇守使张海鹏在板垣征四郎的策动下宣布洮南“独立”。

1931 年 10 月 21 日，板垣征四郎、石原莞尔在国际法顾问松木侠的协助下炮制出“满蒙共和国统治大纲草案”，提出了全面控制“新政权”

的具体措施。

接着，土肥原贤二又奉命前往天津游说溥仪。

“张学良把‘满洲’闹得民不聊生，日本人的权益和生命财产得不到任何保证，日本因此而出兵。”土肥原紧紧抓住溥仪朝思暮想重当清帝的心理，接着说：“关东军绝无领土野心，诚心诚意地要帮助‘满洲’人民建立自己的新国家，国不能无主，你不要错过这个机会，尽快回到祖先的发祥地领导这个国家。”1931 年 10 月 2 日夜晚，土肥原贤二闯进了溥仪在天津的居所——静园，欺骗溥仪说。

“好吧。”溥仪当即表示同意。

“目前日本军部和内阁对于起用陛下及时机问题认识仍未统一，陛下还是慎重为宜。”溥仪身边的遗老遗少发生了争执。

溥仪陷入了犹豫不定之中……

“现在，由赵欣伯接替你的奉天市长之职，你继续在天津策划溥仪逃往满洲。这件事情非常重要，非你不可。”1931 年 10 月 15 日，关东军司令官本庄繁对土肥原贤二说。

于是，土肥原贤二立即赶赴天津着手调查研究。

“溥仪确有逃往满洲之意，并拟在吉林成立政府亦大体属实，惟天津总领事桑岛根据外务省训令，不希望溥仪外逃，正严密监视其行动。因此，如不采取特殊手段，实难达到目的。”很快关东军司令官本庄繁接到了土肥原贤二拍来的情报。

“现在，采取非常手段的时机尚不成熟，等黑龙江政局稳定后再使溥仪出走为宜。”关东军司令官本庄繁命令关东军参谋板垣征四郎通报土肥原贤二。

而此时天津、北京，包括南京的中国报纸，不断地报道土肥原贤二在天津的活动情况。

土肥原贤二和天津日军惟恐坐失良机，于是，便不顾关东军司令官本庄繁“等黑龙江政局稳定后再使溥仪出走为宜”的指令，以迅雷不及

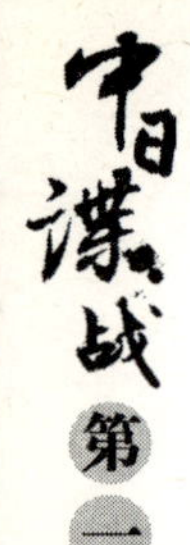

掩耳之手段，果断地采取了非常手段。

土肥原贤二成功地策划了“天津事变”，成功地骗走了溥仪。

土肥原贤二指使手下的特务采取流氓手段对溥仪进行恫吓。

“这是奉天市长赵伯欣给您送来的一篮水果。”却发现篮里埋着一颗炸弹，直吓得心惊胆战。

这样，溥仪一会儿收到陌生人送到家门口的炸弹，一会儿收到措辞恐怖的黑信，一会儿接到威胁电话，还发现一些身藏短刀的人在附近转悠，弄得胆小的溥仪心惊肉跳、坐卧不宁。

11 月 8 日天津动乱爆发当日，日租界和附近的中国管区宣布戒严。日军的装甲车以“保护”的名义开到了“静园”门口。

“11 月 8 日晚 10 时，天津中国地区发生暴动，现正陷于混乱中。我天津部队进入戒备并下达命令占领日本租界外围沿线，以确保租界，预防万一……”11 月 9 日晨，关东军司令官本庄繁接到了土肥原贤二从天津发来的机密电报。

“天津暴动系以张璧等为主的河北自治维持会一派所策动，已破坏杨村铁桥并已占领天津中国地区各要地，正计划等待韩复榘之到来……”接着，关东军司令官本庄繁接到了日本驻北京武官永津中佐的来电。

“天津暴乱实为溥仪出走剧的一幕。因进行中发生差错，杨元吉未能及时来津，又加经费不足，因而遭受挫折。”11 月 9 日夜，关东军司令官本庄繁再次接到了土肥原贤二从天津发来的机密电报。

这时，日本守卫队和中国便衣队不断发生磨擦，流血事件随处可见，天津的气氛越来越紧张。

“看来，住在天津太不安全了！”

“我们还是到东北去为好。”

11 月 10 日晚上，溥仪与土肥原贤二会面后决定逃往满洲。

按照土肥原贤二的精心安排，溥仪终于躲过刺客和特务的眼睛秘密离开了自己的住宅。他身穿日本陆军少佐军服，由郑孝胥父子、工藤忠等人陪伴，从白河畔坐小轮船去大沽，11 日，再换乘“淡路丸”号船从大沽直航营口，再从营口坐火车于 11 月 18 日秘密到达旅顺。

消息传开后，全国一片震惊。

“我们真是饭桶！草包！竟让这么一个大活人在几十名军统特务的眼皮底下逃脱！”蒋介石大发雷霆，痛骂戴笠。

溥仪只身逃离天津后，撇下了婉容皇后。后来，婉容皇后被日本女间谍川岛芳子诱骗到长春。

“皇上已经离开天津了！”还被蒙在鼓里的婉容皇后大哭起来，“我也要去追随皇上！”

“你们还是快快把婉容接到满洲来吧。”溥仪也连连向日本人请求。

“再搞一次出逃事件可没那么容易。自皇上出逃后，国民党在天津的特务机关加强了戒备，而且，还风闻，天津四郊的农民已组织一个类似义和团的团体，发誓要杀‘那个出卖祖宗的狗皇帝家里的鸟男女。’稍有不慎，会闹出大乱子！不过，考虑到皇上思妻心切，我们日本人决定再冒一次险！”

“由谁担当此重任？”关东军参谋板垣征四郎大佐马上想到了川岛芳子。

“你同川岛芳子联系一下，让她前去天津把婉容皇后接来。”板垣征四郎委托川岛芳子的哥哥宪立说。

于是，宪立马不停蹄赶到上海，将川岛芳子带到了大连。

“我离开你将无法生活下去。我们俩人要生死与共。你一定回来。”但是，川岛芳子一到大连，就收到了田中隆吉发来的密码电报。

宪立将此事告诉了板垣。

“真是没出息！”板垣征四郎马上打电报狠狠训斥了田中隆吉一通。

水性杨花的川岛芳子这时早已对田中隆吉感到厌腻，她非常乐意接受板垣征四郎交给她的秘密任务，遂置田中隆吉于不顾。

为把婉容接出天津，川岛芳子一直在东北等待时机。

不久，一个神出鬼没的妖艳女人来到了天津静园——婉容的住处。这个女人身穿下摆开口很大的胭脂色旗袍，旗袍上有用金银线绣的龙样花纹，脚穿一双用同样布料做的鞋，脸搽脂粉，唇涂口红，那妖艳的丰姿，倾国倾城。她就是一日三变的川岛芳子。

川岛芳子还带来了一个身体虚弱的女友。

“皇后还是快去东北吧。皇上都快要想死你了。”川岛芳子劝婉容离开天津。

“川岛芳子不是一个好女人，千万不能上她的当。”婉容思忖无论如何不愿跟随川岛芳子去满洲。

“皇后陛下，您与其在这个地方过孤独清苦的生活，不如到满洲痛痛快快地享受一阵子清福。”川岛芳子并不在意闲言恶语，依然呆在天津游说婉容。

“不过，听说满洲是个土匪窝。”婉容担忧地说。

“您害怕了吗？您要不去，谁能照顾皇帝陛下。至于治安嘛，很快就会好起来的。”川岛芳子安慰婉容道。

“把您接去可是皇上的意思，您不去，我们在皇上面前就不好交待了。再说，您要真的不去，有人可是求之不得的，听说皇上还想把淑妃文绣接过去，是不是有扶她为正室的意思咱不敢说，不过……”川岛芳子见婉容还是犹豫不决，转而又吓唬她说。

“可怎么个走法呢？这前后都是特务，总不能再把我塞进汽车的后箱吧？”这下婉容慌了，心动了，“万一别的女人夺了我正宫娘娘的宝座怎么办？”

“这事您不必费心,由我来办,不过,您得委曲一下。”川岛芳子担保道。

静园本来很清静，但自从溥仪出逃后，国民党驻天津的特务机关对这小小的院落严加监视,无论白天,还是晚上,静园周围总少不了一些“皮匠”、“锁匠”、“小贩”在那儿转悠。

为了防止出现意外，驻天津的日本兵也加强了对静园的看守。

“溥仪是钻进柳条包里才逃出这里的,但这次要把婉容皇后带出天津,故伎重演不行。”川岛芳子向随自己前来的“女人”密语了一番。那“女人”听后万分惊讶。其实,川岛芳子来静园时带来的那个病人并不是女人,而是一个男扮女装的美男子。

几天以后，一口大棺材被七手八脚运进了静园。

“你死得好可怜哪！”川岛芳子擦眼抹泪，悲痛欲绝。随川岛芳子前来的“女子”“死”了。

婉容也跪在假灵台前叩头致哀，仆人们则跟在后头鞠躬长拜。那个装作病人的“女子”换了面目，以男子身份在灵台前忙个不停。

依照中国的传统习惯，人死了要运回老家。出殡那天，静园倾巢出动，延绵两百多米的送葬队伍随着空棺材大大方方、浩浩荡荡出了溥仪的家门，一路畅通无阻。

日本宪兵对中国人出殡并不在意，而中国军警对出殡运棺，不管在什么情况下，更不会去检查。在这个世界上，中国对红白喜事的态度是最庄重严肃的。在大喜大悲的日子，自然也就没有人敢于扰乱。

在哭喊声、唢呐声拼凑起来的交响乐中，出殡队伍来到了郊外白河岸边，棺材入土时，大哭小闹一片混乱。

这时，两个仆人打扮的人趁混乱悄悄地溜上了附近的一条小船。小船迅速离岸，顺流而下，漂过两个河湾，河中出现了一条大商船。那两人又爬上了商船，商船扬帆起航，3 个多小时就到了大沽口外。原来，两天前，一条日本货轮“太阳丸”就停泊在那儿，那两人又上了“太阳丸”。几天后，川岛芳子带着婉容皇后突然出现在旅顺口！

大江南北又一次舆论哗然，报刊上有关此事的文章连篇累牍，众说纷纭……

“日本人派出了小飞机，停在婉容家的屋顶上把她接走了。”

“静园里有地道，直通大沽口……”

“婉容装作死人躺在棺材里，骗过了卫兵，才逃了出来。”

“全是胡扯，堂堂皇后娘娘能躺进棺材吗？”在长春伪“满洲国”建“国”典礼上，川岛芳子以最权威的口气对来宾们公布了真相。

“棺材只不过是掩人耳目。其实，婉容一直在我身边，只不过穿了一身旧衣服罢了。南京方面都是蠢货！好对付。”川岛芳子的恢宏言论引来阵阵啧啧称赞声，惯于哗众取宠的川岛芳子越发来了情绪，继续口若悬河地吹虚起来：“这种事对我来说易如反掌，别说戴笠手下的特务，就是戴笠自己来，我也一样玩他个团团转。”又是一阵称奇声。

“我真正的姓名是爱新觉罗·显玗，我是皇上的堂妹。”川岛芳子恢

复了原姓名，不厌其烦地向别人自我介绍。

川岛芳子勇敢地接出了婉容，顿时成了旧财阀和清朝遗老眼中的风云人物。她的显赫名声成了她诈取钱财的资本。川岛芳子很快筹集了一批军饷。川岛芳子不但拥有做得考究的军服，纯金的三星肩章，漂亮的军刀，装在牛皮套里崭新的毛瑟枪、柯尔特式自动手枪，一切披挂应有尽有。

川岛芳子还凭着皇上堂妹的身份，极力向溥仪献媚。据说有一次她竟酒后吐真言，说想取婉容而代之。

川岛芳子的莽撞遭到了溥仪身边谋臣们的攻击，婉容也对她醋意大发。于是，溥仪只好对她冷眼相待……

川岛芳子自觉没趣，只好从满洲国后宫退了出去……

1931年12月16日，前辽宁省主席藏式毅在板垣征四郎的策动下出任伪奉天省省长。

1932年1月1日，张景惠出任伪黑龙江省省长。

1932年1月6日，板垣征四郎携带关东军司令官的指示前往东京向政府汇报。裕仁天皇破例召见板垣征四郎。陆军省、海军省和外务省根据汇报炮制出“满洲问题处理方针纲要”,要求加速建立受日本控制的“独立国家”。

1932年1月22日,关东军司令部召开“建国幕僚会议”,讨论建立“新国家”的有关条款和纲领。

1月27日，板垣征四郎根据会议决定组织拟制“新国家建设顺序的纲要”。

2月16日，板垣征四郎策划组织张景惠、熙洽、臧式毅和马占山筹备建立伪国家的沈阳“四巨头会议”。

接着，板垣征四郎奉命前往旅顺，以威逼利诱的手法逼溥仪就范。

1932年3月1日，伪满洲国宣告成立，日本帝国主义扶持清朝末代皇帝爱新觉罗·溥仪出任伪满洲国执政,将长春定为“国都”,改名“新京”,成为日本帝国主义统治东北的政治、军事、经济、文化中心。“满洲国”

从1932年3月15日到1945年8月15日日本投降，总共使用了13年零5个月。

八、“殊服异俗之宾，从未一入门庭”——吴佩孚公开洗清自己

自“九一八”事变以来，日本为加快侵略中国的步伐，用尽一切办法收买汉奸为其服务。吴佩孚作为北洋军阀中继袁世凯、段祺瑞之后的中心人物自然成为日本特务的焦点。

“吴佩孚虽然反对蒋介石，但他素以爱国军人自居，恐怕不会受你的利用。吴佩孚对日本深恶痛绝，即便在他流落四川有东山再起之意时，荒木代表日本愿奉送步枪十万支、机枪二千挺、大炮五百门，子弹若干，此外并助款百万，但他拒而不受。”当时有人向土肥原贤二说。

“只要他的行动有利于我们，就是打抗日招牌也是可以的。”土肥原贤二说。

1930年，蒋、冯、阎中原大战爆发。

1930年初，中原大地战云笼罩，蒋介石、冯玉祥、阎锡山等国民党新军阀之间为争权夺势，纷争不休，两下竟至剑拔弩张，大战将至。

沉默已久的吴佩孚见机会来到，暗中招马买兵，积蓄力量，盼望重新出头之日。

吴佩孚

4月1日，阎锡山就任中华民国总司令职，冯玉祥、李宗仁就任副司令职。4月30日，蒋、冯、阎、李中原大战之前哨战在砀山开始。5月，中原大战双方投数十万大军，直杀得天昏地暗，哀鸣遍野。

1930年5月6日，吴佩孚发表通电，吴佩孚发出“鱼电”，声称入鄂“调停”，蠢蠢欲动。川将刘文辉也纠合各部举起反蒋大旗。

5月30日，吴佩孚从河市坝起身，前往绥定。

“不要使吴佩孚离开四川！”蒋介石下令刘湘出兵设阻。

6月，准备前往万县，受刘湘阻拦，返回麻柳场，后又移居小场镇下八庙。

9月21日，张学良率12万大军入关助蒋，阎、冯反蒋派顿时兵败如山倒。

吴佩孚借中原大战之机再起的梦想宣告彻底破灭。

1931年，吴佩孚赴成都赴宴，接到老部下于学忠的来信。东北军进关大将于学忠不忘旧主之情，函请吴佩孚北上。

于是，吴佩孚决意赴锦州于学忠处。于学忠投降奉军时曾经说：“倘玉帅出山，吾将弃此而往就之。”

这时，蒋介石也电邀吴赴南京晤叙。

1931年5月22日，吴佩孚决计离开下八庙，应召前往南京，吴佩孚寓蜀生涯暂告一段落。

7月，因担心南下遭蒋介石算计，以游览青城名胜为名突然折路西行，进入甘南武都。

9月18日，日本关东军挑起震惊中外的“九一八”事变，吴佩孚闻讯后，致电成都日本领事馆表示强烈抗议。

10月，吴佩孚一行抵达兰州。吴佩孚在兰州大讲“疯话”之余，着力斡旋雷、马之间，又指使属下再发拥戴通电。

青海省主席马麟领衔通电拥吴出山，主持抗日。

吴佩孚跃跃欲试，拟以川、甘、宁、青、新五省军事再举宏图。

吴佩孚在文县、武都、天水三地走走停停，逗留月余。以"孚威上将军"名义随意封官许愿，收罗徒众，又讲经论道，品诗挥毫，俨然满腹经纶，直唬得各地士绅文人个个竖起拇指，赞佩不已。

西安杨虎城对吴设立行辕、封官许愿很是反感，传言有电令地方当局扣留吴佩孚之意，吴匆匆前往兰州。

兰州发生"雷马事变"，吴佩孚进兰州大讲"疯话"之余，着力斡旋雷、马之间，和平解决，又指使属下再发拥戴通电。

"吴上将军韬晦蜀川，于兹数载。谢安未老，人仰东山。矧其前戍辽东，适逢日俄战事发生，满洲形势，日本军情，观察无遗。仰祈中央敦请出山，主持对外军事。"1931 年 11 月 4 日，已经在天水住了一个时期的吴佩孚抵达兰州。

吴佩孚到达兰州后，兰州保安司令雷中田处处为吴佩孚捧场，筹饷筹械，闹得乌烟瘴气，激起地方军人的愤怒。

不久即有川、甘、新、青等省区将领联名发出咸电。

咸电发后，虽然川、甘、新、青等省区将领又纷纷否认。

"吾行程直达锦州，以后看情形决定。"但吴佩孚俨然以北洋领袖自居，竟电告其驻津代表刘永谦说。

"希望华北各军尽归我指挥，然后，我立即进驻锦州。"吴佩孚公开表示。

蒋介石恼恨万状，杨虎城入甘勘乱。

1931 年 12 月，国民党第十七路军总指挥杨虎城派孙蔚如进攻兰州，反雷军趁势响应。兰州三面被围，吴佩孚故作镇静，雷部溃败，吴佩孚的部队不过是一群乌合之众，根本没有能力抵抗，吴佩孚只好从兰州逃走，狼狈逃往宁夏。

此时全国抗日反蒋的空气更加浓厚，以北洋派旧军人为中心的反蒋派在济南召开了会议。会议中心问题是由北方军人联合拥戴段祺瑞、吴佩孚合作反蒋。阎锡山也派代表出席了济南会议。

集中在济南的国家主义派极力附和拥戴段祺瑞、吴佩孚合作反蒋，并自告奋勇愿搞民众运动。国家主义派的首领与主要创始人是曾琦

（1892 ~ 1951），四川隆昌人。曾在留学法国期间成立中国青年党。回国后创办《醒狮》周报，反对国共合作，煽动蒋介石镇压共产党人。国家主义派即指中国青年党，当时以其外围组织“中国国家主义青年团”的名义公开进行活动。组织中国青年党的反动政客投靠帝国主义和当权的反动派，把反对中国共产党和苏联当做职业。

会议决定推举吴佩孚为北方抗日联军总司令，阎锡山、韩复榘二人为副司令，催促吴佩孚即日离开四川赶大同，即由韩复榘、阎锡山领衔推戴，并拟征求一部分东北将领列名，以壮声势。估计在热河的汤玉麟和在山西阳泉的宋哲元都不会反对。

1932 年 1 月 17 日，吴佩孚逃抵五原，24 日逃至包头。阎锡山手下的晋军将领傅作义曾前往欢迎。吴佩孚的旧部相随而来的有张方严及中下级官佐四百余人，眷属三百余口，卫士五百余人。

吴佩孚出川在大同就职后，即通电拥护段祺瑞组织政府，并声明东北善后交由张作相负责。

“段吴合作很好，段祺瑞可以主持对日交涉，吴佩孚标榜抗日。”华北各军不少人表示赞成。这与工作面领导的国民党政府“一面交涉、一面抵抗”的政策正相符合。

由日本侵略者幕后导演的这出南北争斗的大戏，主要目的是继续在中国制造分裂，引起华北局势的混乱，然后混水摸鱼。

1932 年 2 月 20 日，蒋介石任命阎锡山为太原绥靖主任，辖山西及绥远特别区。早在 1931 年 12 月，吴佩孚在兰州被孙蔚如打败后，反蒋联合战线已告瓦解。汪精卫和蒋介石重新开始合作，蒋介石通过汪精卫，把反蒋阵营中的阎锡山又拉了过来。这样，关于日本人幕后串联的“北洋派大同盟”的事情，阎锡山再也不愿谈起了，他称病拒绝前赴大同。

这样，济南会议策划的由段祺瑞、吴佩孚、阎锡山、韩复榘联合组成“北洋派大同盟”共同反蒋的美梦，就被蒋介石瓦解了。

1932 年初，张学良以子侄身份专车将吴佩孚邀请到北平。这样，吴佩孚率领卫队，经兰州、宁夏、内蒙、五原、大同最后到达北平。

"'九一八'事变中，你为何不抵抗？！"就在张学良到北平火车站来迎接吴佩孚时，吴佩孚居然质问张学良。

从此，屡次兵败的吴佩孚结束了四年的流寓生活，定居北平，住在张学良赠送的东四什锦花园胡同的大宅院。每月接受张学良馈赠的4000元维持生活。

吴佩孚受到张学良的优待。他把什锦花园作为"大帅行辕"，仍然关起门来做"大帅"，除参谋长张方严，秘书长陈廷杰，秘书杨云史、汪崇屏而外，还有拥有原来的八大"处"，如军需处长赵星如，承启处氐工惠民等。这些人每月的生活费一律都是8元。

不甘失败的吴佩孚暗地里倡办"救世新教会"，自任教统，江朝宗任副教统，企图纠集北洋直系势力，借"抗日"为名东山再起。

吴佩孚的不安分受到了蒋介石的指责。

于是，吴佩孚就以种花、养鸟、著作、研究佛学，韬光养晦。

1932年4月，国民党政府在洛阳召集"国难会议"，目的在于招集各方人士，讨论对日问题，分担卖国责任。

吴佩孚与段祺瑞均被聘为国难会议议员，但他们两人均未应召前往。

"1932年3月9日，日本利用前清废帝溥仪在长春宣布成立伪满洲国，与国民党中央政府断绝了关系。"

"伪称满洲独立国，实际为日本附庸，阳辞占领之名，阴行掠夺之实。"3月10日，吴佩孚发表了一个出自章太炎的手笔的通电，怒陈日本罪行。

4月，吴佩孚呈《致国联调查团书》给李顿调查团，抨击日本割裂中国版图的行径，要求国联主持公道，恢复中华民国领土的完整。

1932年农历3月7日是吴佩孚的58岁寿辰，吴佩孚前往西山避寿。当时，平津卫戍总司令部破获一件与吴佩孚有关的阴谋暴动案。平津卫戍总司令部从邮局搜获一函，是寄交给北京协和医院一个病人的，满纸密码，当初平津卫戍总司令部以为是共产党的秘密活动，后来查出医院

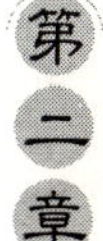

病人为东北军驻杨村缪激流部营长，并在他身边搜出东北军营长名单120人联名拥护吴佩孚抗日，定期在西苑誓师……

但张学良并未追究吴佩孚。

1932年7月23日，韩复榘由山东来到北平时，不先去会见张学良，却先跑到什锦花园与吴佩孚密谈，再一次引起了张学良的怀疑。

后来，又传说吴佩孚有运动保定驻军于双十节在保定发难的阴谋……

“为了避免吴佩孚被日本人利用，要按月给他生活费。”蒋介石下令。吴佩孚到北平后，华北局势日趋严重，驻北平国民党高级负责人经常变动。不过，在蒋介石的授意下，从张学良、何应钦、黄郛到宋哲元，都按月给吴佩孚一定的生活费。

1933年1月段祺瑞南下时，蒋介石打算派人把吴佩孚也接到南下，避免被日本人利用。吴佩孚表示不愿意，蒋介石只好作罢。于是，吴佩孚仍滞留北平。

1933年1月18日，上海各团体曾忠告段祺瑞、吴佩孚勿受日人利用。

“生平期关、岳、文、史，春秋内外之义，尤所兢兢。旧京寄迹，殊服异俗之宾，从未一入门庭。”吴佩孚公开洗清自己说。

1933年2月，关东军大举进犯热河。

这时，日本已经把热河划入伪满洲国的版图，要继续染指华北，出动军政人员公开活动，收买汉奸，组织伪政权，为日本的侵华政策效力。

由于吴佩孚的声望和过去之地位，也成为日方重点拉拢的对象之一。

“吴佩孚对我们日本非常反感。”

“我们可以采取堡垒从内部攻破的战术。”

由特务机关长大迫通贞和曾任吴佩孚顾问的日本浪人冈野增次郎出面，拉拢诱惑吴佩孚身边的干员，诸如秘书长陈延杰、枢要处长符定一、参谋长刘永谦以及帮办、参议等。以提供军费、枪械为诱饵，鼓动陈延杰、符定一等人收编土匪，勾结东北军失意军人，组织一支军队后，拥吴佩孚重登政治舞台。

陈延杰、符定一等人追随吴佩孚以来，吃了不少颠沛之苦，且个个囊中羞涩，巴不得吴佩孚重新出山也捞个一官半职的实衔，于是开始接受日方的赠款，暗下活动，收罗党徒。

结果，陈延杰、符定一等人的活动被北平的宪兵三团觉察，抓走几千人，杀了几个人，日本方面白白搭上十几万“老头票”，结局不了了之。

吴佩孚是否得知其中实情不得而知。

当时，吴佩孚经济拮据，几无存款，“帅夫人”张佩兰则要支配日常生计，不能不焦虑。碰上手头紧张之时，便打发大帅部人员或族弟张锡九（大帅部参议）出外筹措，甚至打着吴佩孚的旗号到处伸手。

吴佩孚苦于自己不会生金变银，只好装聋作哑，不去理会。

板垣征四郎从奉天赶到天津后，建立了“板垣机关”，负责北平和天津方面的策反谋略工作，配合关东军长城作战，企图策动华北“自治”，以炮制出一个和“满洲国”相似的傀儡“华北国”。

此时的段祺瑞已经失去了利用价值，于是，板垣征四郎就把目光再次瞄准了吴佩孚，着重对吴佩孚进行公关。

日方则计划以张敬尧在北平发动政变为导火线，鼓动宋哲元、张作相等人，利用旧军阀的部队占领北平，以吴佩孚等人为首建立亲日政权。

由于热河沦陷和长城抗战失利，蒋介石授意妥协，国人忿恨蒋介石、张学良的不抵抗主义，集中舆论谴责蒋介石和张学良二人。

为了拉替罪羊，蒋介石指使张学良通电引咎辞职，下野出洋，委任何应钦出任北平军分会委员长。

何应钦属国民党系，与吴佩孚不搭界，所以不买吴佩孚的账。何应钦上任以后见吴佩孚的卫队仍然戴着北洋军的五色旗帽徽，就上报蒋介石。

在蒋介石的授意下，下令遣散吴佩孚的卫队，连什锦花园的门警也一律换上了国民党驻平宪兵团指挥下的警察。

“人在屋檐下，怎能不低头？”吴佩孚心中恼恨，却无力发作，只好自认霉头。

不过，吴佩孚表面上仍然以爱国军人自居，驻北平的国民党要人，在蒋介石的授意下，都按月给他较为优厚的生活费，加上上海商会又电箴他保持晚节，所以吴佩孚后来对板垣征四郎的拉拢不再理会。

九、孙传芳躲进了天津的居士林

“九一八”事变日本占领东北以后，大肆拉拢旧军阀以作侵略华北的先锋。曾做过孙传芳的日本武官学堂的教师和五省联军的高级军事顾问的冈村宁茨，多次与孙传芳秘密勾结，并施以各种好处，使孙传芳陷入了在日的扶持下、东山再起的幻想之中……

那么，孙传芳是如何结识冈村宁茨的呢？ 1904 年秋天，刚从北洋陆军速成学堂步兵科毕业的孙传芳被选派到日本东京士官学校第六期留学，第一次列队时，一个长得精瘦但很干练的军人站在他们面前，自我介绍道：“我叫冈村宁茨，是你们的区队长，希望大家遵守纪律，服从命令，请多关照！”

一个星期天的傍晚，冈村宁茨在进行晚点名时，发现新生中少了孙传芳、杨文恺、张群、周荫人等人，原来他们外出未归，这还了得！冈村顿时大发雷霆。原来，孙传芳等人嫌军校的生活太清苦，平时只有豆腐白菜，肚子里一点油水也没有，于是星期天结伴外出，租了一间房，买了几斤清酒和一副猪下水，几个人大吃大喝，没想到醉得一塌糊涂，等发现快到点名的时间，紧赶慢赶往学校跑，但还是晚了，几个人东倒西歪地来到操场上，区队长冈村宁茨已是怒气冲冲，劈里啪啦左右开弓，一个人揍了两个耳光。

“巴格牙路！你们不是军人，纪律的不懂！”

孙传芳个头小，被冈村宁茨一巴掌打在头上，把帽子打掉了，脑后的辫子抖搂出来。冈村宁茨用手拉着他的辫子 ：“呛过罗！呛过罗！（日语为猪尾巴的意思），支那人一盘散沙，将来有一天，我们在战场上还会打败你们！”

孙传芳

孙传芳受到侮辱，浑身的血一下子都涌到头顶上来了，他仗着酒力，猛地抓过自己的辫子，往脖子上一绕，骂道：“老子今天就教训教训你这个狂妄自大的家伙！”接着他发疯似地蹿上去。

冈村宁茨是柔道好手，见孙传芳扑过来，用手一挡，身体往外一侧，就势来了个大背，把孙传芳摔落在地。

孙传芳咬着牙爬起来，一个饿虎扑食，又冲上去。

冈村宁茨闪转腾挪，一个反手擒拿，将孙传芳的脖子压在自己的皮鞋上。

孙传芳真急眼了，照着翻毛皮鞋就是一口！冈村宁茨疼得一咧嘴，稍稍分神，孙传芳死命往上一拱，冈村宁茨猝不及防，被顶了一个仰面朝天！

孙传芳被张群拉住，气哼哼地还在高声大骂：“小日本，老子不尿你，有种再来！”

杨文恺等赶快上前把冈村宁茨搀扶起来，冈村推开众人，对着孙传芳笑容可掬，伸出巴掌拍了起来：“哟希，哟希，孙君，你的胆量大大的，是一条汉子！”不打不相识，从那以后，孙传芳和冈村宁茨成了好朋友。

1926 年秋，北伐军兵临九江和南昌，给孙传芳以致命打击。孙传芳为挽救残局，便聘多名日本武官为“军事顾问”，他昔日老师冈村宁茨便是其中的一个。而孙传芳的这位老师，却是一个地地道道的日本军国主

义分子，他立志“研究中国”，一直都在为侵华做着各种准备。他在青壮年时，就曾经18次潜入中国内地搞所谓的“旅行调查”，偷偷搜集我国军事要地的资料，为日军侵华做准备。此次，他作为孙传芳的“应聘武官”是有“特殊使命”的，一是为日本在中国培植亲日派，二是为暗中搜集中国的军事情报，最主要的是他得知他的“学生”孙传芳军中，有一套比例为五万之一的中国机密的军事地图。后来，日寇侵华，之所以能在华中一带横冲直撞，正是依靠这套地图给日本军国主义分子提供了极大的方便。

从这段经历来看，孙传芳内心只不过是想利用日本人，青年时期，他内心对日本还是相当的抵制的。

孙传芳身材矮小，其貌不扬，一副大脸总是笑容满面，不让人觉得此人难对付。然而，真正办起事来，他那一对三角眼却射出两道凶狠的光芒，令人胆战心惊，熟悉他的人称他为“笑面虎”。孙传芳为人精明强干，非常敏感，喜欢看书，这一点与大字不识一筐的张宗昌大不相同，他也绝对没有韩复榘那种自以为是的笑话。平时，孙传芳手不释卷，经、史、子、集多有涉猎，而且口才极好，颇为健谈，曾叫蒋介石的说客张群甘拜下风。孙传芳对中国历朝的兴亡盛衰，很有一番研究，说起来滔滔不绝，给人以饱学之士的印象。孙传芳善于应酬，见人自来熟，交际甚广。这可能是他多年寄人篱下为了讨好主人而练出来的。

1928年6月6日，被北伐军打败、投靠奉系军阀张作霖的孙传芳率卫队1000多人，随同张学良、杨宇霆由北京向滦县撤退。

1929年1月10日，张学良枪毙杨宇霆、常荫怀。

1929年1月11日，孙传芳怕祸及自身，逃往大连。

“九一八”事变后，孙传芳把全家又迁回到天津的英租界，回到天津的孙传芳深居简出。一是害怕遭到蒋介石派遣的特务的暗算，二是害怕时局动荡，遭到不测。

孙传芳的心情一直不痛快。这位下了台的五省联军大元帅每每想起往昔雄居东南、名盖天下、为所欲为的情景，而今一切都已烟飞云灭，不禁暗自伤怀。但是，他的内心却不甘失败，总是伺机以图东山再起。孙传芳曾两次派人携带他的委任状和金钱到京张线和济南招收已被蒋介石收编他的五省联军旧部。

孙传芳的这些行动早已经被蒋介石安插在各地的特务调查得清清楚楚。蒋介石得知此事后，极为恼火，就下令严密监视孙传芳的行踪。如果再有不妥的行动，绝不放过。

孙传芳本人自然深知蒋介石对他们这些刚下台的军阀放心不下，而自己又多次与他为敌，蒋介石必然不会放过自己。

一想起这些，孙传芳就寝食难安，他一边躺在床上不停地吸着烟枪，一边想着近日来与靳云鹏搞国家主义派的活动情景。孙传芳早在任五省联军总司令时就与国家主义派联系密切。来到天津后，曾显赫一时的地方实力派孙传芳与曾是徐世昌总统的内阁总理靳云鹏交往密切。他们虽然都已经退出了政治舞台，这是他们都不甘心就这样了此残生。于是，孙传芳和靳云鹏秘密联络，搞起了国家主义派，希望通过国家主义派的活动能够与国民党和共产党抗衡，并借国家主义再次登上中国的政治舞台。孙传芳和靳云鹏曾多次秘密会见一些国家主义派的小团体成员。这些人的“联省自治”，“民选总统”和“取消国民党一党专政”的主张与孙传芳反蒋、依靠日本以伺机东山再起的心思一拍即合。于是孙传芳便利用这个国家主义派的活动鼓吹反对国民党一党专治、主张人民自主的联省自治。这充分表明了他还要参政的政治野心。

“九一八”事变以后，蒋介石对日本武装侵略东北，采取了不抵抗政策，引起了国内各界人士的强烈不满。各民主党派和人民团体纷纷发表言论批评和谴责国民党。为了缓和矛盾，国民党召集了有党外人士参加的国难会议。孙传芳看到这是宣传国家主义主张，取得全国各界支持的良好时机，就积极支持其成员批评国民党的误国政策，要求国民党取消一党独裁，“开放政权”、“组织国防政府”。1932 年 2 月 2 日，国家主义派发表了《中国青年党暨国家主义青年团为日军进攻上海告全国国民》，声称“应进一步取消一党专政，使国人各种不同的政见、感情、相济相调，以

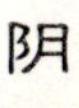

充分发挥其‘有责共负，有难共趋’的息息相关的精神”。直接要求改组国民党独裁专制政府为集各方人士组成的国防政府。

然而，随着日本帝国主义的入侵和中国共产党领导的工农运动的迅猛发展，国家主义派的绝大多数便与国民党化敌为友了。

眼看自己的大势已去，孙传芳便与靳云鹏一起，暗地里策划新的阴谋。

自从冈村宁茨多次游说孙传芳以后，孙传芳开始暗中与国内的一切实力派人物交往，并为实现阴谋反蒋、东山再起的目标做好铺垫。

“听说蒋介石最近对我非常不满，要对我采取制裁措施！我该怎么办啊！”孙传芳胆战心惊、惶惶不安的孙传芳驱车来到靳宅，急忙找同住天津的原皖系国务总理靳云鹏商量对策。他看到靳宅幽雅宜人，大有世外桃园之感，便说道：“靳阁下的宅院真是养身修禅的好地方啊！”

“馨远兄弟要修禅呢，那就建个居士林好了。”靳云鹏半开玩笑地说。

“你真会开玩笑。”孙传芳摸了摸自己的肥大耳朵，摇着头说。“如果真的建一个居士林，那倒是一个隐身自保的好主意。如今自己已经是脱毛的凤凰不如鸡，已经失去了武力资本，要想出拳有力，必须先收回拳头……”孙传芳寻思着。从此，靳云鹏的这句话便在孙传芳的心中扎下了根。

孙传芳觉得他的这位山东老乡靳云鹏跟他自己一样，都是一棵树上的同命鸟。

“我看，建一个居士林，那倒可让蒋介石对我们放心，如同给他吃一个宽心丸。”孙传芳两只眼睛死死地盯着靳云鹏手中的茶碗说道。

“我早有此意，目前局势不稳，你我都树过不少敌人，想必今后会有不少麻烦。只有皈依佛门，才是个逃生的办法，如果馨远兄弟真有这个打算，我看我们就去做居士，先穿上件护身符再说。”靳云鹏急忙放下手中的茶碗，欠起身子向肥胖的孙传芳靠了靠说。靳云鹏曾脚踏徐世昌、段祺瑞二只船，凭借与张作霖儿女亲家关系和吴佩孚老乡关系成为显赫一时的北京政府的内阁总理，现在也不得不委曲于居士林，求全于佛坛了。

“那咱们就以咱们俩的名义建一座居士林。”

“好。看来只好委曲求全了。”

在离开靳宅回家的路上，孙传芳坐在车里沉默不语，他感到非常压抑。说实话，这种感觉从他兵败下台以来，一直像魔鬼一样缠着他。特别是回天津以来，他的心情极少痛快过。孙传芳是个权力欲极强的人，同时也是个好战魔王，他哪能过惯这般平静如水的生活。哎！人生如梦，想当年，金戈铁马，气吞万里如虎，身为五省联军总司令，麾下壮士如林，猛将成群。他在南京跺一脚，整个中国都得晃几晃。那时他曾狂妄地在某次挑战电文中说：“秋高马肥，正好作战消遣。”一副不可一世的口气。而今却要隐身于佛坛来隐藏他的野心，怎能不让他感到委屈压抑呢？

不久，孙传芳与靳云鹏共同出资，将坐落在天津东南城角草厂庵的清修禅院，改名为天津佛教居士林，由靳云鹏任林长，孙传芳任副林长。这两位曾经显赫的过气军阀政客在佛教居士中产生了很大的号召力，信徒们辗转相告，陆续参加活动的有三千多人。

孙传芳或者是因为良心尚未泯灭，不愿意摊上汉奸的臭名，或者是害怕遭到蒋介石的制裁，冈村宁茨利用师生关系多次登门造访，动员他出任伪职，他都没敢公开出任伪职。

这样，段祺瑞被蒋介石看在了上海，吴佩孚怕留下汉奸的臭名，对板垣不再理会，孙传芳则躲进了天津的居士林，不敢出任伪职，板垣征四郎的计划一直难以得逞……

十、把侵略的魔爪伸向华北——热河与长城战役

1931年，日本占领东北三省以后，日本帝国主义的扩张欲望并不满足，相反，日本帝国主义的野心越来越大，迅速把侵略的魔爪伸向了华北。

1932年8月，日本关东军人事进行了大调动。原司令官本庄繁调任军事参议官，武藤信义任关东军司令官，陆军次官小矶国昭调任参谋长，新参谋副长冈村少将以下的幕僚也大多换了新人。板垣征四郎被免去高级参谋，晋升少将，暂时留在关东军司令部听候差遣。

1933年1月6日，日军开始进攻东北与华北的门户山海关，遭到东

北军何柱国部队的坚决还击，英勇的长城抗战就这样开始了。

山海关的炮声震醒了“少帅”张学良，他知道再不抵抗，连热河、河北也别想保住，这才把驻在长城以内的一部分东北军调到热河布防。

1933年2月下旬，日本关东军主力以第六、第八师团为基干，仅以大约十天的时间就扫荡了热河全省，并进一步向华北和内蒙渗透。2月17日，日本关东军司令官武藤信义不顾全世界舆论责难悍然下令进攻侵占中国热河省，令第六师团主力于2月23日从打通路沿线出发，向天山下洼、朝阳一线进攻，尔后向赤峰及林西、多伦方面扩展；以一部兵力从朝阳寺附近出发，向赤峰方面进攻；以一部兵力控制界岭口、冷口、喜峰口等长城要隘，掩护主力攻占承德、古北口。

1933年3月初，当日军进攻喜峰口、义院口、界岭口、冷口、罗文峪等长城一线重要关口时，遭到中国军队的顽强抵抗。双方在这里展开了激烈的拉锯战。

然而，张学良以保存实力为由，退居山海关之内。日本军队驻守长城外，占领热河直取北平态势相当明显，不过就整体而言，日本是想藉由攻击北平行动，换取国民政府对伪满洲国的承认。因为中国国内舆论普遍不愿意承认伪满洲国，2月11日，国民政府行政院长宋子文至北平，与包括张学良等27名将领一起发表保卫热河通电。2月21日，热河抗战爆发。装备不良，士气低落的东北军节节败退。

1933年3月4日，承德失守，热河抗战结束。热河完全沦陷。

热河失陷后，日军入侵长城各口，全国舆论哗然，同声谴责南京政府的军事和外交，要求政府北上抗日的呼声越来越大，为了缓和舆论的压力，也为了获得平津地盘，蒋介石一面调中央军黄杰的第二师，关麟徵的第二十五师，刘戡的八十三师约5万人北上，一面策划让张学良离职出国。

蒋介石派宋子文北上，约张学良在保定会晤，转达他的意思。

蒋介石认为：热河失守，张学良守土有责，受到国人攻击。他和中央政府更是责无旁贷，首当其冲。正如同两人乘一只小船，本应同舟共济，但是目前风浪太大，如果先下去一人，以避浪潮，可免遭沉没，将来风平浪静，下船的人仍可上船。若是互守不舍，势必同归于尽，对自己对国家都没有好处。

张学良当场表示："我愿意先下去，正好趁机会休息休息，请转告蒋先生不必烦心。"

1933年3月9日晚，蒋介石亲自来到保定与张学良会面。

结果张学良以对热河的沦陷承担责任，辞去军事委员会北平分会代理委员长之职而下野。何应钦取代张学良任北平军分会代理委员长，负责华北的军事指挥责任。

从此，蒋介石把中央威令扩大到华北的心愿终于获得了初步的成功。

何应钦秉承南京政府一面抵抗、一面交涉的既定方针，依靠长城作为防御工事，想守住长城各口，阻止日军进入关内。

关东军连续发动热河战役、长城战役等，目的有两个：一是要完成所谓"满洲国"的疆域；二是要实现日本操纵下的"华北自治"，在华北制造一个"满洲国第二"的傀儡政权，并逐步实现他们的侵略野心。

为此，一方面大举军事进攻；另一方面又施展阴谋伎俩，欲图以武力和谋略相配合达到其目的。包括日本参谋本部、陆军省、关东军、天津驻屯军、天津特务机关、北平特务机关，以及日本驻中国公使馆武官室等单位全面支持这一策略。

而以蒋介石为首的国民党政府对日军的进逼态势十分恐惧，一面不得不抽出一定兵力组成华北军进行抵抗，一面又积极开展外交手段，欲与日本妥协。

于是，在炮火硝烟军事较量的同时，一场幕后的政治谋略战和中日间谍大战展开了。

十一、“板垣机关”的阴谋

1933年2月13日，就在关东军大举进犯热河，在长城线各重要关口附近陷于苦战之中时，板垣征四郎被临时调任关东军副参谋长，奉军部之命，从奉天秘密潜至天津，化名汉池谷荣助，建立“板垣机关”，负责天津及至华北方面的“谋略”工作，执行受到日本军方 全面支持的秘密计划，经费由冈村宁茨具体筹措。

在此以前，天津有“大迫机关”。负责人是大迫通贞中佐，其部下茂川秀和大尉(改名远山)由关东军派来天津，后与“板垣机关”联合。三野友吉(原天津军情报参谋)也在其手下工作。

“板垣机关”在热河作战时曾担任北京、天津方面的扰乱工作。

刚到天津，板垣征四郎就立即向日本军部提交了一份“以华制华”，分裂华北的计划。在这项“计划”中，板垣根据对中国情报的刺探，把华北的中国军政要员分为四派:蒋派、反蒋派、现状维持派、首鼠两端派。他认为可以通过策反工作，利用后三派及北洋军阀的残余势力，从而将蒋介石在华北的力量排挤出去，再以这些人为骨干，建立起由日方操纵的傀儡政权。

板垣征四郎用大量金钱收买中国的旧军阀、失意政客、以及地痞流氓等，制造中国的内乱，在以北平为中心的华北地区，到处制造事端，意图先行破坏社会秩序，发动反蒋的叛变，策划所谓“华北五省自治”运动，在华北建立第二个满洲国式的傀儡政权，达到不战而胜的目的。照板垣征四郎所打的如意算盘,即使皆无所获,也可坐视中国人自相残杀，酿成内乱，而收到渐次削弱中国国力的效果。

板垣征四郎拟定以“关东军武力、天津机关、张景惠等其他满洲国要人”，联络“首鼠两端派”与“反蒋派”，并通过这两派联络“现状维持派”，然后再以现状维持派与首鼠两端派继续与蒋介石派联络，同时通过反蒋派(包括安福派、直隶派、张作相派等)对蒋介石派实行军事攻击。

以上就是板垣机关华北谋略的主要内容，其工作对象的重点是“反蒋派”，工作目标的重点是“蒋介石派”。

1933 年 3 月 27 日，日本关东军进攻长城各口受挫，重点转攻滦东。这一天，关东军司令官武藤信义下达滦东作战命令，旨在策应华北谋略。

板垣征四郎的“以华制华”，分裂华北的计划获得军部首肯和支持后，他便和密友土肥原贤二开始秘密实施这一计划。

土肥原贤二于 1933 年再次充任沈阳特务机关长，开始策划“华北自治运动”。当时，华北山海关、唐山、天津、通州等地的特务机关，全部划归土肥原贤二领导。

土肥原贤二和板垣征四郎决定策反北洋军阀，然而段祺瑞、吴佩孚似乎已经失去利用价值，孙传芳又躲进了天津的居士林，于是，张敬尧、白坚武、石友三等便成了土肥原贤二和板垣征四郎的策反重点……

为此，板垣征四郎勾结永田铁山等人，数月之间从陆军省机密中融通资金 300 万日元，用做活动经费。

但板垣征四郎、永田铁山等人的策反计划进展得并不顺利。

十二、最终瞄上张敬尧

为了实现这一计划，板垣征四郎不惜重金收买华北的地方军人，并利用他们与国民党政权的矛盾进行煽惑，借以削弱中国中央政府在华北的势力。在华北一带建立所谓“缓冲”地区，以确立伪“满洲国”军事、政治、经济的保障，是关东军历来的追求目标。

然而，原北洋系统军人中甘心充当汉奸的毕竟是少数，纵观整个抗战期间，降日或反复无常经常反水的多是原西北军系统的一些将领，旧北洋派军官的气节反而要高些。

不过，板垣征四郎和土肥原贤二却成功地收买了石友三、吴佩孚的部下白坚武和张敬尧等人。阴谋利用张敬尧等旧北洋军阀集团与蒋介石代表的新的国民政府之间的矛盾，促成华北自治。

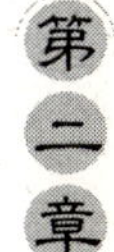

石友三、白坚武等受民族败类板垣征四郎指使，蠢蠢欲动，在平津地区骚扰作乱，图谋不轨。

1931 年，叛变张学良兵败后，石友三逃往山东投靠老友韩复榘，过起了寓公生活。

但是，石友三野心不死，不甘过蛰伏的日子，总想寻找机会东山再起。

石友三同山东临清一带的匪首冯寿彭取得了联系，企图靠收编一部分土匪队伍作为东山再起的资本。

1932 年秋，石友三帮助韩复榘诱杀了张宗昌。

不久，他和日本特务机关勾搭上，避开韩复榘，扮成日本人，在日本特务凑开一的保护下，从济南经烟台乘船潜入天津，住进了日租界。石友三与日本帝国主义及其走狗汉奸殷汝耕进行勾结，把冯寿彭的匪部调驻冀东，企图凭借外力寻求“出路”。

在天津，石友三还与日本特务头子土肥原贤二拉上了关系，他借助日本势力，勾结失意的军人政客，收编伪军，组织队伍在冀东北一带进行骚扰，为日本侵略军开辟道路。

当时，日本天津驻屯军少佐参谋三野友吉专门从事网罗下野军失意人物及地痞流氓制造纷乱。

白坚武

经三野友吉的撮合，石友三与白坚武、何庭鎏等汉奸合作，组织“华北正义自治军”，企图夺取平津政权，拥护吴佩孚出山，成立傀儡攻权“华北国”。

因为石友三号召力不大，又没有基本队伍，所以日本人不大重视他。

白坚武更是个认贼作父、卖国求荣的地地道道的大汉奸。他曾任吴佩孚手下的政务处长。

1926年，吴佩孚的主力被北阀军击溃后，白坚武辗转去了日本，他认为吴佩孚的失败，是由于过分依赖英美所致。白坚武曾说："英美是国际绅士派，日本是流氓，如果打起仗来，绅士们会袖手旁观，而流氓却会帮助你。"

因此，白坚武竭力交往日本军政人物，希望觅取援助。

从日本返回天津后，经亲日分子吴蔼辰介绍，白坚武结识了三野友吉。

在三野友吉和土肥原贤二的唆使下，白坚武纠合同党组成"正谊社"和"兴北会"，号召北方军人联合起来，反抗南方人的统治，在华北搞出一个新局面来。

1933年于学忠在天津任河北省主席，白坚武在土肥原贤二唆使下，屡次劝说于学忠独立，成立"华北国"。

于学忠不从，他便勾结于学忠的部下作为内应，在西站附近发动暴乱，瓦解于学忠的部队。

经三野友吉牵线，白坚武还与皖系反蒋首领、伪满暗探张敬尧会面，企图促成直、皖两系反蒋代表人物合作，以实现建立"华北国"的计划。

眼看段祺瑞被蒋介石看在了上海，吴佩孚、孙传芳不敢公开出面，而石友三和白坚武号召力又不大，于是，板垣征四郎和土肥原贤二将张敬尧列为了华北自治的重点人物。

刺杀张敬尧的命令，正是针对日方的阴谋而拟订的。

那么，张敬尧是一个怎么样的军阀？他是如何发迹的？在湖南任督军期间，他都做过哪些坏事？他又是如何投靠日本人的？

十三、“张毒不除，湖南无望！”

1918 年 3 月的一天，湖南省攸县黄土岭刚刚经过几天激烈的战斗，只见尸横遍野，血污满地。

在直皖联军的强大攻势下，湘军节节败退。

“兄弟们，冲啊！湖南马上就是我们的啦！”一位骑着高头大马的中年军官率领数千名荷枪实弹的士兵如狼似虎地冲进了村庄。

“冲啊！”士兵们呼啸着冲进村庄，烧杀抢掠，无所不为。一时间，村庄里鸡飞狗跳，哭声震天，浓烟滚滚。

“哈哈哈……”那中年男子看着眼前的一切，不禁仰天大笑起来。

这马上的中年男子就是刚刚被段祺瑞政府任命为湖南督军的张敬尧。

张敬尧，幼年绰号黑虎，字勋臣，出生于安徽霍邱临水桑郢子一个贫苦家庭。父亲张锦轩以教书为业，母亲常氏共生子 4 人，张敬尧是老大，他还有三个弟弟分别是张敬舜、张敬禹、张敬汤，后被湖南人称为二、三、四大人。

张敬尧幼年时父母双亡，只好寄居在族叔张德行家，他曾当过短期的粮坊学徒。

张敬尧喜欢结交一些狐朋狗友，他们不务正业，到处游荡，尤其喜欢赌博，到了 17 岁那年，他竟然偷拿了族叔张德行的 5 块大洋和 18 串铜钱去赌博，结果输得精光，连衣服都被扒光了！

叔叔一气之下，将他逐出了家门。

张敬尧顿时无所依靠，为生计所迫，他还想通过赌博翻身。他总结多次失败的教训，渐渐悟出在赌场上不能光凭手气，得学会动脑子，用心记牌。此后，他的赌技大为长进。张敬尧虽然没读过什么书，但记忆力好得惊人。一副扑克牌，只要让他摸两次就认得每一张牌。赌博时，他根本不看牌，用手指往牌心轻轻一摸，心里就有了底。这样一来，他靠赌博发了点小财。

张敬尧因赌技过人，在当地赌场上很有名气。当时，当地的一些赌场老板一见他来了，立即上前奉上银两，劝他离开。老板知道，他不走，赌场里的人就会被吓得跑光。

后来，张敬尧流落到山东，因杀人畏罪潜逃。

一天，一个财主邀请了许多客人来家中做客，其实是想向客人们炫耀他的富有。他居然将几年的账本都搬出来，让客人们看。张敬尧也在其中。

怒火之中的张敬尧仔细看了一遍后，冷笑一声，将账本投进火炉中，烧了个一干二净！

“我的爷，你我远日无冤，近日无仇，何苦这样害我？”刚才还得意扬扬的财主被惊得口瞪目呆！

张敬尧哈哈大笑，并不正面回答，只是神秘地冲财主喝道：“拿酒来！”

财主知道他曾是个杀人犯，得罪不起，也不知他要搞什么名堂，只得吩咐下人赶快将好酒好菜摆上来。

张敬尧慢条斯理地吃着菜，喝着酒，对账本之事只字不提。这财主在一旁唯唯诺诺，脸上堆着尴尬的笑，不知如何是好。

“那几本账本你还想要吗？”一个小时后，张敬尧酒足饭饱，乜着眼对财主说。

“当然想要！当然想要！”财主一边忙不迭地回答，一边表示着自己的质疑，他明明看到账本都化成了灰烬，谁还会有什么回天之力？

“拿空白账本和笔来！”张敬尧胸有成竹地说，“我复写一份给你。”

财主以为自己听错了，他瞪大眼睛，愣在原地像个雕塑。倒是旁边的一名家仆迅速拿来了空白账本和笔墨。

张敬尧让仆人为他点上烟，不急不慢地边吸边写，足足忙了三个半小时，居然将几本账本全部背写下来了！

“真是奇人！奇人啊！”财主接过一看，果然一字不差！他连连冲在在场的客人们大呼。

几天后，财主的一个朋友听说了这件事，他专程找到张敬尧，对他说："在这乱世之中，像你这样的奇才，应该到军队中去干，必能成就一番大事业！"张敬尧心想：这位先生言之有理，我总不能一辈子靠赌博为生啊。

于是，他毅然跑到天津当兵去了。他企图通过当兵改变自己的人生。

谁知入伍不久，张敬尧就差点陪上了性命！

"将张敬尧这小子给我推出去砍了！"愤怒的教练官下令。原来，部队出操训练时，张敬尧的动作做得不准确，又不服从教练官的纠正，还发了牛脾气，打了教练官一下，按军法应处死刑。

"早知今日，就不该胡听那位先生的话前来从军。但事已至此，有什么办法呢？"第二天，四名士兵将张敬尧绑出去砍头处死，张敬尧想起自己在赌场上的风光，后悔不迭。

"弟兄们，看在兄弟一场的份上，饶我一命，放我一条生路吧，以后如有出头之日，定当厚报！"张敬尧在强烈的求生欲的驱使下痛哭流涕地再三哀求士兵们。

"杀了张敬尧，对我们也没有什么好处，不如放了他，做个人情。"原来，行刑的几名士兵对教练官也多有不满，只是没有张敬尧的胆子，不敢公开对抗，他们从心里佩服张敬尧是条硬汉子。听到张敬尧的恳求，相互商量后一致同意放了他。于是，几个人就将张敬尧带到郊外，用刀背在他颈上按了一下就放了，然后，又在刀上抹了些猪血回去交账。

就这样，张敬尧才重新捡回一条性命。几年后，一心求官的张敬尧真的做上了大官，那几名"放生"的行刑士兵一齐找到张敬尧，希望得个一官半职。张敬尧果不食言，一一封官，最小的也是团副，皆大欢喜。

张敬尧死里逃生以后，发誓要活出个人样来。他在街头流浪了一阵之后，曾恳求一位说书的老人收留他。

不久，脑瓜贼灵的张敬尧通过行贿混进了袁世凯的北洋军队。

1896年，北洋武备学堂在各部挑选优秀士兵入学，因为是靠行贿部队长官入伍的，所以，部队长官就推荐他去，受训一个时期后便回到部队当上了排长，后来，又到保定军官学校接受了培训。

1911 年，张敬尧出任第三镇十一协二十二标标统。

辛亥革命爆发后，为了功名利禄，张敬尧率领一营作为先遣队开往武昌进行血腥镇压，因“杀敌骁勇”被提升为团长。

“二次革命”时，张敬尧又率领部下从湖北进攻江西，又被擢升为旅长兼南昌卫戍区司令。

当上旅长不到一个月，张敬尧的部队便奉命驻防北京。

到了北京后，张敬尧觉得这是升官发财的好时机，便挖空心思钻营，千方百计地想在袁世凯、段祺瑞面前摇尾献媚，以博得好感。

不久，他的机会又来了。

有一天，张敬尧从一个朋友处得知，袁世凯不久就要在北京举行阅兵典礼，并将邀请各国公使前往观礼。

“这一次袁大总统举行阅兵典礼一定是为了炫耀军威，我应该加紧训练军队，并将部队装备准备整齐，到时候替袁总统露露脸，他高兴了，我也就有了晋升的资本。”想到这里，张敬尧得意地笑了。

果然，阅兵典礼举行后，袁世凯、段祺瑞都夸奖张敬尧干得不错。

袁世凯拍着张敬尧的肩随口说道：“你还可以，今后好好干，将来我把你这一旅扩编为师。”

张敬尧一听，心中窃喜。从此以后，他把袁世凯这几句话牢牢记在心上，但他很清楚袁世凯只是兴之所至随口说说而已，真要扩编成师谈何容易。

不过，张敬尧非常善于把握机会，他觉得只要有千分之一的机会，就要努力抓住。抓住了这一点，也就抓住了事情的全部。他把袁世凯的戏言当成了一个美丽的梦，他要努力将梦变成现实。

1914 年（民国三年）段祺瑞出任河南都督，张敬尧随段祺瑞开往河南镇压白朗起义军。张敬尧率部驻防河南。这时，他已拥有独当一面的权力了，于是，他在驻地自行招兵买马，很快编成了一个师，然后电告

袁世凯说 :“现已成立第七师(当时正缺这个师的番号——作者注),请赐予任命,并发给装备和饷项。”

不久,张敬尧因“剿匪”有“功”,调驻北京。

张敬尧当然不会仅仅停留在招兵买马发电报上,他非常会琢磨上司的心思。通过多方了解,他知道袁世凯想当皇帝,便有意对袁世凯的左右亲信说 :“袁大总统九五之象,龙兴有日,君无戏言,难道还舍不得给我一个师长当吗 ?”

张敬尧袒露出了拥护袁世凯称帝的意图,同时暗示袁世凯做个顺水人情,任命自己为第七师师长。

“目前,国人普遍希望恢复帝制,我们应该支持袁大总统当皇帝!”1915 年 8 月,他召集军界 44 人召开军警大会,鼓吹复辟帝制。

“这回,我被张敬尧这小子讹上了 !”当时,袁世凯正在各方面物色拥护帝制的走卒,因此,他听到张敬尧的这些话觉得十分受用,哈哈大笑道。

高兴之余,袁世凯下令任命张敬尧为第七师师长,并给该师配备了头等装备和甲级开支。这充分表明他已把张敬尧视为心腹。

可叹袁世凯逆历史潮流而行,只做了两个多月的皇帝,就在全国人民的唾骂声中,郁郁而死。

随后,北洋军阀们进行了政治大分赃,张敬尧与段祺瑞同乡,在段祺瑞的扶植下,就成了皖系大将。

护国战争[1]开始后,张敬尧又被主子段琪瑞任命为第二路军司令进

---

[1] 护国战争 (1915~1916) 是发生在中国近代的内战,起因是袁世凯在1915年12月于北京宣布接受帝制,南方将领唐继尧、蔡锷、李烈钧等在云南宣布独立,并且出兵讨袁。袁世凯的军队受挫,南方其他各省之后亦纷纷宣布独立。袁世凯在内外压迫后宣布取消帝制,并于数月后病逝。

张勋 (1854~1923),原名张和,字少轩、绍轩,号松寿老人,谥号忠武,江西省奉新县人。北洋军阀,中国近代军事家。清末任云南、甘肃、江南提督;辛亥革命以后曾任江苏督军,长江巡阅使。1917年发动政变,企图恢复帝制,失败后蛰居津门。因所部定武军均留发辫,人称“辫帅”。

攻四川，晋升陆军上将。

1917年，张勋复辟失败，段祺瑞出任国务总理，任命张敬尧为苏鲁豫皖边境剿匪督办。

此时的张敬尧还没有一个固定的地盘，作为北洋政府主张对南方用武的干将之一，张敬尧特别希望通过武力，在南方攫取一块地盘，伺机称王。

1918年元月，北洋军阀直皖联军进攻荆襄等地，揭开了直皖联军与湘桂联军开战的序幕。

北洋军计划两路进攻湖南：

第一路由总司令曹锟为吴佩孚指挥。

第二路由张怀芝、张敬尧率领第五师、第七师从江西进攻。张敬尧率第七师南下汉口。

结果，张敬尧所领导的第二路推进缓慢，而前敌总司令吴佩孚率领的第一路军队却连连告捷。

不久，岳阳军事吃紧，张敬尧被任命为援岳总司令，协同吴佩孚的第三师及三个混成旅作战。

1918年3月17日，吴佩孚围攻岳阳，湘军自动放弃，吴佩孚不费一枪一弹进驻岳阳。当晚，由于南方联军尚未退尽，刚进入岳阳的吴佩孚以为中了埋伏，急命令部队撤退，并下令炮轰岳阳城。18日晨，吴佩孚指挥队伍再次“占领”岳阳。

26日，南方湘、粤、桂三省联帅谭浩明不战而退，溜出长沙，吴佩孚吉星高照，未遇到任何抵抗，顺利地进入了长沙。

接着，吴佩孚率军向湘潭、衡阳开进。张敬尧的第七师接防长沙。

入湘一战，吴佩孚声誉鹊起。在曹锟眼里，吴佩孚不仅是个熟读《四书》、计谋多端的秀才，更是一个能征善战的战将。从此，曹锟完全把兵权交付吴佩孚，逢人便夸：“子玉是我最大的本钱。”

然而，进驻长沙第二天，重新上台的国务总理段祺瑞给曹锟发去急电：一是命令吴佩孚继续追击，直捣两广；二是任命张敬尧为湖南督军兼省长！

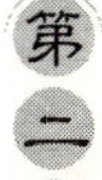

“段祺瑞真是瞎了狗眼！”当时在北京政府任总理的段祺瑞为了皖系的利益，发电任命张敬尧为湖南督军兼省长，而把进攻湖南立功最大的直系军阀吴佩孚晾在一边，气得吴佩孚直骂。眼看自己辛辛苦苦打下的地方却成了他人盘中的美食，吴佩孚越想越气，于是借口饷械供应不及时，按兵不动。北军攻入衡阳后，不再穷追猛打；南军七零八乱，也无力反攻，这样，湖南战场上的硝烟渐渐消失了。

此时督湘的张敬尧并不糊涂，更不敢过分得意，他知道，新近入主湖南，境内连年遭受战乱，匪盗猖獗，内部并不稳固。外面呢，吴佩孚驻桂联军随时可能卷土重来。“湖南王”这把交椅能不能坐稳，他并没有多大把握。

“娘的！湖南的日子也不太平。”想到这里，他恨恨地边骂边拿起桌上的大烟斗“呼呼”地连吸了两口。“当今乱世，有枪便是王，有钱便是娘，只要我有枪有钱，看把我怎么办！现在的兵马不够，必须抓紧时间招兵买马。”

张敬尧督湘以后，营私树党。省农会、省工会、省教育会、省议会各团体，他都想方设法收归已用。

省农会未到改选期限，只因会长不属他的私人，便不待召集各县代表会议，突然命令改选。

省城工人生活艰难，屡请增添工价。张敬尧趁此机会，命蒋谦孙与各行业董事接洽，重新组织工会，选举他二弟张敬汤为名誉会长，蒋谦孙为会长，以此作为允许工人加价的交换条件。

总之，张敬尧想把各个法定团体都改成他安福系的分部。

张敬尧入主湖南后，多年贪婪的宿愿如愿以偿，他发誓要将湖南作为张氏王国，他要从这里得到所有他以前想得到的东西。因此，张敬尧在疯狂扩军的同时，开始不择手段地向百姓搜刮勒索。

张敬尧进入长沙后，驻兵于岳州、长沙、宝庆一线，依赖所属部队的威摄力，开始了对湖南的暴虐统治。驻省城部队在张敬尧的纵容下，采取压卖强赊侵犯商人、强占商肆、设陷诬人、强索强赔偿等种种手段，榨取民财。他们更把抢掠视为自己本应享受的权利，开始还假借检查之名，后则干脆荷枪实弹，破门直入，倾箱倒箧而去。

第七师混成第五团驻兵新化，团长张继忠是张敬尧的义子，年纪只有20岁，秉性浮薄，性情犷戾。刚一到达该县，就下令为自己选送美女，他选择那些美丽出众的供自己淫乐，其余的则赏赐给营长们享受。如果有敢反抗的，就严刑拷打。百姓们常常无辜地被关入监狱，甚至不断有人惨遭杀戮。他以一团部队，操纵了全县的生杀予夺大权，他还解散了保卫局团练及矿警队，撤换官矿局长。他手下的士兵们则先在县城附近肆行淫掠，由近而远，全县128个村大半遭受蹂躏。他们搜检行人时，常常暗丢子弹、徽章，引人上当，前面士兵放置，后面士兵上前拘人，伙同敲诈。或以平息土匪为名，公然白昼行劫，三五成群，此来彼往。人民不堪其苦，愤然称该部为“烂五团”。

“报告！兄弟们已捉拿匪徒三千，听候大帅处置！”正当张敬尧沉思之时，卫兵走到他的眼前，一声“报告”打断了他的思绪。

“匪徒三千？”他自言自语着，突然间，正在为无处筹钱而愁眉不展的张敬尧有了好主意，他忙转过身，对着卫兵威严地说：“严加看管，不准走漏一人！”说到这里，他忽然把烟斗一甩。“传令！限期赎身，每人三千。逾期不赎者，斩！”张敬尧的眼前马上浮现出了白花花的银子。

“是！”卫兵急忙退出。

张敬尧进入湖南之前，湖南银行早已遭受到谭浩明的劫掠，府库空虚。张敬尧在这烂摊子的基础上，为维持反动军队的军费开支并中饱私囊，便开始巧立名目，设立各种搜刮机构，竭力榨取民脂民膏。

1918年8月，张敬尧借口要整顿湖南金融，开办了“裕湘银行”，确定资本金1000万元，说是北京政府拨款200万元，以米、盐税捐为抵押向外国公司借债300万元，其余500万元则下令湖南私商招认。裕湘银行并无股东会组织，便由督军署军需课长任银行监理，实际成了张敬尧的私人敛财机构，人们讥讽为“祸湘银行”。

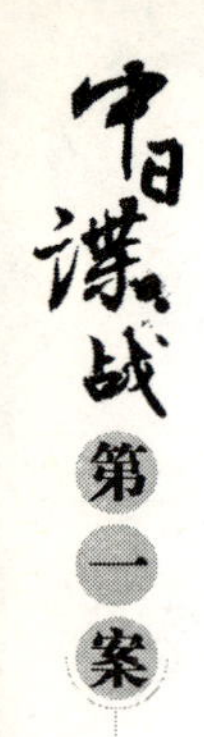

“近年纸币发行过多，不能兑现，以致票币跌落，百货昂贵；公家财力，久已拮据，所以督军因此事日夜焦思，多方筹划，想出一个发行奖票收回纸币的办法。奖券定名‘惠民’二字，欲实惠及民也。”张敬尧强制推销“惠民”奖券，督军署发出了这样的布告。

起初，张敬尧下令让各县认购，但是认购者极少。

恼怒的张敬尧便撤办了几个承办不力的知事。

后来，急不可耐的张敬尧索性下令硬性摊派。奖券初发时，以 15 串作光洋 1 元，及至发卖将完，张敬尧命令裕湘银行贬落其价值，自 20 串逐渐低落，终至每 100 串值洋 1 元。张敬尧部第七师士兵以 1 元换来 100 串票钱，硬以“法价”15 串向商家勒买 1 元的货物。奖券贬值，湖南人民怨声载道，有人在开奖台上贴出这样的对联：“惠而不知其政，民欲与汝偕亡！”以示公开反抗之意。

张敬尧还盗卖湖田，增加收入。他下令在湖南实行分区清理湖田，将湖田“新垦升科，新淤放垦”。他将湘阴、岳阳和沅江，南县和华容，常德和汉寿，澧县和安乡，分别划分为一、二、三、四区，对熟田溢亩加以清丈，征收湖田税。为镇压农民反抗和同其他军阀争夺湖田税，亲自兼任湖田督办，并先后盗卖沅江官附垸湖田 1.2 万亩，共获赃款 20 万元。

张敬尧还公然拍卖湖南人民的公产！他先后拍卖了湖南省城道门口的菜场，湖南银行所有省城各处房屋，矿务局所管的宁乡田产、汶口地皮，就连所值有限的湘吉轮船、南学会书籍等，也都被张敬尧售卖尽净。他又与日、美商人勾结，妄图盗卖湖南的主要工厂——第一纱厂和主要矿山水口山铅锌矿，因遭到湖南人民誓死反对，才未能得逞。

张敬尧又通过滥发纸币搜刮湘民。当时，湖南市场已被滥票所充斥。张敬尧于 1919 年 5 月，下令裕湘银行发行银元票 1000 万元，铜元票 3000 万元。因此物价扶摇直上，“斗米百串，斤四两（银）”，而田赋税收又拒收票币，需缴银元、铜元，票币几乎成了废纸。据《湘灾纪略》载，流通的滥票额为：原湖南银行银两票约 1100 万两，银元票约 900 余万元，铜元票约 1.1 万元；湘西债票 28 万元，湘西银行银元票 120 万元，铜元票 20 万串；湘南军用票 100 万元，债票 50 万元；朱泽黄（湘军将领）

所发出的军用票及谷债票 50 万元；广西银行票约 200 万元。至于伪造的铜元票，则无数可查。

1919 年，当了一年多湖南王的张敬尧已经兵多粮足，春风得意，自然应该大庆一番。于是，张敬尧便搞个“四十大寿”。可这种事情自己又不便出头露面，他就任命他的四弟张敬汤为筹备处主任。任命心腹干将、参谋长赵庭贵为“帅座大庆筹备处”处长。赵庭贵随张敬尧南征北战十几年，是张敬尧一手扶持起来的亲信。他忠心耿耿，对张敬尧言听计从，善于巴结奉承，很受张敬尧的赏识，如有重要事情，张总喜欢交给他去办。

赵参谋长就是张敬尧肚子里的蛔虫，他对自己张大帅的意图心领神会，他知道，办喜事是假，借机敲诈勒索、广积银两才是真实的目的。1918 年，他曾经张罗给张敬尧母亲做十年冥寿，通知各机关送钱送物，收获不小，得到了张敬尧的夸奖。1919 年是替活人做寿，况且主人是身为一省之长的张大帅，自然应格外隆重。主意已定，他便下了一道命令：“各机关根据级别高低，规定送礼规格，不可缺少。私人礼品分福禄寿喜四级，即一千、五百、三百、二百元，分配到各人。寿辰当日，应送“万民伞”等锦旗，列队欢送。”

张敬尧的四弟张敬汤做“搜刮”工作更在行。他首先派人通知各大饭店旅馆。命令他们选派最好的厨师，限时到“练备处”报到，并报上各自的拿手绝艺，以便统一安排遣用。

接着，张敬汤和赵庭贵把寿筵的规模定为 400 席，其规格按福禄寿喜分成四个等级，即每席分别是 1000 元、500 元、300 元、200 元，并将厨师按席配备，指名分配给各大饭店和旅馆办理；稍有不如意者，轻则打骂，重则有身家性命之忧，故各饭店旅馆的老板们宁愿破财消灾，自认倒霉，也不敢表露出半点不满。

既然把规模定得如此之大，且规格又是如此之高，如果赴宴者人数不够，或者送礼者送的礼不是太重，只是豪华气派一番，就难以达到趁机大捞一笔的目的了。

“筹备处主任”张敬汤当然不愿看到这个结局。他便大肆送发赴宴请

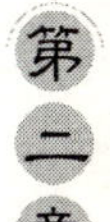
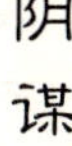

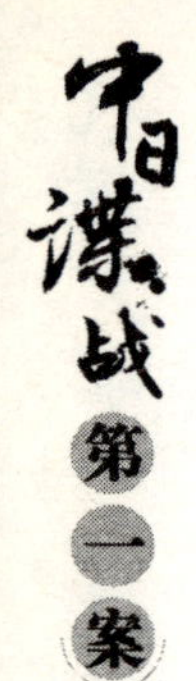

柬。于是，三千多份请柬带着“送礼来”的风声，在寿辰前的一个月就都发出去了。

那些溜须拍马者接到请柬自然是感到高兴，他们认为献媚讨宠的好机会到了；而大部分商贾则很清楚这些请柬其实就是催款通知单，无异于土匪绑票的赎票！

张敬尧对参谋长赵庭贵和张敬汤的安排很满意，望着堆积如山的礼品，心花怒放，连连夸奖。

“贪得无厌，厚颜无耻！”当时坐镇衡阳的直系军阀吴佩孚，虽然与皖系的张敬尧明争暗斗，但他还是接到了张敬尧寿宴的大红请柬。吴佩孚一脸严肃地将请柬看了好一会儿，他在心里暗骂张敬尧。

在这节骨眼上，适逢学生代表组成的“驱张代表团”到衡阳来请愿，力陈张敬尧在湖南的种种罪行和老百姓所受的痛苦。

向吴佩孚面交请愿书的代表何叔衡等人痛切陈词，声泪俱下。请愿书中还特别提到了张敬尧及其弟、妹、姑表亲、姨太太等都利用自己做寿的机会，大肆敲诈勒索，民怨沸腾。

“我对你们这些学生代表深表同情，我愿意爱国护民，并愿将代表团的驱张愿望上报给政府！”吴佩孚显得很激动，“最近，我本人也接到了张敬尧四十寿筵的请柬，对于张敬尧的敲诈勒索和铺张浪费，我将极力阻止。如果必要的话，我将率全体官兵亲赴长沙为之‘拜寿’！”

张敬尧一听说吴佩孚要带全体官兵前来“拜寿”，心中开始惊恐不安。

“报告！吴佩孚将亲率官兵，来长沙祝寿。”副官向张敬尧道喜。

“呸！”张敬尧脸色忽地一沉，“他来拜寿是假，想图谋湖南才是真！妈了个巴子！”他转过身来吩咐副官，“通知赵参谋长，筵席取消，礼品照收不误！”

张敬尧在统治湖南期间，张氏兄弟在湖南称霸一方，他们挖空心思，敲诈勒索，鱼肉百姓，实行残暴统治，共搜刮湖南民财2000余万元。除了充作军费和供张氏兄弟任意挥霍外，并没有投入资本主义的生产，而是大量购置土地，继续实行超经济剥削。

张敬尧四兄弟在原籍安徽霍邱县马店、龙潭寺一带的80多个村落，共计置买田地三万余亩，“契约概注张百忍堂勋记字样”。他们又在桑郢子大兴土木修建极其华丽的督军府，并在天津置买了不少房屋和地产。

总之，张敬尧在湖南主政的几个月里，好事没做，坏事做尽。他督湘期间最突出的“政绩”是开了几个大赌场，扶植了几个大妓院。苛捐杂税多如牛毛。整个湖南一时乌烟瘴气，混浊不堪。

湖南人民怨声载道，无不切齿痛恨，“驱张”浪潮一波高过一波。一位湖南人写了首民谣：“堂堂乎张，尧舜禹汤，一二三四，虎豹豺狼。”张敬尧有三兄弟，名为张敬舜、张敬禹、张敬汤，这首民谣是人民对张氏一家专横残暴，贪欲无厌的憎恨。“棺材里伸手，死了还要钱”。这是当时湖南人民对张敬尧1918年为他母亲做十周年冥寿的辛辣讽刺。

张敬尧主政湖南期间，肆无忌惮地摧残湖南的教育。他下令军队占驻长沙各个中学、小学，作为军营。此后各军轮番进驻，两年都没有撤。

当时，只给第一师范师生留下了2栋宿舍，3间教室，师生4000余人被逼得挤处一隅。而士兵们终日喧嚣，学生们根本无法听课。

乙种工业学校的工场被张敬尧的部队占用，再也不能实习。

甲种工业学校的机器，竟然被张部拆往陆军工厂去了！

张敬尧的部队时常毁坏房屋、器具，甚至将图书作柴烧，拿仪器当玩具！

各个学校的校长多次向他交涉，张敬尧都置若罔闻。

为了节省建军营的费用，秋季，张敬尧又通令不准招考新生，致使学校班次不相衔接。

湖南原定教育经费80余万元，张敬尧竟然擅自缩减为50万元。

1918年八九月间，湖南银行纸币市面需10余串折合光洋1元，张敬尧强迫以纸币6串折合光洋1元发放教育经费。之后又减为7折、6折、5折，以至3.8折。学校所得虽只有十分之四，而向官厅则须出具十成的收据。学校职员持财政厅通知向裕湘银行取款时，该行人员每每置之不理。

湖南第一师范学校本为公费学校，处境更为困苦，因膳费无着，以

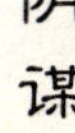

至罢餐；教职员因 7 个月未能领取薪资，饥饿难忍，只好全体罢课。

10 月，湖南省立第一师范、第一工业学校、第一甲种农业学校、艺徒学校以及公立商业专门学校 5 校校长因经费无着，联合向张敬尧辞职。11 月，湖南省垣有公私立 15 校校长转向北京政府教育部请求救济。

于是，教育部电告张敬尧，说各校人心激昂，恐招致学校停闭，而维持教育是“绥靖人心之至计”，要他注意收买人心。

张敬尧承认“各校经费未能发给，无可讳言”，但仍一文不给！

各校校长忍无可忍，于是纷纷联合缴印辞职。

平地一声惊雷！

1919 年 5 月 4 日，北京爆发了伟大的五四运动，学生上街游行，要求“外争国权，内惩国贼”。

湖南学生联合会旧址

“省城各校学生，不得听信谣言，借青岛问题，引起纠纷。”张敬尧得知这一消息后，急得如热锅上的蚂蚁，连忙召集长沙各校校长，传下命令。

“不准登载有关山东问题的一切消息！”“由警厅派员检查，严密控制，不准报纸开天窗！”张敬尧连下几道命令，并召集长沙各报记者，训示，“戒严期间，不宜激动民气。”

“外争国权，内惩国贼”！“抵制日货！”5 月 28 日，在长沙商业专门学校一间屋里，黑板上挂着这样的横幅，下面黑压压地坐着从长沙各大专院校来的学生代表，他们个个群情激奋，斗志昂扬。

“现在，我代表湖南学联大会正式宣布湖南学生联合会正式成立！同时决定各学校实行总罢课，上街游行，抵制日货！”青年毛泽东宣布。

7月7日，学生们开始大举焚毁日货！

“反了！反了！”张敬尧得知，气急败坏，迅速召集各校学生代表和一些教职员到教育会训话。这天正是暑天，烈日当空，代表们个个汗流浃背。

“你们今后不准游街，不准开会，不准检商！”他粗鲁地叫喊，“否则，本帅就要办人！”张敬尧站在台上，旁边两位卫士为他打扇，张一口气讲了两个小时，最后，以威胁的口吻说。

但毛泽东等人没有屈服，发表了第一次驱张宣言。“欧战告终，潮流顿变，自主自决，权在国民。强敌觊觎，为日已久，倘无团结，何以图存。山东问题，急待解决，政府麻木，措施乖方。既失于前，当慎于后，主权回复，谁负仔肩？若以政府为万能，置安危于不顾，则丧国民之资格，而永为臧获矣，不亦大可哀乎！人灭吾国而奴我族，而我犹悠悠自得，杳不知其所以。任彼佥壬，植党营私，交相为病，如昏而醉，倒行逆施，刮削民膏，牺牲民意，草菅人命，蹂躏民权，置人民何有之乡，唯一已之骄奢是纵。长此以往，后患何堪。”

一时间，学生运动如火如荼。

时间过得飞快，转眼间到了初冬，长沙城内，寒气袭人。

1919年（民国8年）12月2日，张敬尧如神仙一般，正坐在火炉边悠闲享受地吸大烟，忽然电话铃响了，他急忙拿起了电话筒。

“张大帅，不好了！”电话里声音急促，他明白是湖南商会会长张先赞打来的。

“学生几千人，不，不，还有工人，在教育坪准备焚毁日货！”

“什么！你说什么！”张敬尧血直往上涌，忙传下命令，“给我顶住！

顶住！”

“不行，他们人太多，我们恐怕不行了。”张先赞喘着粗气向张敬尧求援。

“妈的，这批暴徒，我非要斩尽杀绝不可！”他放下电话筒，带领副官、卫士和几千军警直奔教育坪而去。

“抵制日货！”

“民众联合！”

“打倒强权！”

张敬尧来到教育坪场，只见那里人山人海，欢呼雷动。各种旗帜迎风飘扬，堆在会坪中间的日货足足有三丈高。

几个义愤填膺的学生点燃火把，准备点燃那些日货！

“反了！反了！立即将这帮学生土匪包围起来！”张敬尧下令。

于是，数千名军警“呼啦”一下把会场围了个水泄不通。

人们见军警来了，立即安静下来，一个个愤怒的目光如箭一般射向张敬尧！

“你们这帮无法无天的东西，竟敢烧掉洋货，在此胡闹，就不怕惹来外交干涉么？”只见张敬尧面露凶相，站在一辆车上，左手插腰，挥动右臂对着人群开始破口大骂。

“外争国权，内惩国贼！”

“打倒强权！”

人们高呼口号，作为对张敬尧的回答。

“这帮强盗，简直无法无天！”张敬尧心里暗想，不给他们点颜色，他们不会罢休的，他贼眼一转，恶狠狠地威胁道：“你们要知道我们张氏兄弟拿钱给你们念书，还要我们怎么样？我们兄弟是军人，只知道放火杀人，你们再不解散，我们就把你们做土匪办，一个个拿来枪毙。”说完，他把手一挥，命令士兵驱散人群。

得到主子的命令，那帮如狼似虎的土匪士兵们立即扑向人群。顿时，会坪上，枪柄、刺刀、拳足四向纷飞，一片混乱。可怜文弱书生，身受重伤者数十人，一时间，哭声载途，惨不忍睹。

“张敬尧这是玩火自焚！”人们愤怒到了极点，忍无可忍，誓欲雪耻。

“张毒不除，湖南无望！”

“学校如今已经难以维持下去，我们只有实行总罢课！”12 月 3 日，毛泽东和学联代表聚集在易培基家召开紧急会议，做出了这个决定。

驱张运动中的毛泽东在北京陶然亭慈悲庵前的留影

“男女大小各校全体罢课，解散归家。”三天后，学联做出决定，并发表了慷慨激昂的宣言：“学生受此奇辱，又回想两年以来，有教育等于无教育，学生受尽摧残之实，张氏反得维持湖南教育之名。”呼吁无门，不得已于 12 月 6 日全体罢课。并发呼吁：“解散回家，守候湘局解决。张敬尧一日不去湘，学生一日不回校！时日曷丧，誓与皆亡！明知此为极大牺牲，为前此之所未有，亦实固张氏罪大恶极，浮于中外古今。”

“他奶奶的，全都逮捕，枪毙！”张敬尧下达了命令。一时间，长沙城里，侦骑四出，一片白色恐怖。

形势极为严峻，学联的驱张活动完全转入秘密状态。

“把运动推向全国！”毛泽东果断做出了这个决定。于是，12 月中旬，学联组织驱张代表分赴北京、上海、汉口、衡阳、常德、郴州、广州等地作请愿活动，公开揭露张敬尧的罪恶，争取全国舆论的支持。

前往北平的主持人是毛泽东，他亲任公民代表团团长。元月 28 日，

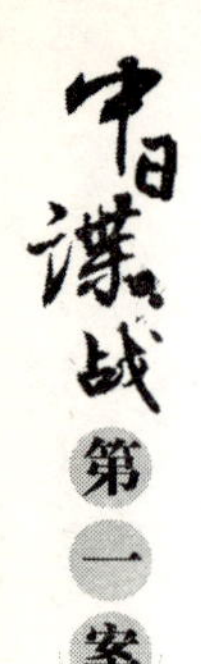

代表们与湖南在京学生一道，浩浩荡荡向国务院进发，作请愿活动。

“代表三千万湘民请命！”

“请政府速即撤惩张敬尧！”

“与张偕亡！”

游行队伍高举这三面大旗，各位代表手上拿着写满张敬尧种种罪状的小旗子。

“我并无实权，关于如何处理张敬尧，无可奉告。”“国务总理”靳云鹏表示。

“政府将讨论这个问题。”段祺瑞不肯露面，迫不得已做了一点姿态，卖了一个关子。

与此同时，代表团还召集北京的同乡一千多人，在湖南会馆召开驱张大会。

“请各位在场议员，签字担保驱逐张敬尧！”大会上代表们言辞激烈。

“我们担负驱逐张敬尧的完全责任，如不能达到目的，则全体辞职，以谢湘民！”国会议员们见群情激愤，无辞可脱，不得不在驱张保证书上签名。

张敬尧内外交困，但又黔驴技穷，一时急得像热锅上的蚂蚁，惶惶不可终日。

1920 年 5 月，驻军湖北的吴佩孚看到张敬尧走到了穷途末路，不由得哈哈大笑：“目前正是吞并湖南的大好时机！我怎能随便放过？”

于是，吴佩孚亲自领衔，通电全国，控告张敬尧，并率部由岳阳顺江而下，势如破竹！

“吴佩孚的队伍开到了衡州，已经进入我们的防区。”侦察兵向张敬尧报告。

“沿线严密防范，防备吴佩孚突然登陆奇袭！”张敬尧突然心悸不已，立即下令。

守卫衡州的师长吴新田，一面严阵以待，一面带着卫士，满脸堆笑登轮请求谒见吴佩孚。

“大帅正在休息，不便打扰。”吴佩孚的副官婉言挡驾。

“那就请吴大帅下船到衡州休息。”吴新田假意殷勤地发出邀请。

吴佩孚的副官推说：“大帅早就下过命令，沿途决不登岸，以免‘骚扰朋友’。”

吴新田紧张不安地盯着吴佩孚的座船通过，立刻便用电话通知正在长沙苦等消息的张敬尧。他说：“依我看，吴佩孚用兵如神，变幻莫测，他几次三番推脱不见，极可能他本人并不在那艘船中，看模样第三师是在采取‘人不犯我，我不犯人’的方针，他们不至于登岸挑衅。”

吴新田的话并未让张敬尧吊在嗓子眼儿的心放下来，因为他晓得吴佩孚的“厉害”，所以，心中始终如十五个吊桶——七上八下。为确保安全，张敬尧下令：“将长沙四门紧闭，全部戒严！将所有部队列阵两岸，子弹一律上膛，大炮全都卸去炮衣！随时做好战斗的准备！”

“是！”

张敬尧在惶惶不安中，看着吴佩孚的大军浩浩荡荡地通过，直到吴军全部过完，张敬尧这才长长地松了一口气。

“吴佩孚这个眼中钉终于走了，从此我又可以安心在湖南继续做土皇帝，搜刮民财，高枕无忧了。”张敬尧哪里会想到，局处郴永之间的一万余名湘军，在谭延闿、赵恒惕的领导下，紧接着吴佩孚撤防之后，高举义旗，揭竿而起，以血肉之躯悍然和北军大炮机枪相拼，他们为了解除桑梓故里的苦难，拯救父老乡亲于水深火热之中，凭着两千余杆子弹奇缺的旧枪，在5月27日以猛虎出柙之势，奋勇喊杀，进搏张敬尧麾下的七八万大军。

“瞧这些衣不蔽体，三餐不继的‘叫花子队伍’，我们一开战，管保叫他们立即投降！”北洋大队平时看不起湘军，可一交起手来，却败得落花流水。张敬尧的部队自入湘以来，官兵只顾发财，兵匪不分，腐败不堪，顷刻间就被湘军打得七零八落。

湘军一鼓作气接连攻克衡州、宝庆，声势大震，又一路呐喊向东追击，吓得张宗昌从攸县、醴陵屁滚尿流地逃到江西。

“我现在任命你为援衡总司令，带领第七师主力，立即驰往湘潭御敌！”张敬尧对他的弟弟张敬汤说。

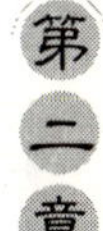

“哥哥放心！我决不会辜负你的期望！”张敬汤说。

湘军打得子弹都没有了，于是就有人想起了一个很小儿科的主意：用爆竹放在洋油筒里燃放。结果连珠劈啪之声，居然把张敬汤吓得掉头便跑！

张敬汤的第七师节节败退，张敬尧急得如热锅上的蚂蚁团团转，连连向他的主子段祺瑞请求支援，请下讨伐令。

“我们应该立即支持张敬尧！打击那些嚣张的湘军！”段祺瑞接到张敬尧的求援电报，力主再度对南方用兵。

“算了吧，大事化小，小事化了吧。”徐世昌却捻髯微笑，慢吞吞地说。

因为吴佩孚撤了防，谭延闿、赵恒惕领导的一万余湘军抖擞精神，只花了 14 天工夫，便将皖系主力张敬尧的“十万”大军打了个稀里哗啦。

6 月初，张敬尧把搜刮来的 1000 余件箱笼运走，又逼迫湖南总商会向长沙市民勒索了好几十万大洋。

6 月 11 日张敬尧仓促撤出长沙。这样，在湘军的强大攻势面前，张敬尧兵败如山倒，只好带领赵参谋长等几个亲信，落荒而逃，一直逃到了汉口。

张敬尧被赶出湖南后，北京政府明令要查办他。

善于投机的张敬尧便利用在湖南搜刮的大量民脂民膏，大肆贿赂北洋政府各个关节，很快便有惊无险，保住了性命。

失意的张敬尧又曾游说于广东和东北，均不得意。

最后，张敬尧逃到汉口租界，投靠了自己的对手直系军阀吴佩孚。

张敬尧自嘲地对几个亲信说：“大丈夫能屈能伸嘛。”

不过，此后张敬尧的运气可没有以前那么好了。

1924 年 9 月 17 日，直系军阀曹锟发布讨伐张作霖的命令，任命吴佩孚为总司令，带领 25 万人马迎战。18 日，直、奉双方在山海关、热河一带发生激战。

败退回东北的奉军统帅张作霖重整旗鼓，重新杀回关内。曾与段祺瑞、冯玉祥订立反直协议的张作霖自任总司令，率领奉军17万进关。

冯玉祥的留影

此时，张敬尧任吴佩孚的后援副司令，这只是个名义上的官职，并没有什么实权。

冯玉祥在1924年第二次直奉大战中，暗中与奉系、皖系联合，发动北京政变，使得直系军阀曹锟不得不辞去总统职务。

吴佩孚所率的直军主力全部覆灭，而他本人仓皇登舰南下。

张敬尧在这次政变事件中，由于充当吴佩孚的传令使者而被国民军副司令胡景翼扣了起来，做了“替罪羊”。

“冯司令，应该将张敬尧这个无耻小人枪毙了！他是一个贪生怕死、反复无常的小人，由皖系大将而投靠直系，没有一点骨气，留之无益，后患无穷。”

“冯司令，张敬尧虽然可恶，但罪不致死。他投靠了吴佩孚后，一直并不受重用，并没有再犯什么血债。”

“张敬尧虽说罪不当死，但死罪饶过，活罪难免，得给这小子点颜色看看！”国民军总司令冯玉祥决定和张敬尧开一个玩笑。

“将张敬尧同曹锟的公府收支处长李彦青关押在一起！”李彦青绰号“李六”，负责管理曹锟的财产，被捕前还兼任北京官钱局督办，他为人卑鄙无耻，在北京作恶多端，干了不少祸国殃民的勾当。特别是他被捕后，还拒不交出曹锟公府的财产。所以，冯玉祥下令处他死刑。

"是！"

枪毙李彦青时，冯玉祥故意将张敬尧绑去。张敬尧发现自己和李彦青一起绑赴刑场，便大哭大骂："冯玉祥啊，你不是人！咱们总算是同事兄弟。你今天杀我不打紧，但不应把我同李六这样的人绑在一起，一道杀掉呀！"

"冯总司令不杀大帅，这只是和大帅开开玩笑，试试大帅的胆量罢了。"正当张敬尧绝望哭骂时，一位副官匆匆赶来，笑盈盈地将张敬尧松了绑。

"冯玉祥不愧是条讲义气的汉子，够哥们，够朋友！"张敬尧听说冯玉祥不杀自己了，马上止住哭声，连连称谢。

直奉战争后，张敬尧投靠了张作霖，后来竟屈尊在张宗昌手下当了一个挂名的军长，其实际兵力只有一个团，张敬尧又气又无奈。

1926年，张宗昌部被北伐军击溃后，张敬尧和张宗昌一起隐居在大连的日租界里，以待时机，准备东山再起。

十四、"念风流系"的川岛芳子

1932年2月，伪满洲国建立。张敬尧立即前往投靠了伪政权，充当暗探。

1933年，日军大举进攻热河、威胁平津。

与此同时，日本关东军参谋长板垣征四郎，正在致力于收买北洋政府的残余军阀和失意政客，用作日军进攻北平时的内应，并打算将他们组成一个傀儡政权，达到完全控制华北的目的。

经过密谋，日方决定由著名日本女特务川岛芳子亲自出马，重金收买了大军阀吴佩孚的心腹齐纯芝，齐纯芝很快便投敌叛国。

齐纯芝在日军参谋本部的指导下为日寇收买政界人员，例如张敬尧、孙传芳等人都是通过齐纯芝牵头先后与川岛芳子勾结而成为汉奸的。

当初，日本女间谍川岛芳子找到张敬尧时，张敬尧正一筹莫展，但他仍旧是野心勃勃，企图重新成就一方霸业，见有了日本的支持，自己又有了东山再起的机会，自然是欣喜若狂，于是双方一拍即合。他愿意出卖民族利益，甘心做日本人的走狗。

张敬尧奉日本之命潜入天津租界。当时，北洋政府的军阀、遗老，多云集在天津租界内，但他们中多数不敢冒天下之大不韪，下水当汉奸。天津租界，是1860年至1945年期间，英国、法国、美国、德国、意大利、俄国、日本、奥匈帝国和比利时等国通过签订不平等条约和协议，在中国天津老城东南部区域相继设立的拥有行政自治权和治外法权的租借地。1860年，英国首先在天津设立租界，最高峰时有9个国家在天津设立租界。从1931年到1941年的十年中，天津还保留有英、法、日、意四国租界。

然而，张敬尧居然敢冒天下之大不韪，暗中与汉奸白坚武取得联系，来往于平津各地阴谋反蒋，在日本人的扶植下，建立“华北自治”局面。

张敬尧向板垣征四郎卖弄说：“我和宋哲元有深厚关系。在华北政委会及北平军分会两大军政机关的内部有内应。”

板垣征四郎对张敬尧深信不疑。

1933年长城抗战期间，日本间谍机关投下了一笔很大的资金，以1000万资本为代价，专门策动军阀余孽，从事平津暴动。

1933年初，日军任命张敬尧为平津第二集团军总司令，拨下活动经费700万元，策划以孙传芳在天津，张敬尧在北京发动一次平津大暴动，占领天津，成立傀儡组织，然后日军出面支持，先控制华北，再进军华中。

日本人为了保证张敬尧的安全，不惜花大钱，把北平东交民巷六国饭店三楼东厢的12套客房全包了下来，作为张敬尧等人的住处和秘密联络点。

东交民巷是西方列强在中国的势力范围，各国使馆区都在东交民巷，各国都有兵营驻扎。中国军警人员不能通过，中国政府的权力也不能到达，东交民巷的一切行政治安由西方列强轮流值班负责。1933年（民国二十二年），正由日本值班，所以张敬尧觉得自己住在东交民巷，有日本人的保护，就如同在日本，加上有自己的护卫，更加有恃无恐。

1933年5月初，张敬尧带着秘书黄秀文、参谋长赵庭秀、副官张勇、马弁等亲信，从天津潜往北平东交民巷六国饭店暗中从事反蒋活动。

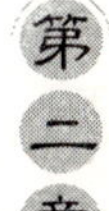

厚颜无耻的张敬尧受命秘密潜入北平城内，着手收集旧部，勾结流氓土匪，策动国民党驻军，以便重新拉起一支力量，在日军进攻北平时作为内应。

位于东交民巷的古式建筑六国饭店，自从张敬尧带着随从住进来之后，每天都有些神秘的来客出出进进。

有时，张敬尧本人也化装外出碰头联系。曾在张敬尧军队中混过的中下级失意军官，此时是穷途末路，孑然一身，听说老上司来了，就一个传一个，先后都和张敬尧联系上了。张敬尧便将这几个人视为心腹，以"平津第二集团军总司令"的身份，分别委任他们为军长或师长等官职。并提供部分活动经费，令他们暗中发展力量，听候差遣。

一天，张敬尧正和参谋长赵庭贵对吸鸦片灯，讨论孙传芳的合作态度。因为孙传芳实力最雄厚，也没有像吴佩孚一样万念俱灰，命令部下投效中央军，不愿投效的分别遣散。

这时，日本女间谍川岛芳子带着歌女小翠花来到了他的房间。

川岛芳子（1906 ~ 1948），原名爱新觉罗·显玗，字东珍，号诚之，汉名金壁辉，是肃亲王善耆的第 14 位女儿，曾替日本长期做间谍。她是个天生的特工人才，满洲血统，18 岁代日本养父从军，20 岁便成了东京警视厅大出头风的大尉军官，后被东北派遣军视察厅征召来东北服役，被板垣征四郎选为亲信女侍从。从此，她化名金少爷，被板垣征四郎派往北京活动。

川岛芳子与川岛浪速合影

辛亥革命后，肃亲王为图借助日本之力复国，借口怜悯川岛浪速没有孩子，把女儿赠送给他。

此后，金壁辉被改名

为川岛芳子。她六岁时随养父去日本，接受了纯粹的日本殖民主义教育。

川岛芳子的养父川岛浪速早年就是驻华间谍，归国后川岛家更成为日本法西斯主义学者经常聚集的沙龙。他在东京赤羽的公馆，时常聚集着成群的陆军士官学校的学生、候补生和一批批野心勃勃的军人。从满洲归来的川岛浪速给大家带来那里最新的局势和动向，发表激情洋溢煽动力十足的演讲。不到深夜几乎没有人想离去，在这些风华正茂的人中有本庄繁、土肥原贤二、冈村宁茨和多田骏。这些人与川岛芳子一起成长，他们从那时建立起来的关系在日后日本侵略中国的过程中变成了种种的工作事业关系，帮助川岛芳子自由地游走于各色人物当中。川岛浪速对川岛芳子的最大影响就是来自这种与士官、军人的公馆聚会中，为了自幼训练他的义女，川岛浪速把幼小的芳子也拉到这些“高官云集”的酒席宴会前，让她听的全是满蒙独立和复辟大清的谈话。川岛芳子掺在那些毛头小伙子的士官里，10 岁时就会和他们一起举杯饮酒。当有人预言这位活泼的王女将成为一个出色的交际家的时候，川岛芳子扑闪着两只大眼睛回问道：“交际家？我为什么不是一位英勇的将军呢？”这样的志气引来川岛浪速大大地赞扬。这样的家庭环境使川岛芳子的“远大”的志向和狂野的气质从小便积淀下来了。芳子从小便在这样的家庭环境中成长，在黑暗的氛围里耳濡目染，最终造就了她畸形的性格与人生信念。川岛浪速的训练是川岛芳子日后成为一名叱咤风云的间谍的重要条件。川岛芳子从小便开始和养父的徒弟们一道，学习骑马、击剑、柔道、射击等武艺。芳子骑术精湛，枪法超群，策马疾驰中可以连续击落百步开外的苹果。川岛浪速发现，这位不让须眉的格格完全具备成为一名间谍的潜力，于是着手训练她收集资料、使用谍报通讯器材、制造阴谋、散布谣言以及利用美色获取情报等技巧。这些技巧和本领都是来自一个老牌特工的精心传授，川岛浪速将自己未尽的梦想都交付给了这个最为得意的“门生”，这个最为亲近的“女儿”。

12 年后，少年川岛芳子的性格就已经开始变得浪荡、疯狂、粗野。但她也同时成为一个明眸玉肤、出水芙蓉般的美女。17 岁那年，川岛芳

川岛芳子（左）与正珠尔扎布（中）、米山莲江（右）

子被59岁的养父川岛浪速玷污。川岛浪速说："你父亲是个仁者，我是个勇者。我想，如将仁者和勇者的血结合在一起所生的孩子，必然是智勇仁兼备者。"金璧辉在手记里悲愤地写道："于大正13年10月6日，我永远清算了女性。"第二天一早，她头梳日本式的发髻，身穿底摆带花的和服，拍了一张少女诀别照，然后剪了一个男式分头。

当川岛芳子与第一个男友山家亨分手，山家亨问川岛芳子"为什么"时，川岛芳子沉着坚定地说："为了战争，为了满洲独立，我没有自己的爱情了！""你不过是个女流之辈啊！"山家亨急切地说。"女人也可以做轰轰烈烈的大事，"川岛芳子板着脸一字一顿地说，"这是我自己的意愿，没有人可以逼迫我！"当时川岛芳子只有17岁。川岛芳子之所以会选择这条坎坷罪恶的路，很大程度上是因为川岛浪速在她童年时给她灌输的思想。

"我恨男人！"她开始报复男人，报复这个世界。她怀着复仇的决心，冲向一个个男人：蒙王甘珠尔扎布、日本陆军军官山贺、联队旗手山家亨、间谍田中隆吉、作家村松、右翼头子头三满、伪满最高顾问多田骏、投机家和巨富伊东阪二……

她热烈地拥抱他们，疯狂地与他们接吻，在床上翻腾搏杀，用灵魂与肉体去俘虏他们、利用他们、撕裂他们。

她成功了，在日本她能影响"剃刀"首相东条英机，在中国能在立法院院长孙科手里获取蒋介石下野的机密。她赢得了一大把头衔，甚至戴起大将的肩牌。她过着挥金如土、荒淫无度的生活。

1927 年 20 岁的时候，川岛芳子在旅顺与蒙古王族结婚，1930 年私奔。

然后她借用养父的关系接近关东军。这个被称为“东方的玛塔哈瑞”的“男装女谍”变幻无常，时而男装丽人，时而全副武装，作为日本策动伪满独立，与国民党居间调停、互相勾结的“秘密武器”，为日本的侵华战争发挥了重要的作用。她曾参与“皇姑屯事件”、“九一八事变”、“满洲独立”等重大秘密活动，并亲自导演了震惊中外的“一·二八事变”及营救皇后婉容等臭名昭著的卖国活动，她还曾在热河组织定国军骑兵团，为日本侵略军效鹰犬之力。成为日本谍报机关的“一枝花”，受到特务头子田中隆吉、土肥原贤二等的赞赏。

“打扰两位过瘾吃中餐了。”金少爷（川岛芳子）知道有鸦片瘾的人员把鸦片当饭吃。

“哪里！哪里！”赵庭贵连忙起身让位，“金少爷躺下烧一口吧！”

“嗨！我还真想烧一口还还阳呢！”金少爷说着就躺下，说到“还阳”二字，眼神向小翠花一瞟。

“少爷，我去那边一下就回来。”小翠花机警，说着就往浴室走。

赵庭贵也知道金少爷有话要谈，便要托辞告退。

“庭贵！”张敬尧说，“叫饭店熬一点云南好膏子来，这种小土膏子吹起来有些封门结壳。”

赵庭贵转头出房，他是内行，知道云南出产的，不会像四川出产的封门结壳，有细针通一下才能顺利吸收燃尽。

金少爷真是十八般武艺样样皆通，灯前只有两人，她燃了一口“美人髻”烟泡，将烟枪递给张敬尧一口气顺利吸完，等到张敬尧喝了一口热茶，便直截了当地谈起“军国”大事。

“价值一千万大头的黄金已经运到，随时交手。”金少爷说：“我们打到天津口，你们宣布成立华北国，东京立即承认你们像满洲国一样，把国民政府逼到南京去。”

张敬尧也是久历宦海江湖，见金少爷单刀直入，也不能不吐肺腑之言：“我们这边小有问题，孙总司令拥有五万兵力，他不住六国饭店，就……”

“我知道。”金少爷说，“人无利益，谁肯早起，黄金分他一半，他可先走，只要他肯在协议上签字就行了，如果拿了黄金不办事，尧翁，你是知道的，板垣总司令进关，不要说他孙传芳只有五万人马，到时候连只要是姓孙的都一律杀无赦。”

“这就好！”张敬尧开始兴奋起来，“什么时间……”

“今日十九，明日二十，后天下午看请帖行事，先交款，后签字，行不行得？”

“好！好！好！我来帮你烧一口……”

“不敢当，我叫翠花进来烧一口万寿山。”金少爷说着便向门外叫道，“翠花！别站在门口，进来吧！”

房门原是半开半掩，小翠花一听他们正在聊正经事，就呆在门前不敢进来，听到唤声，抖一抖鹅黄染缎的凤仙装便嬉笑而入。

“啊！翠花小姐，听说你的大鼓西厢疯了半个北京城，有耳福听你哼两段吗？”张敬尧笑问。

“金少爷就是叫我特地来伺候张爷的。”

“对啦！这里还有一个附送的礼品。”金少爷说，“不过话可要先说清楚，小翠花是地地道道的中国人，北京姑娘，可不是日本间谍，所以，我特地派她伺候你在这饭店里烧茶倒水，铺床叠被，从今夜儿个起，张爷爱她怎么打扮就怎么打扮，爱怎么伺候你几段，就伺候几段，张爷，你满意吗？”

“这个？……”

金少爷隔着烟灯盘，凑近张敬尧的身前说：“别小看这娘儿，她骨子里儿像珍妃，皮肤像慈禧，功夫像杨贵妃。”

“噢！这倒恭敬不如从命了。你对中国历史也还蛮熟悉的，以前在中国念什么学校？”

“北京大学。”

“噢！念什么系？”

“念风流系。”

张敬尧失口大笑，乐得差一点把烟灯吹灭了。

川岛芳子倒在了张敬尧的怀里，翠花随即把门一关，悄悄出去了……

张敬尧时常在饭店里和川岛芳子、小翠花寻欢。

张敬尧与日方拍板后，板垣征四郎从日本银行划来700万日元存在天津一家银行，作为张敬尧的活动经费。

接着，张敬尧在北平最高军政机关以及作战部队中，使用煽动、蛊惑、利诱、蒙骗等各种手段，拉拢到不少高级官员，甚至还有握有兵权的军事将领在内，正准备发动一次“兵变”或“政变”！宣布成立“自治政府”，由张敬尧任“自治政府”头目。

孙传芳做过苏浙皖赣闽五省联军总司令，张敬尧为直系大将，做过湖南省督军，都有旧部。在接受了日本间谍机关的经费后，他们已经各自纠集了部分人员，只等时机成熟、日本间谍机关一声令下，随时准备进行暴动。

日本间谍机关的打算是：由孙传芳、张敬尧先煽动平津暴动，刺杀何应钦，使华北失去政治首领，陷入纷乱状态。然后以武力做后盾，支持暴动所形成的事实，从而一举实现“华北特殊化”的意图。

十五、山雨欲来风满楼

1933年，蒋介石领导的国民政府好不容易刚刚在北平站住脚，可想要站稳，却显得异常困难。

想当年——1928年，蒋介石指挥的北阀军就曾经从南方一直打到天津一带，由于地方势力根深蒂固，加上各帝国主义，特别是由于日本帝国主义操纵下的制造分裂阴谋，让国民党军队不久就不得不撤离华北地区及平津两市，于是，华北轮番为晋系、东北系、西北系的军人政客统辖。

自日军向长城一线进攻以来，中国军队虽进行了英勇顽强的抵抗，但南京政府并没有抗敌到底的决心。在上海事变爆发时，国民政府一度迁都洛阳，1932年12月又返回南京。蒋介石等人对当时各项政策研究的结果，仍然主张一面对日妥协，一面加强与列强各国的友好，首先要

谋求国内统一，以所谓“攘外必先安内”的政策作为基本方针。即当前以讨伐中共军为目标，至于日军的进攻，则作为将来的问题对付之。

1933年1至2月间，适值蒋介石亲率国军主力专心剿共之际，日本在东北制造傀儡政权，关东军攻陷热河部分地区，令蒋介石十分难堪。以蒋介石为首的南京政府置民族危亡于不顾，一味“围剿”红军，激起全国各界要求抗战的怒潮。南京政府像一叶大海狂涛之中的扁舟，处于风雨飘摇之中。

1932年伪满洲国成立后，日军进攻热河是司马昭之心，路人皆知，全国人民热切盼望政府下令抵抗日本不断扩大的侵略行径。

蒋介石早就料到热河有可能沦陷。一旦沦陷，他和张学良将负主要责任。只有张学良下野，才能平息众怒，也才能保住自己。

热河抗战爆发的前几天，蒋介石派代理行政院长宋子文、军政部长何应钦、厅长王伦、内政部长黄绍竑、外交部长罗文干、参谋部次长杨杰、厅长熊斌去北平。名义上是支持张学良热河抗战，实际上是以何应钦取张学良而代之。派外交部长罗文干，主要是看看战前各国的外交风向，派内政部长黄绍竑任北平军分会参谋长，也反映出蒋介石的南京政府表面上支持抗战，实际上还是想通过以外交和政治的途径解决华北危机，对于迫在眉睫的热河抗战则没有什么准备。行前，蒋介石召见黄绍竑说：“北平军分会仍然是我的名义，你就是我的参谋长，而且敬之(何应钦的字)同去，以后他要在那里主持工作，你不但要在军事上帮帮敬之的忙，尤其在政治上要帮助他。”

1933年2月23日，日本关东军第六师团、第八师团、第十四混成旅团在日伪军张海鹏、丁强等部配合下，分北、中、南三路向热河发起进攻。

郑介民的同事对他讲：“日本人矮矮的身子，是我国武大郎的后裔，日本国圆圆的太阳旗徽，是武大郎烧的烙饼纹迹，有何资格、力量欺负具有几千年文明史的‘中央大国’呢！”

郑介民听完热血沸腾，对日寇的狼子野心无比愤恨。常对特务们说：“中国历史悠久，地大物博，哪能受日本这个领土狭小，资源缺乏的东洋邻国侵略掠夺。”说完大骂：“日本鬼是萝卜头，弯脚筒(海南人说日本人头像萝卜，脚弯)。”

日军大举进攻热河后，蒋介石又电令何应钦迅即北上：“此时成败关键，在使汉卿(张学良)赴热河。请兄务于今日晚乘车北行。”

蒋介石本人也作出必要时大驾北上，以助何应钦一臂之力的姿态。

何应钦接电后，便与黄绍竑、军政部厅长王伦、参谋部厅长熊斌等一行，于2月28日乘专列北上。

热河是华北与东北之间的进退缓冲地，无论对国民党军还是对日本侵略军，都是战略必争之地。

何应钦在极度矛盾之中向北平前进。他痛恨日本的侵略，希望保住热河。但是，蒋介石却希望他与日军妥协，甚至不惜一切代价，维持“党国”利益，分明是暗示他只要日军不再向华北前进，不惜以丧失热河为代价，换取蒋介石对华北的“统一”。

何应钦以保卫热河为名而去，结果却是要把热河送给日本，落下千古骂名。他将取代张学良兼代北平军分会委员长，不免也有乘人之危，落井下石之虑。

身为军人，加上他得留情处且留情的待人之道，他确实有难言的苦衷。何应钦心虽然对蒋介石的命令心存异议，但对蒋介石的命令还是不折不扣地贯彻执行了。

何应钦突然到来，让张学良产生了不祥的预感。于是，他干脆以身体不好为借口，不到车站迎接。

何应钦、黄绍竑到达北平的当天下午，便屈尊去顺城王府会见张学良，听取关于热河战况及长城防务的报告，实际上是想摸摸张学良的心底。

张学良神情委顿，但表示对守住热河很有把握。

负责热河军政全权的汤玉麟，在日军进攻面前不战而退。20万国民党军全线动摇，不到10天，日军就推进约500公里。3月3日下午，汤玉麟从前线抽调汽车，载上鸦片和财物，自称赴前线督战，逃至热河西部的滦平。

日军得报，便派出128人组成的“挺身队”，连夜疾进，于4日进入

承德，不费一枪一弹就控制了全城。同一天，赤峰、平泉相继失陷，日军已进迫滦平。

消息传到北平，何应钦匆匆去见张学良，询问下一步的打算。

对汤玉麟的临阵率部脱逃，张学良十分震怒，立即下通缉令，并向何应钦表示："将率王以哲等军去恢复热河，与日本侵略军拼到底！"

但热河全境，不几日已全部沦陷。

蒋介石早有放弃热河，以便用何应钦取代张学良的打算。所以，他对热河的作战只是表面应付一下。早在2月25日，蒋介石在南昌行营致电先期北上的参谋部次长杨杰，指示其只专力固守凌源、平泉、赤峰三据点。如此部署，连为蒋介石作传的日本人古屋奎二都看出，"像这样的据点防卫……则毋宁说是设想'热河失陷以后'的对策"。

热河失陷，全国舆论大哗，张学良再次成为众矢之的，各种指责不断地向他袭来，社会各界指责极为尖锐。

天津救国会指责说："对前方失土辱国之主将，立即明正典刑，以彰国法，而维公道。"

《中国评论家》杂志刊登了一封致张学良的讽刺信。信中说："张学良被提名为诺贝尔和平奖的候选人，因为他是现代世界上最伟大的和平主义者和救世主基督的追随者。"

行政院长汪精卫也猛烈抨击张学良，指控张学良没有抵抗，就把东三省和热河让给了日本，要求张学良引咎辞职。

立法院长孙科向新闻界代表说："张学良将军应中国军队在热河的失败负完全责任，因为他担任华北最高军事长官。"

张少帅所能作出的最好的选择就是辞职，以便使政府能够任命别人，取代他的位置。"

监察委员邵鸿基等向监察院提出弹劾张学良。7日，监察院呈报中央政治委员会，请将违抗命令、守土有责的张学良、汤玉麟等严法惩办，以肃国纪。

舆论和何应钦的压力加上自己内心的痛楚，使张学良决定引咎辞职。

正在南昌专心“剿共”的蒋介石，知道热河失守，张学良已提出辞职，而全国的舆论压力已从谴责张学良转向抨击国民政府的军事、外交政策，矛头直指他本人。

更令蒋介石恼怒的是在江西“剿共”前线的部队，也纷纷要求北上抗日。蒋介石于是发布了“侈言抗日者杀无赦”的命令，这才稳住“剿共”的阵脚。

3 月 6 日，蒋介石启程北上。由宋子文陪同，从南昌乘飞机抵汉口，转乘火车到石家庄。

张学良闻蒋介石亲自前来，曾打电报给蒋介石，除引咎自责外，要求与何应钦一道至石家庄迎接，以便报告一切，遭到蒋介石的婉言拒绝。

3 月 8 日下午 5 时，蒋介石在宋子文的陪同下到达石家庄。在他的专列上召见了何应钦和黄绍竑，听取了二人对东北军情况以及张学良去留问题的意见。

何应钦和黄绍竑面陈了三点：

一、如果继续让张学良干下去，不但全国舆论难平，而且北方的军队如阎锡山部、宋哲元部、商震、孙殿英等部也都不满。中央军既不可能大批北调，今后华北、西北防务仍要仰仗这些部队。

二、张学良虽然表示要率领未曾与日军作过战的东北军去收复热河，与日本鬼子拼到底，但他的精神状况和体力均不胜任；而且中央也不希望他去拼，拼了更坏大局。

三、准许张学良辞职下野，对东北军也不必多所顾虑。

3 月 8 日，蒋介石电召张学良到保定会面。

3 月 9 日早 5 时，张学良专车到达保定，按约定蒋介石的专车应该同时到达保定，可是蒋的专车没有来，保定车站站长也不知道消息。

约 10 时许，宋子文的专车到达保定，张学良立刻登上宋子文的专车，与宋会谈。宋说：“蒋先生认为热河失守，你守土有责，受到国人的谴责，中央政府更是责无旁贷，首当其冲，蒋先生的意思批准你辞职，想听听你的意见。”张学良思想有准备，并不感到突然，回答得很干脆，同意辞职。

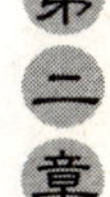

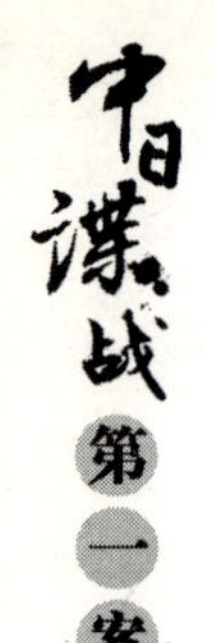

并说："请转告蒋先生，不必烦心。"俩人谈罢，宋子文给蒋介石打电话，告蒋说："汉卿的态度很好，一切服从委员长的命令和安排，请委员长速来与汉卿见面。"

下午4时，蒋介石的专车到保定，开进张学良专车站台的另一边。车停后，张学良在宋子文的陪同下，走进蒋的专车，蒋介石和张学良进行了商谈。蒋介石谈到了热河，谈到了华北，谈到了国内外的舆论，还表示自己承担热河失守的全部责任。然后转到张学良的辞呈问题，蒋说："我接到你的辞职电报，很知道你的诚意，现在全国舆论压力很大，内部争执也不小，我们处境很困难，全国都攻击我们俩人，我们处境相同，我与你同舟共命，若不先下去一人，以息全国愤怒的浪潮，难免同遭灭顶。将来风平浪静，下船的人仍可上船，若是互守不舍，势必同归于尽，对自己、对国家都没有好处，所以我决定同意你辞职，待机会再起。子文说你慷慨同意，这是好的。一切善后问题可照你的意见办，有什么问题与子文商量，他可以代表我。"张学良这时内心虽很痛苦，但是哑巴吃黄连，有苦说不出，只好表示服从。他说："我感谢委员长的苦心，我身体不好，精神萎靡，东北丢失，我早就想引咎辞职。这次热河之变，我更是责无旁贷，免去我的本兼各职，正可以伸张纪律，振奋人心。"张学良表示同意辞职的态度，使蒋介石很高兴，接着说："东北军你先不要管，出国休息、考察一下，学习学习，以后报效国家的机会很多，北平军分会的工作由何应钦代理。"张学良虽然要下野了，但是对抗日还是很关心。他又向蒋建议说："我想日军必很快进攻华北，以遂其吞并整个中国的阴谋。国联列强各怀心事，决不可靠。委员长应考虑动员全国与日本宣战。目前应急调中央劲旅与东北军配合反攻热河，以阻止日军前进。"张学良的这一席话，不符合蒋的先安内后攘外的胃口，又不好驳斥，只敷衍地说："是的，是的。"张学良见蒋介石不想再谈下去，即行退出，回到自己的专车。

张学良在蒋介石的专列里"会谈"，只有宋子文在坐，而何应钦、黄绍竑则呆在自己的车厢里，不曾露面。

"有口难辩的张学良接受了蒋介石的建议——出洋游历。张学良指挥的东北军改编为4个军，分别以万福麟、于学忠、何柱国、王以哲为各军军长。

至此，蒋介石瓦解东北军以及使中央威令扩及华北的夙愿，经一番周折反而初步获得成功。蒋介石又一次达到了舍车保帅、临阵换马的目的。

1933年3月11日，北平的顶尖人物张学良通电下野。

12日，何应钦将军出任军事委员会北平分会代委员长，全权控制了平、津及华北的军政。蒋介石在华北的一套统治机器终于逐渐建立和完善。

蒋介石也就放心地南下江西继续"剿共"去了。临行之前，又电令何应钦，务须执行"一面抵抗，一面交涉"的既定国策，以"抵抗"应付全国人民高涨的抗日要求，以"交涉"而谋求对日妥协，解除"剿共"的后顾之忧。

这时，正赶上汪精卫在国外"游历"约半年后回国，于3月30日又任行政院长，再次组成蒋汪合作政权。

不久，对日持强硬态度的外交部长罗文干辞职，汪精卫兼任外长。于是，对日政策也由抵抗更明显地转变为对日谈判。

4月中旬，国民政府通过北大校长蒋梦麟与英国公使蓝浦森联系，要求英国调停停战。

张学良被迫离职，广大东北军将士愤愤不平。一日夜间，东北军军官秘密举行会议，商讨应对办法。

有人提议："我们应该扣押何应钦作人质，要蒋介石收回成命！"

"对！扣押何应钦！"附和之声不绝于耳，大有立即付诸行动的趋势。

幸而王以哲起立发言："何应钦此来，只有随从一人。除少帅被迫辞职外，其余东北军军官，一律照旧未动。至于军费，仍是每月公开分配。原来的军分会委员长的特支费，何应钦一个子儿也没动。少帅之辞职，迫于环境和南京，不必迁怒于何一人。"

于是，气氛才渐趋平和。

何应钦当上北平军分会代委员长以后，为了配合华北的"中央化"，

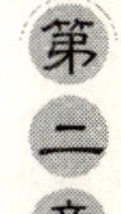

蒋介石派了何应钦的老部下刘健群到北平，秘密发展特务组织复兴社。刘健群也是贵州人，曾当过何应钦的机要秘书。1931 年，他为迎合蒋介石，写了一本《改组国民党的刍议》的小册子，主张国民党应仿效意大利法西斯头子墨索里尼的黑衫党，一切唯“领袖”之命是从，因而博得蒋介石赏识。次年，蒋介石命令贺衷寒、康泽在南京成立的特务组织复兴社，便是根据刘健群的建议而来。刘健群则当上了国民党中央军事委员会政训处长，主持国民党军队的政工工作。刘健群到北平军分会后，成了何应钦反共的得力干将。他的复兴社在北平军分会开初挂名“华北抗日宣传总队”，刘任总队长。后改政训处，刘任处长。这一组织，在长城抗战初期，一面宣传抗日，一面从事特务活动，但其主要任务是向驻华北的各军队派遣特务政工人员，向各级主管军官灌输“一个党、一个主义、一个领袖、一个敌人”，即灌输效忠国民党、效忠三民主义、效忠蒋介石、反对共产党的反动思想。政训处的这种特务宣传一直渗透到华北各大、中学校的训育主任和军训教官的工作中。1934 年刘健群回南京任复兴社的书记后，政训处长由曾扩情继任。

当时与何应钦一同来到北平的，还有中央宪兵三团的特务武装和中央军第二、第二十五师。政训处和宪兵三团是何应钦镇压共产党人和爱国青年、实现“攘外必先安内”国策，使华北完全“中央化”的左右臂。

何应钦在北平时，还发生一起日本特务大闹居仁堂的事，而他竟能“忍辱负重”达到令人惊讶的地步。由于长城一线正在作战，北平城内也不能不有所警戒。一次，日本驻北平武官酒井隆违反中国驻军的戒严令，在东城区苏州胡同一带东游西窜，受到中国哨兵的盘诘。次日，酒井隆带上两名全副武装的日本士兵闯到新华门，声言要到居仁堂面见何应钦提抗议。宪兵遵章要求酒井隆单独进去，两名日本士兵不得入内。酒井隆不答应，大闹起来，并且毫无羞耻地当众解开裤子，对着居仁堂外的照壁撒尿。宪兵只好进去请示，何应钦竟然同意让日本士兵与酒井隆进到居仁堂。当酒井隆向何应钦提所谓“抗议”时，两名日本武装士兵紧跟左右，根本没把眼前这位国民政府军政部长兼代北平军分会委员长放在眼中。何应钦的自尊心受到前所未有的伤害，对这种毫无外交礼仪的粗野举动提出抗议。酒井知道理亏，但却狡辩，谎称昨夜中国哨兵要他下跪，并想用大刀砍他。他在北平的生命没有保障，所以不能不带武装随行。他说他本想采取自由行动，但念及与何应钦是士官学校的同学，是老相识，才来当面抗议。何应钦听了酒井这些胡诌，不仅不抗议了，反而一叠声地道歉解释，使酒井欣欣然而去。事后，何应钦下令北平中国军警，应对主要是日本人的外国人要客气，要礼貌。何应钦表面道歉，内心对日本极端不满和仇恨。

关东军逼近长城后，根据板垣征四郎的意见，日本确定了“谋略为主，作战为辅”的政战方略。

在冈村宁茨的建议下，日军4月下旬对古北口以南的南天门阵地的进攻，主要就是为了配合板垣的活动，企图以日本军事上的声威来促成华北的内变。

关东军先是发动滦东战役，企图为叛乱分子挖出一块立足之地，以鼓动声势。4月18日，关东军已侵占滦东大部，板垣高兴得急电关东军，声称“宋哲元预定4月21日在平发难”，要求关东军加紧进攻，促其成功。由于天皇责命滦东战事告停，关东军转而于4月21日在南天门发起攻势，以策应板垣工作。在此期间，板垣多次发电，或言张作相起事，或言宋哲元发难，然至南天门战斗结束无一实现。关东军及军部对板垣工作逐渐失望。

另一方面，国民党的外交活动也在加紧进行。“九一八”事变后，国民党政府奉行依赖国联的外交政策，拒绝与日本直接交涉。而日本根本不听国联的“劝告”，竟于1933年3月27日正式发表声明，宣布退出国联。南京政府所依靠的“国际政府”也无济于事了。蒋、汪等便通过各种渠道接触美、英、法等国，企图让欧美列强出面调停。但美声称实行不干涉主义，其他各国也顾虑重重，而日本军部则明言反对第三国干涉，致使第三国调停之路被堵死。

在万般无奈的情况下，国民党政府只好暗中寻找中日直接交涉之路，首先在上海打开了突破口。4月19日，黄郛、张群与日本驻华武官根本

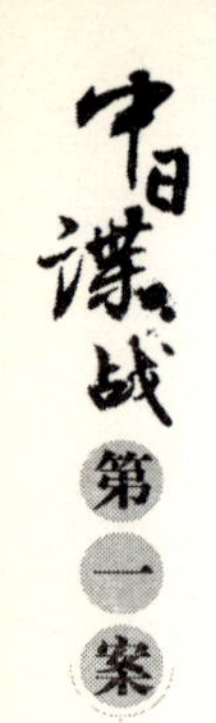

博会谈，只广泛讨论了中日大局，未言及停战问题。27日，军政部政务次长陈仪再晤根本，探询如何停战，根本暗示如中国军自南天门后撤，并解除对兴隆日军包围，停战可有希望。陈将此意转告何应钦，何遵此照办了。29日陈告根本我军已撤，要求开始谈判。但根本据关东军回电称，南天门为日军所夺，不能作为停战条件，但如果中国军队自动撤至密云、平谷、玉田、滦河西岸一线，日军攻势可以缓和。似乎中日停战有了一线曙光。

不料，这时北平和天津却又横生枝节。在天津的板垣得知上海方面情况后，感到如果停战，他的“谋略计划”将白费力气，遂于4月30日电告关东军，认为停战议和与既定国策相违。“目前华北的反蒋活动已处于饱和状态，唯有捕捉发动点火工作的微妙机会。……今闻日本军与中国军之间欲行妥协，实为荒唐无稽……前滦东撤军一时造成反蒋方面意志沮丧，最近古北口关东军勇敢行动已重鼓士气，亦准备在近期内我军反击适宜时，捕捉表面化机会，促进反蒋各派活跃……”

驻北平的武官永津佐比重与板垣意见不谋而合。永津久驻北平，深知中国军阀之内幕。他认为目前华北局势，虽何应钦接张学良主持军政，但东北军、西北军和晋军等未必能与之融洽。永津虽不属关东军，但积极支持其侵略活动，此时便跳出来与板垣同唱一调，于5月2日通电关东军指出，停战不合时宜，当利用各派分歧造成混乱，再由日本增派1个师团进逼平津，并以飞机实施威胁，即可使华军不战自退。

这时，关东军得到了军部允许进攻关内的新精神，便采纳板垣与永津的意见，放弃根本博之前议，同时将前定的“谋略为主，武力为辅”的方针，改变为“武力迫和为主，内乱策反为辅”，于5月3日下令大举进攻关内。

同一天，国民政府明令撤销北平政务委员会，设立有华北各界实力人物参加的行政院驻平政务整理委员会（简称北平政整会），任命亲日派、前国民政府外交部长黄郛为委员长。职责是“改善华北方面的中日关系”，并将此意转告给日本方面，以博得对方的好感。

这是蒋介石对日本妥协的一个重要步骤。早在上海方面接洽时，南京政府已在考虑收拾华北局势，考虑的方案有三个。

第一方案：起用段祺瑞，以张群、黄郛佐之；

第一方案：重用阎锡山予以华北大权；

第三方案：组成由地方军将领参加的军委分会及政治分会，以黄郛主其事。蒋介石认为黄郛与日本关系较深，又非国民党，易为各方主要是日方接受，决定采用第三方案。

于是行政院驻平政务整理委员会便出现了。

而在军事上，何应钦起初是想要顶一顶。他准确地判断日军如果再进攻，主要将来自山海关方面。因此，他将华北的中国军主力集中于滦东地区，沿滦河构筑数道防御阵地，又将其余兵力配置于长城沿线。

第三章 《墨索里尼传》的启示

一、蒋介石迷上了《墨索里尼传》

外忧外患的严峻形势让蒋介石惶惶不可终日。

在中原大战中，蒋介石指挥部遭敌军袭击，他本人从梦中惊醒来不及穿皮鞋，只穿上了袜子爬到所在列车的车厢指挥作战。

接着又是第二次围剿红军大败而归。

再接着国民党内部的汪精卫、孙科、李宗仁等围攻反蒋，蒋介石在四面楚歌中艰难度日。

“九一八”事变后，蒋介石置民族兴亡、人民安危于不顾，亲自在庐山召集赣、鄂、皖、闽、湘五省军事会议，布置围剿红军，在汉口召集鄂、豫、皖、苏、浙、赣、湘七省公路会议，拟定修筑 11 条干线，协助剿共。于后，蒋介石调集重兵，自任江西省剿共总司令，亲赴坐镇指挥，向共产党的革命根据地发动了第四、第五次军事围剿。

正当国民党致力于消灭红军之际，日本侵略者践踏了东北三省后，又侵略长城线上各隘口，妄图占领华北地区。

“九一八”事变发生以后，蒋介石因不抵抗政策遭到国内各阶层的指责，一时间，蒋介石和整个国民党政府陷入风雨飘摇的深渊。

这时，蒋介石急欲平息国内民众对他不抵抗政策的抗议，但是，国民党内部的不团结又让他难以施展阴谋。

墨索里尼

当时，全国人民爱国热情空前高涨，抗日救亡运动势如排山倒海，不可遏止。

同时，中国共产党所领导的革命运动已由大革命失败后的低潮，逐步在全国范围内向高潮发展，并且在全国各阶层人民汹涌澎湃的抗日爱国运动汇合之下，声势日益壮大，蒋介石的手指在微微发颤，中国共产党所领导的革命力量，成了他的心腹之患。

如果蒋介石再不表示抗日，不但会激起全国人民的愤怒，就是在国民党内部也难有他的栖身之处。但是如果抗日，他又担心国民政府军队打不赢，反而丢了自己的地位。

几天前，也就是 1931 年 10 月底 11 月初，一群爱国学生拥到国民党中央党部及国民政府请愿。那是一张张被热血充斥、被爱国热情所激动的青年的脸，人群的呼喊汇成一股嘈杂的旋风，激烈的言词互相点燃起怒火。

蒋介石叫蔡元培出来应付，结果，蔡元培被打伤。蒋介石到国民政府去，也被包围。蒋介石如坐针毡。

蒋介石没有了办法，只好站在花岗石的台阶上讲道："我蒋某人当然

要抗日，但是赤手空拳如卵击石。此刻暂且容忍，绝非屈服。到了忍无可忍的最后地步，中央一定会领导全体国民，宁为玉碎，以四万万人之力量。保卫我民族生存与国家人格。”

学生的眼中冒着火，牙齿咬得发紧。

蒋介石回到政府又换了一副嘴脸：假抗日真反共。他决心以标榜复兴民族、复兴革命、充实国力、准备抗日为幌子，借以缓和人民对日本帝国主义的愤激与仇恨，同时他却又不敢轻言去抗日。

他急欲摆脱处境，却不得要领，心情十分郁闷。

一天，侍从秘书邓文仪从书店提回一批书来，蒋介石正闷得慌，随手翻翻，没想到这批书中有一本《墨索里尼传》，他一看就痴迷地翻了起来。

墨索里尼原本是一个新闻记者，社会党党员，他依靠资产阶级右翼分子和一部分军人为骨干，成立了法西斯组织黑社党，于 1922 年发动进军罗马的政变，建立起了法西斯的独裁统治。

蒋介石从这本书中得到很大的启发，他暗自思忖道：我要组织一批忠实于我的人，建立一个类似的组织，替我排忧解难，铲除异己势力！而要建立这样的组织，只能依靠我的黄埔系，其他军队则都不可信任。

为了培养忠实于自己的势力，打击异己，对付日本帝国主义和共产党，强化自己的专制统治，蒋介石决定从强化特务机构着手，在国民党内建立一个绝对忠于他的团体。

1931 年 11 月初的一天，南京已严冬降临，蒋介石的处境也像这冬天一样。

但蒋介石决不会甘心，他召集了亲信头目，也是他的黄埔学生们，开了一个特殊的会议。

在会场，桌子两边坐着戴笠、贺衷寒、康泽、邓文仪、桂永清、肖赞育、周复、股杰、郑介民等 10 人。

会议开始了，蒋介石先呷了一口水，然后举目打量着每一个人，戴笠没有做声，贺衷寒挺直了腰杆，10 个人都急切地等待着蒋介石说话。

环看了大家一眼，蒋介石开始说道：“现在日本帝国主义压迫我们，共产党又这么捣乱，我们党的精神完全没有了，弄得各省市党部被包围的包围，被打的打，甚至南京的中央党部和国民政府都受到围攻，而我们党却无反击之力量，若继续下去，我们的革命注定要失败！”

听到这样的话，在座的人不由得目瞪口呆，但是，蒋介石却更是激动地说：“我的好学生都死了，你们这些人又不中用，我们的革命就要失败了！可悲至极！”说完，他就向外甩了甩手，吼叫道：“算了，散会。”

说来开会，却没讲几句话，蒋介石就发着脾气离开了。

十几个人面面相觑，不知道蒋介石葫芦里卖的是什么药。

蒋介石一走，侍从秘书邓文仪就给每个人发了一本书，书名叫《墨索里尼传》。

蒋介石的心事，桂永清、贺衷寒、戴笠诸人只能隐隐感觉到一点，但是蒋为什么要发那么大的火，又到底想让他们干什么，众人则一点头绪也摸不到，只好坐在那里发呆。

戴笠听了蒋的训话，也还是能理解蒋的心情的，但对蒋介石的具体意图他也是搞不明白。今天接到通知，他急忙赶来时，看到同时召来的都是一些黄埔老大哥，其中仅他一个是黄埔六期生，心里好不得意，仿佛自己的身价地位一下高了许多。

会后的郑介民把蒋介石说的话想了一遍又一遍，百思不得其解。“校长今天怎么啦，尽说这些泄气话。”郑介民感到莫名其妙，刚刚被启用的他，对蒋介石的话自然格外重视，他回到家里，坐在椅子上，披着大衣，一枝又一枝地抽着烟。女儿素心“爸爸，爸爸”地叫个不停，他也不理。

会后的戴笠独自一人，静坐在桌前反复琢磨蒋介石的话意，他已经习惯蒋介石的一惯做法：不管是什么重大问题，都不直接下命令要手下人去做，而是间接用骂人的方法逼着手下揣度他的心思，想出办法来迎合他的意图。但是他想了一天还是捉摸不出蒋介石的心意。

夜幕降临了，戴笠早早上了床，但是，他没有入睡，而是静静地咀嚼蒋介石会上说的这些话，然而还是不得要领。

戴笠的脑瓜子确实比一般人灵，他下意识地拿起散会时邓文仪发给

的书随便翻看。

看着，看着，戴笠幡然醒悟，难怪校长在骂了我们之后又不许我们发言，马上散会，还发了一本这样的书！莫非校长是要让黄埔学生们建立一个类似法西斯党的组织?

第二天,贺衷寒约了昨天到会的所有同学去他那里会谈,主要是分析、揣度昨天蒋介石的话意。

康泽首先起来发言，但是说来说去，讲了一大通，大家都觉得他还是没有体会出蒋的意思。

郑介民说："校长对时局感到很困难，我们要体会他的意思，采取他需要的行动。"

有人问他："体会校长什么意思呢？采取什么行动呢？"

郑介民只好说："咱们琢磨琢磨。"其实，他也讲不出所以然来。

在集会中,戴笠本想发表他昨晚想到的问题,又觉得自己是个六期生,在老大哥面前不敢放肆，只好把要说的话咽了下去。

过了两天，蒋介召又召集这些人去开会，依旧不许大家发言，把上一次说的话重复一次，就宣布散会了。

贺衷寒又约了这些人到他家里再讨论，大家心情都很不好，说了很多都不得要领。

戴笠心里很明白，但又不能在老大哥们面前明说，显得那些人无能，于是想委婉地表达他的想法。他斗胆说："校长吩咐邓秘书发一本《墨索里尼传》，不知各位老大哥看过没有？"

作为"老黄埔"的康泽似乎不屑于直接回答戴的问题，但显然受了他的启发，问邓文仪道："邓秘书，这本书里写的是什么内容？"

邓文仪道："说的是一个叫墨索里尼的人组织一个黑衫党，终于建立起法西斯独裁统治的事。"

贺衷寒立即醒悟："校长是想要我们组织起来。"

戴笠听到这话，暗暗想这下有点眉目了。

几天后，蒋介石第三次叫这些人去开会，讲的还是前两次的那些话。

郑介民觉得很难过，准备向蒋表白决心时，却见到贺衷寒站起来，如丧考妣，泪流满脸地说："时局虽然很困难，但只要我们精诚团结起来，还是有办法的。"

蒋介石感到了一丝慰藉，接着便顺水推舟地再往下说，点破了自己的一点点意图："你们怎么能团结得起来？今天团结，明天就要闹意见，好吧，你们试试也可以。我想，我们要有像苏联那种的'格伯乌'组织就好了。"

"格伯乌"，这不是苏俄的特务组织政治保卫局吗？戴笠和郑介民等人从蒋介石的画龙点睛中悟出了他骂人的本意，也进一步揣度到蒋的秉性。这个权倾朝野的独裁者，性格太离奇古怪了。

话说到这，蒋介石的意思已经很明白了。

二、戴笠上书 蒋介石下野

接着，贺衷寒在他的家中又召集了几次座谈会，商议怎样组织起来的具体方案。

大家思路已基本明确，人人畅所欲言，各抒己见。

但戴笠只去了一次，于是，这些老大哥便误以为戴笠对以前大家没有尊重他的准确意见而闹了情绪。

殊不知，富有心计的戴笠却不屑于讨论已基本成型的问题，而是把精力集中到一个与成立组织有关的、更为关键的问题中去了。

正在黄埔老大哥们经常开会务虚的同时，戴笠比谁都忙，一有空就研究那本《墨索里尼传》，经过反复阅读揣摩，再结合国民党的实际情况，写出了一份建议书。

戴笠在这份建议书中提出：在中国建立一个像黑社党或褐衫党一类的组织，重点要强化特工力量，用非常手段打击反对"领袖"的异己力量，保卫"领袖"至高无上的地位。为了达到这个目的，最好在这个组织里

戴 笠

建立一个专门的特工部门，直接向领袖蒋介石负责。戴笠认为他的这份建议书是让蒋介石的黄埔学生们“组织起来”的核心和关键。

戴笠揣着这份精心写成的建议书来到中山陵蒋介石官邸，找到毛庆祥，请他将这份文件尽快呈送蒋介石阅批。

这之前，蒋介石已指定毛庆祥与戴笠联系。于是，毛庆祥不像王世和对待戴笠那样态度蛮横，但是，却摆出一副不冷不热的样子。

戴笠见状，立即使出极尽讨好之能事，并开玩笑地说：“如得校长批准，我就请你开苞黄花闺女，绝不食言！”

毛庆祥一听有好处，马上改变了脸色，笑哈哈地说：“戴兄说话一定要算数啊！”

“当然！当然！”戴笠拍着胸脯保证。

然而，戴笠哪里会想到，蒋介石抵挡不往胡汉民、汪精卫的联合进攻，还没来得及看戴笠辗转递上来的建议书，就于 1931 年 12 月 15 日又通电第二次下野，回到浙江奉化溪口老家去了。

蒋介石在下野期间和汪精卫达成交易，由林森当国民主席，汪精卫出来当行政院长。新成立了一个军事委员会，蒋介石出任委员长，这样，实权仍然牢牢地控制在蒋介石的手中。

三、蒋介石为什么看中了戴笠?

已经在军事上、财政上、组织人事各方面进行了重新部署，并充分作好了第三次上台的准备。

为了随时掌握胡汉民、汪精卫各派在南京的活动情况，蒋介石让戴笠随时监视他们。戴笠奉命召集一批黄埔学生，其中有唐纵、周伟龙、郑锡群、梁干乔、黄雍、徐亮、张炎元、胡天秋、马策，再加上戴笠本人共 10 人，组成联络组，称为“十人团”，每日活动于南京、苏州、上海、杭州等地，密切注视国民党内部各派系的动向，并随时向蒋介石密报。

蒋介石第二次下野期间，“黄埔”同学曾扩清曾在南京浣花茶馆请郑介民等人吃饭。席中，郑介民等正在谈论怎样“组织起来”的问题时，胡宗南闻讯赶来。经胡宗南提议，大家推举贺衷寒、酆悌、滕杰、周复和康泽负责筹备“组织起来”的事，并由贺衷寒起草章程，康泽起草纪律条例。

戴 笠

胡宗南和戴笠这对患难朋友已经好久没有见面，胡宗南利用这次来南京的机会，和他彻夜长谈。戴笠与他重点谈论了成立特工组织的事。当戴笠听说胡宗南第二天要赶往溪口时，马上向这位好友提出请求：“琴斋兄，这趟你去奉化溪口，见到校长请探听一下我写的一份建议书他收到没有。这建议书很重要，说的是成立组织后。其中要设一个专门搞情报、暗杀的特务处。”

胡宗南道：“雨农见，你负责的特务处我看很有前程，你擅长干的正是这项工作，这样你也可以人尽其才，英雄有了用武之地！”

戴笠答道：“我以前只是个跑单干

的，现在要组织一大帮人专门干这事，就不一样了。”

胡宗南暗自思忖：情报工作也是军队的命脉，是胜利的保障，自己也应该在这条张上安排些关系，这样，将来才能得到一些重要消息。于是，胡宗南兴奋地对戴笠说道：“那太好了！雨农，我去到校长面前推荐你做特务处处长。”

戴笠一听，分外高兴，心想，有了胡宗南的推荐，我的这个特务处处长应该问题不大，但是转而一想，又摆摆手说：“提建议我可以，但处长恐怕我当不成。那些黄埔一、二期的老大哥，资历比我深多了，我怎么能行？”

“就凭我俩多年的交情，我也要尽力而为。”胡宗南说。胡宗南与戴笠本是患难之交，他自然会尽力帮戴笠的忙。

1932 年 1 月 22 日，蒋介石重新上台回到南京，立刻召集戴笠、郑介民等人开会，劈头就问：“组织问题研究过没有？”

郑介民等人忙回答：“研究过了。”

蒋介石决定：“组织的名称叫中华复兴社。”

蒋介石立即着手筹备成立类似墨索里尼黑衫党的特务组织“复兴社”。

在整个“复兴社”组织机构的安排中，蒋介石最重视的是特务处，它实际上是复兴社的核心。但在特务处处长的人事安排上，却颇费了一番苦心和周折。

听说要成立复兴社，各方面人士纷纷活动起来，共向蒋介石保举了5个人——邓文仪、康泽、桂永清、郑介民、戴笠。

戴笠由胡宗南推荐，虽名列其中，但是因为资历太浅，多数人都持不赞成态度。

这五人当中，呼声最高的是邓文仪。他自从出任蒋介石的侍从秘书后，拥蒋反共几乎到了发狂的地步，备受蒋介石的信任。为了着重研究和筹备成立反共间谍组织，邓文仪曾积极向蒋介石献策，于“南昌行营”、“豫鄂皖三省剿匪总司令部”及“保安行营”分别设立调查科等谍报机构，在各“剿共”部队及湘、鄂、赣、豫、皖等“剿共”省份的保安处，都分别派驻间谍，以南昌行营的调查科为总机关，进行了很有成效的反共军事谍报和间谍活动。现在邓文仪又以侍从秘书之职兼南昌行营调查科长，调查科又是比“复兴社”特务处成立更早的一个特务机构。邓文仪虽然不是浙江籍黄埔学生，却是蒋介石的侍从中历时最久也最被蒋介石信赖的一个人。这样看来，邓文仪似乎是特务处长的最佳人选，而邓文仪也自忖特务处长已经是自己的囊中之物，已开始在心目中物色他自己的组织人选了。

但是，蒋介石再三考虑，觉得邓文仪还是不合适。因为特务处主要搞暗杀等活动，邓文仪只是一个耍笔杆子的。更重要的是邓文仪不是浙江人，因此蒋介石觉得不能重用。他的用人原则是一定要是亲信、故旧、学生皆可重用，但是极要害部门，必须要由亲信、故旧、学生中的浙江人占据，交给其他地域出生的人，他是信不过的。邓文仪、康泽、桂永清、郑介民显然都是他的亲信学生，是黄埔军的老大哥、佼佼者。但邓文仪是湖南人，康泽是四川人，郑介民是海南人，非浙江籍的亲信学生出任特务处长，蒋介石认为是不可行的。于是，蒋介石就把心思用在戴笠的身上了。

蒋介石认为，戴笠在黄埔军中资历虽浅，却正对自己是一种好处。这样，戴笠在政治上就难以形成一股新的势力，将来对自己构不成威胁。戴笠除了效忠自己之外几乎别无出路。同时，很有政治谋略的蒋介石认为特务机构的权力很大，但其地位不能太高，这样可以随时给予抑制，防止反客为主。特务工作在本质上是一个恶性的工作，担任这项工作的人不但要极为忠诚、驯服、易于驾驭，而且要具备残忍、卑劣、冷酷、冒险、欺诈、下流等多种品质和手段，对特工活动要具有非凡的悟性，对“领袖”的心理要善于领会，执行特工任务还要具有主动性和攻击性……

蒋介石通过近几年的实践，认为戴笠在这些方面体现得最为突出。

为此，蒋介石特意派人去调查了戴笠过去的历史。

戴雨农，名叫戴笠，原名春风，早年丧父，在母亲蓝月喜的拉扯下成人。他曾抱着“立功边塞，显亲扬名”的愿望加入浙一师。在那个动乱的年代，除了这一条路，还有什么办法出人头地呢？但不久，他参加

的队伍被打散了，他的希望破灭了，只好又狼狈地回到家乡。然而他不堪白眼，更不堪寂寞，于是毅然地离开了家乡去寻找发迹的机会。他先是在沪杭一带流浪，结识了“斧头帮”帮主王亚樵，还有胡宗南。什么国民革命、北伐、东征，在他看来都没有什么意义，不过他知道要想出人头地，他只有投身到这社会洪流中去，于是他离开了王亚樵，继续流浪。他对 1925 年有着说不出的感情，那一年孙中山在北京逝世，国民党因此失去了重心，各派政治力量开始重新组合，一片混乱，“良禽择木而栖，良臣择主而事”，谁是贤主呢？他在这个时候才切实感到国家、政治对个人荣辱沉浮是息息相关的！就在这迷惘时刻，大小报纸上纷纷登出关于蒋介石的新闻，他看着“蒋介石其犹龙乎”的大红标题，似乎于迷茫黑夜中看见了一点时隐时现的亮光，于是毅然南下广州，进了黄埔军校。

他在黄埔军校六期骑兵科时就喜欢经常打同学的小报告，这应该算是他最早的情报工作吧。他当时将同学的一举一动都汇报给蒋校长随从副官、专门负责情报工作的军校监察干部胡靖南，很得信任。在胡靖南的授意下，不顾生活的艰难，拼死为蒋介石搞情报，虽备遭凌辱与讥讽，但终于在蒋介石心中占有了一席之地，不久就被任命为上尉参谋。他将这当作“出人头地”的开始，他认准了蒋校长，知道蒋介石可以给他富贵，对蒋介石死心塌地。蒋校长的每一次接见，每一句鼓励的话，都让他平添无穷动力，“为校长上刀山，下火海！”他确信自己没有选错主子，蒋校长确实是他的“知己”。

1930 年，他建立了国民党第一个特务组织调查通讯小组，深得蒋介石宠信。

在戴笠的经历中，有一件事让蒋介石下定决心要选择戴笠做特务处处长。

有一年将近年关时，戴笠由于请好友胡宗南逛窑子花了一大笔钱，所以除去路费，他回家时几乎无法给老母和久别的妻子买一件礼物。

这时，徐老板的侄儿徐缙璜路过杭州，也要赶回江山去过年，便邀戴笠同行。这正中了没钱而准备路上傍碗饭吃的戴笠的意，于是他俩一道由南星桥码头乘船，沿钱塘江逆流而上。

然而，当船行到第一大站富阳码头时，戴笠忽然把铺盖卷儿交给徐缙璜，托他带回江山家中，说："我有件送给母亲的礼物忘在杭州徐老板家了，必须返回一趟。"

徐缙璜信以为真，只好把戴笠送上岸，他独自回江山。

其实，戴笠根本没有什么礼物忘在杭州。原来，他上船之后，看到那滚滚而去的江水，想到离家愈来愈近，心情便愈加沉重起来。这近一年，母亲在家辛辛苦苦管理竹林、田地，妻子代他侍奉母亲，抚养孩子，听说弟弟因未考上高小，已被母亲送到江山县一家南货店当学徒去了。而他身为长子，上不能孝敬母亲，下不能养育妻儿，也未曾照料兄弟，上学又被学校开除，浪荡这几个月也仅能糊口，这叫他如何回去面对老母、妻儿？他越想心里越不是滋味，他平日天不怕地不怕，此时却没有勇气再往前走一步了。所以，船一靠富阳码头，他立即找借口脱身，并于当天又返回了杭州。

在路上，他打定主意，无论如何要设法弄到些钱，买些东西送给母亲和妻儿。他在外面可以能屈能伸，但在母亲、特别是新婚仅一年多的妻子面前，他一定向她们提供些金钱、衣料和年货，才不至于让自己丢人现眼。思前想后，他决定巧妙地让徐老板替自己出钱。

戴笠大模大样地走进徐记柴店，当时徐老板一家正在吃晚饭，一见到戴笠突然出现在眼前，他们都惊诧地瞪大了眼睛："怎么？你不是和缙璜回江山啦?! 怎么又回来了！缙璜呢？"

戴笠立即装出十分沮丧的样子说："唉！别提了。缙璜在桐庐被人掏了腰包。现在被困在桐庐客店，让我回来找你帮忙。"他编这段谎话时，脸不变色心不跳，而且说得很流畅，像是真的一样。

朴实的徐老板信以为真，立即拿出 50 元钱交给戴笠，托他转送给自己的侄儿。

戴笠轻而易举地得到了这么多钱，打心里往外乐。

第二天一早，他便在街上为家人买了些衣料和年货，高高兴兴地回家过年去了。

了解到戴笠骗钱返乡的事情后，蒋介石不但不觉得他为人卑鄙，反而认为戴笠在关键时刻可以不顾情义，不择手段达到自己的目的，这是一个特工应该具备的品质，并且他骗钱的手段也颇为周全，说明他脑瓜子灵活，想问题非常周全。

基于这种评价，1932 年 1 月 23 日，蒋介石给戴笠发去电报，召他立即赶回南京。1 月 26 日晚，蒋介石在中山陵官邸召见了从北平匆匆而归的戴笠，蒋介石告诉他：“虽然各方面一共保举了 5 个人，但我认为你是特务处处长的最合适人选，你要担负起这个重任，主持成立复兴社特务处，并做好工作。”

听到蒋介石的任命，戴笠心中异常兴奋。

但绝顶聪明的戴笠心想，黄埔系中一定有不少人反对我当特务处长。他们定会在老头子面前说自己的坏话，如果老头子改变了主意，难保不久不收回这个任命。看来，我得再进一步让老头子坚定对我的信任。于是，戴笠断然回答：“报告校长，我不能做这个工作。”

“为什么？”蒋介石愕然问道。

戴笠回答：“很多人都是我的老大哥，由我做这件工作，必定会有不少人反对。”

蒋介石说：“一切有我，你不必顾虑，重要的是你有没有决心做好的问题。”

戴笠见蒋介石果然中计，自己的目的已经达到，于是抖擞精神说：“报告校长，就黄埔的关系讲，你是校长，就革命的关系说，你是领袖，我当然只有绝对服从命令，尽我的能力了。”

蒋介石微微点头，亲自将一份手令交给戴笠。

戴笠接过手令，一看即立正挺胸，激动地表示：“感谢校长信任。从今天受命之日起，我的这个头就拿下了。”

“此话怎讲？”蒋介石一听大吃一惊，睁大眼睛问道。

戴笠一挺胸脯，义无反顾地说：“这是我的决心，我如果工作做得好，我的头一定会被敌人杀掉，如果做得不好，当然要被领袖杀掉。”

蒋介石听到戴笠的解说，认为自己确实得到了一只最忠实的鹰犬，内心里喜不自胜。

“戴笠”，蒋介石说道，“我早就知道你对我是最忠实的学生，所以，我也是最信得过你的。要不然，那特务处处长我为什么不叫别人当，而偏偏叫你来当呢！你放心吧，我心里有数，努力做好工作吧。

“是！”戴笠一挺胸道，“学生绝不会辜负校长的厚望！”

1932 年 3 月 8 日，南京宫殿式的励志礼堂。“复兴社”在这里举行成立大会，卫兵们荷枪实弹，庄严肃穆中透露出一股股的杀气。

蒋介石在“励志社”召集所有经他批准参加复兴社这个特务组织的人开会。

郑介民早早地赶到会场，他看到贺衷寒、康泽、酆悌、桂永清、滕杰、周复、甘国熏、赵范生、杜心如、彭孟缉、戴笠、邓文仪等 40 人，都趾高气扬地陆续进场。

蒋介石来得也很早，他亲自把无关的人撵走后，紧闭大门后，才回到主席台来主持大会。

蒋介石庄严地宣布：“复兴社成立！”

台下掌声四起。

蒋介石接着开始训话：“本社当前的任务为安内以攘外，剿共以抗日。对肃清汉奸，诛除‘共谍’，严惩贪污，移风易俗，复兴民族，改善民生的工作，务须切实执行。如何团结革命青年、革命军人，组训干部，严密组织，严守秘密，健全自身，刻苦耐劳，任劳任怨，不惜牺牲，乃是每一个社员会员都要切实负责、身体力行的。国家兴亡，革命成败，贵在本社，希望大家都能力行三民主义，为巩固中国国民党、复兴中华民族，挽救国家危亡，改善人民生活作最大的努力，人人都要做无名英雄，奋勇牺牲，革命救国，一定可以在大家手里转危为安，转败为胜，希望大家精诚团结，互相合作，奋起直追，共赴事功。”

蒋介石对这个组织怎样这般重视呢？郑介民边听边想，是否要像他们理解的那样用复兴社来取代四面楚歌的国民党，用它来兴党兴国呢？没等他想出头绪，大会在蒋介石讲完话后进行选举。

复兴社选举结果，社长当然是蒋介石。另外选举贺衷寒、酆悌、滕杰、

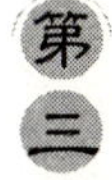

周复、康泽、桂永清、潘佑强、郑介民、邱开基等 9 人任复兴社中央干事会干事，另选中央监察 3 人，侯志明、赵范生、戴笠等三人为候补干事。

最后，蒋介石又宣布道："复兴社设四个处：组织处处长周复，宣传处处长康泽、训练处处长桂永清，特务处处长现在还没有合适的人选，我曾找康泽说，他说怕干不好。"

原来，为了压住其他黄埔生，蒋介石先后找康泽、桂永清各谈了一次，因为两人都有一些特务之才和经验，蒋介石分别与他们谈话，是为戴笠上任走形式。现在，康泽任宣传处处长，桂永清任训练处处长，倒也各得其所。

随即，蒋介石当众宣布："特务处处长由戴笠担任，郑介民当副处长。"

蒋介石一说完，会场上响起经久不息的掌声。

其实，几位太保都是黄埔一、二期的高材生，对于资历最浅的戴笠出任处长内心是极为不满意的。

蒋介石问："大家同意不同意？"

台下个个都唯唯诺诺地说："同意，同意。"

是啊，老头子的话谁敢不同意？大家都知道，社长蒋介石的权力是无限的、绝对的，大会的选举和决定，还要经过他的批准才算数。

其实，大家都不满意戴笠，特别是郑介民。论学历，郑介民是"黄埔"二期的，戴笠只是"黄埔"六期肄业的。论资历，郑介民文至省府委员，武至少将。郑介民是复兴社中央干事，戴笠只是候补干事。郑介民满腹经纶，戴笠只是一介勇夫。比今昔，比横竖，比文比武，戴笠也比不上郑介民。加上郑介民深知戴笠生性多疑，为人阴险，不易共事，因此，听到老头子的宣布，心里凉了半截，大为不悦。但他虽不服，又不敢有丝毫反对的表示，只好随大流说："同意。"

蒋介石扫了一眼众位太保，端起酒杯，说道："来，大家为复兴社干一杯！"

于是，一伙人端起酒杯，互相碰击。

这样，蒋介石腹中的法西斯胎儿，就在郑介民一帮人的推波助澜下，呱呱落地了。

郑介民无比激动，中央干事会是复兴社的权力核心啊。他步出会场，觉得南京的天更蓝、路更宽、城更美了，觉得自己也变得高大、结实和威风了。尽管春雨霏霏，潮湿阴冷，他心里却热乎乎的。

四、郑介民只好认命

特务处成立前夕，戴笠和郑介民在南京大宴宾客。

戴笠走在前面，显得兴高采烈，而郑介民心怀不服地跟在后面，不过是勉强应付场面。

在确定人事时，戴笠非常尊重郑介民，对他说："郑副处长如果有亲友，请招些来参加。"

郑介民淡淡地回答："没有合适的人选。"就推辞掉了。

过后，郑介民向康泽诉苦："我这个副处长，当着不舒服，辞又辞不掉，真是活受罪。"

康泽则面带神秘地向他透露说："在那次会议前，蒋校长叫我到里面房间去说，特务处的职务很重要，现在还没有适当的人选，接着对我说，你很相宜，你担任这个职务怎样？我赶忙答复，不相宜，性格不相宜。校长就改变了主意。"

郑介民听完，埋怨康泽说："如果你答应了，我就不会受这个窝囊气了。"郑介民仍然对屈居各方面都不如自己的戴笠手下，感到非常挂不住。

康泽微微点头说："你将来不应长期屈居在戴笠手下。"

郑介民恳求说："看来，我还是另谋出路为好，还请逸民兄助我一臂之力，向老头子保举保举。"

康泽爽快地答应道："愿为郑兄效劳。"

不久，郑介民听说，蒋介石对他的特务天才非常赏识，只不过他属于"留俄派"，不属于黄埔学生，所以未能百分之百信任。而戴笠因有复兴社前身的"十人团"支持和蒋介石对他的信任，才得以去主持特务处。而复兴社宣传家、"留俄派"的邓文仪等不甘心，联名保举郑介民，郑介民才得以出任特务处副处长，名曰襄赞，实为牵制戴笠。

郑介民对屈居戴笠之下觉得很没面子，所以很少到特务处去。

康泽真的把郑介民托他另外保荐之事放在心上，多次向蒋介石推荐他。中央军校西北训练班成立时，虽然远离江南，郑介民表示自己乐意去。于是，康泽便保举他担任主任，但蒋介石却不同意。

不久，康泽又保举郑介民担任政治部第二厅厅长，主管宣传文化，蒋介石也没有批准，还告诉康泽："郑介民做事无魄力，让他留在特务处，以后不要再保举他了。"

当蒋介石得知郑介民并不安心特务处的工作时，便亲自找他前去谈话说："特务处的工作至关重要，你要好好帮助戴笠把这项工作做好。"

经过康泽几次保荐自己失败的经历，郑介民已经知道蒋介石不会调他去干别的事，只好认命，他便拿"唯下人者能上人"来安慰自己，只好硬着头皮和戴笠相处下去，渐渐地也就安下心来。

郑介民在许多活动中竭力协助戴笠。为了能在特务处树立自己的耳目、帮手，他推荐了邢森洲、陈质平、吴遵宪、郭寿华等一批远亲近邻及同乡进去。郑介民平时忍耐克制，装得虚怀若谷，事无大小，必请示戴笠。

复兴社总部设在南京新街口明瓦廊，有一次，蒋介石拿出写着"攘外必先安内，安内必先剿匪"的纸条，对郑介民他们说："你们根据这个宣传。"

郑介民领会到这些宣传口号才是蒋介石组织复兴社的真正灵魂。他按蒋的意图，发挥当过报社编辑的优势，经常与以"黄埔"唯一政治理论家和指导者自居的贺衷寒及复兴社的另一位宣传家刘健群一起，积极撰写文章，在康泽办的《中国时报》等刊物上发表。宣传"需要就是真理，行动就是理论"等法西斯教条和"拥护唯一的领袖"的法西斯领袖论。

特务处总部另设在南京洪武北路鸡鹅巷，而不在明瓦廊的总社机关内，实际上完全直接地隶属于蒋介石。在戴笠和郑介民的把持下，畸形地发展着。

特务处有自己的组织，在他们的所有人中，不是复兴社分子的人更多。特务经费直接报给蒋介石核拨，其经费总额居然是复兴总社全部经费的10倍以上。

五、深入虎穴

1933年仲春，华北大地空气闷人，局势紧张，人心惶惶。看不到湿润的细雨，复苏的嫩叶，迎春的鲜花。

日军侵犯古北口的同时，对华北、平津虎视眈眈，不断挑衅。落伍军阀，失意政客，土匪流氓，狐假虎威，阴谋策反，成立华北自治国。

面对这混乱的局势，刚上任的何应钦，感到穷于应付，急电蒋介石求援。

蒋介石认识到必须加强对日的情报搜集工作，才能应对日益严峻的国内外局势。

于是，蒋介石命戴笠派骨干特务去北平，配合何应钦，监视日军的动向。

戴笠向蒋介石提出：“应该派特务处副处长郑介民先生兼任特务处华北特区区长一职，统一领导华北特工。”郑介民被派往北平兼任华北区区长，以军事委员会北平分会上校参谋名义作掩护，重新调整部署特务处在华北地区的工作。

“很好！”蒋介石同意。

当时郑介民正在南京办谍报训练班，培养国民党的谍报干部。该班学生近百人，来自全国各省，任薪闻记者职业的甚多。郑介民除了负责组织领导工作，还亲自讲授“敌情分析”。

一天，他穿着一袭蓝布长衫，戴一顶咖啡色礼帽，坐在一辆运货的卡车上，从住处来到训练班。

他身体健壮，精力充沛，眼神炯炯，声音洪亮，一上讲台便口若悬河，滔滔不绝。对日本军阀、中共红军以及蒋介石安内攘外的主张，都用事实、

数字、图表来比较、分析、综合研判，讲得十分详实。

学生梁绍洲听课后说：“听了郑副处长的课，国内外敌人的阴谋诡计，就像在照妖镜之下无所遁形。”

刚讲完课，戴笠派来的人已等在门口，把郑介民请去。

戴笠对郑介民说：“经过我的提议，蒋委员同意派你到华北任特区区长，你交代一下工作，就立即起程吧。”

“好！”国难当头，男儿大丈夫何不佩吴钩，虽然当时北平靠近前线，又常有日寇、匪特滋事，但中国人的良心驱使着，又在抗战呼声的感染下，郑介民欣然从命。他与戴笠商量后，将在南京特务训练班毕业的学生陈恭澍、江雄风、乔家才等一批精兵良将点名带去，匆匆北上。

这样，以蒋介石为最高领袖的“中华民族复兴社”，亦称“蓝衣社”，开始来到华北进行秘密活动。

到北平后，何应钦奉蒋介石的旨意，任郑介民为北平军分会上校参谋。

郑介民以北平军分会上校参谋名义作掩护，调整、整顿华北各地特务组织，建立起特务处华北特区，他亲任区长，坐镇北平指挥。

特区下的北平站和天津站，都扩大编制，成立行动组，在下面控制着许多行动员与情报员。

陈恭澍、王天木分别任北平和天津站站长，配合何应钦对日伪进行斗争。

后因工作需要，郑介民又把谍报训练班的赵斌成等人调去。

当时，郑的真正身份是秘密的。何应钦的北平军分会人员看到这位新来的参谋，拥有很大的权力，不断地与蒋介石、戴笠直接联系，给华北的特务做指示，并不受何的约束，都认为他是个有来头的人，刮目相看。

古北口战事一起，蒋介石急于要了解随时发生的情况，郑介民便带着一个特务小组和一部电台，亲赴这一地区进行情报活动：他在那里住了两三天，就把小组和电台留下，自己赶回北平。

在全国人民的推动下，驻守在古北口要塞的东北军和戴安澜等率领的二十五师一五四团等增援部队，在南城高山上与日军连续激战数天，打退了敌人的三次进攻，沉重地打击了进犯的日军。

古北口抗战

蒋介石为“布置抗日”，从江西赶到华北，但他到石家庄后，给请缨抗战的爱国将领下令：“侈言抗日者杀勿赦。”接着，又命令取消河北境义勇军、救国军等抗日组织。24日，他到达北平，下了“要以现有的兵力竭力抵抗，不能希望再增加援军”的命令。因而，长城各口虽不断告急，但一直没有得到一兵一弹的增援。3月上旬，古北口等要塞相继沦陷，日军占领了热河全境。

蒋介石受到触动，他怕日军再大举进攻。丢了一些江山可以，丢了整个江山，他的“皇帝”宝座也保不住了。蒋介石既不想和日军真打，又怕日军长驱直入。日军的企图如何呢？蒋介石在他的行宫焦虑得团团转，急于要了解古北口的情况，掌握日军的动向。

蒋介石和郑介民都明了，张家口至承德一带，峰岭凸起，形似堤坝。万里长城依山构筑，巍峨雄伟。古北口是沿长城一线的著名关隘，位于北平和承德之间的两地门户，历来为兵家必争之地。关口两侧山峰耸立，地势险要，易守难攻，与山海关、喜峰口等，是由东北进入华北平原的

必经之路，如果被侵占，等于通向华北的大门已打开。

古北口一带没有特务组织，特务处掌握这方面的材料很少。看到急需的日军兵力、部署及企图迟迟报不上来，蒋介石把戴笠叫来问，但也一问三不知。他气得七窍生烟，指着戴的鼻子大骂：“娘希匹，不懂得工作的轻重缓急，这个，这个，赶快把情况给我报上来！”

戴笠挨骂后，想叫正在北平的郑介民亲自去了解，但古北口战火刚熄，日寇正在疯狂地屠杀，在这个时期去侦察，无疑是拔虎须、入狼窝。郑无论在资历、声望等方面都比自己高，老蒋叫他当我副手，无非是要郑来扶助和监督我的。叫他去干这样危险的事，他会买帐吗？如把命令顶回来，那是很难堪的。虽在犹豫中，但想起蒋催得紧，骂得凶，还是急电郑介民，请他立即亲自去布置了解古北口的日军情报，向蒋介石报告。

一天，郑介民和陈恭澍、王天木等幕僚们正在北平军委会议论日军会不会再乘胜攻打华北的问题时，一个特务给他们讲从古北口逃出的难民和伤兵中得悉的日军暴行。

有个惊魂未散的难民说：“日军头戴大钢盔，脚着长筒靴，手持上了刺刀的‘三八盖’，把抓到的俘虏，不是用机枪扫射就是活埋。平民百姓，男的用铁丝穿掌，一批一批地杀死。女的则轮奸，后用刺刀戳穿乳房和阴道。天昏地暗，惨不忍睹。”

有个腿被炸伤的伤兵告诉他们：“我被日寇的钢炮打伤后，逃躲在水塘里。看到一黑脸膛的日军。从年青媳妇们怀中抱走四个正在吮奶的婴儿，丢在地上，用穿着长筒靴的脚踩死。随着皮靴‘喳’的一声，婴儿脑浆四溢，肝肠流出。母亲们大声嚎哭，昏倒过去。一群日本兵围上来，像野兽般把她们轮奸了。”

听到这些，郑介民咬牙切齿地大骂：“日寇是狗娘养的乌龟王八蛋！”而他的幕僚，有的则被吓得毛骨悚然，讲不出话来。

郑不愿再听下去，觉得太刺激神经。当他要转身离去时，报务员匆匆赶来，“郑上校，南京急电。”他接过来看，是戴笠拍来的，说蒋急着要了解古北口日军的情况，请他亲自去布置收集。

当时，柯漱芳生二女儿冰心后，又怀老三了，妻子常叫郑多留在她身边。郑介民赴北平，柯漱芳知道他这一趟的危险，就又天天求佛，口中祷告："求佛慈悲，投佛怀胎，保佑吾夫，平安去归……"不久就写信到北平催他尽快回来，说有不少大官要员已转移资财，安排老幼到南方。

郑介民刚收到她的来信，正想找借口回南京一趟，而戴却要他到古北口去。照顾不了妻室儿女倒不算，简直是送肉上砧，白去送死的。郑介民顿时火冒了上来："就他精，老吃赤的，叫人吃白的（海南方言：瘦的肉、肥的肉），应赤的搭骨头，白的搭肠头。"用海南话把戴痛骂了一通，伸手要把电报撕掉。

但遇事三思而后行的他，来回踱了几趟后又想到，古北口的情报是老蒋亲自要的，军令如山倒。搞不好，心毒手狠的戴笠会挟天子以令诸侯，以抗君问罪啊。张学良是蒋的结拜兄弟，一人之下，万人之上，弃了东北得了个"不抵抗将军"的罪名不算，还不得不弃官出洋呢。

郑介民又想到，日寇暴行累累，抗战呼声正高，此时我要到古北口去，不是既为抗战出力，又可得到执行领袖的令，赴汤蹈火，死不足惜的好印象，还可以得到他人对我为民族出生入死的赞颂。

于是，他立即决定成立了一个小组，挑选人员，带着电台，化装后由他亲自率领，赶到尸横血腥的古北口。

在古北口隐蔽下来后，郑介民便与助手们分头四处里蒐集情报。一天，他刚出门不久，日本宪兵发觉他形迹可疑，便追捕他。郑介民一边跑，一边将事先准备好的"化装品"拿出，在脸上贴上胡子，换上老人衣服，面孔及外型都化装成为一个老头子，钻进一个茶店，安定自如地边喝茶边看报。日本宪兵进来后找不到他们追捕的人只好离去。郑介民虽摆脱了敌人的追捕，但可把他吓坏了，他不再亲自出面，躲避了两三天，只叫部下到外面活动。在搜集了一些情报后，他给小组人员交代说："你们要为了党国的利益，继续隐蔽下来了解情况。我要立即赶回去向南京报告。"

然后郑介民只身潜回南京，向蒋介石汇报了日军的兵力、部署、企图等。这回，他不像在武汉瓦解桂系后那样谦虚了，而是不加掩盖地摆功劳说；"这些情报都是我亲自了解到的。"

正在焦急地等待古北口情况好做决策的蒋介石，得到郑介民提供的情报，非常高兴，把他赞扬了一番。

戴笠如释重负。

郑介民同祝贺他的陈恭澍等人说："此行是我的得意之作。"他认为，这个政治赌注又押准了。

古北口战斗中，戴安澜率部与日寇顽强激战，打退敌人的多次进攻，光荣负伤。战后，他获得了国民政府颁发的五等云麾勋章，成了举国瞩目的英雄。

郑介民得知，以亲赴古北口为荣，自我吹嘘道："我是临危受命，参加古北口的抗日战役。"

不了解情况的人也信以为真，说："那战役打得很壮烈，请给我们讲一讲。"

他便把听到的，逢场作戏地说一通。

蒋介石从郑介民提供的情报中，分析了日军的企图后，决定了对日继续采取妥协政策。他做了布置后，在4月4日又赴赣督剿红军去了。

由于蒋介石坚持剿共和对日妥协，长城各隘口相继沦陷，通向华北、平津的大门被打开。日军先后占领了河北省东部密云、遵化、蓟县、玉田、唐山等县后，于1933年5月31日，由国民党政府的代表与日本关东军代表冈村宁茨签订了《塘沽协定》，实际上承认了日本对华北三省及热河的占领，等于授给日本侵占华北之特许状，为日军肢解华北，进驻平津铺平了道路。

郑介民对这些事情的经过一清二楚。他的古北口之行是功是过，自己是荣是耻，他闭口不说，但凭着"唯领袖意志为意志，唯领袖决心为决心"的他对蒋介石的"对共清剿，对日妥协"的政策是坚信不疑，坚定支持的。

从古北口回来不久，郑介民抽空告假返南京探望了妻子儿女。

1933年，国民党中常会决定，将北平故宫重要文物珍品南移，遭到

《塘沽协定》签字现场

北平民众的强烈反对，郑介民没有看过故宫，也想一饱眼福，便和郑挺锋陪着母亲、侄女，逛了故宫、颐和园、北海、雍和宫、天坛等名胜古迹。

从北平返回南京不久，郑介民赶回了北平。

六、戴笠亲赴北平

日寇攻占唐山、遵化、密云，进迫平津后，平津表面为蒋介石控制，暗地里日本却操纵张敬尧等汉奸军阀政客不断活动，华北的局势日趋紧张。

1932 年 12 月，戴笠已经在京、沪、杭、平、津、汉、港、穗、赣等地建立起特务组织，开始积极活动。

1933 年 4 月初，戴笠偕机要秘书毛万里及译电员一行数人，从南京赶到北平。

戴笠抵达北平后，先是他单独住在北京饭店，其他随员住在西城花园饭店。没多久，另在东城栖凤楼那条胡同里，租到一所两层楼带院子的住宅，又请了一名烧饭的大师傅，就此安顿下来，准备较长时间的停留。

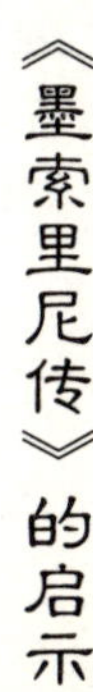

戴笠对于北平站的工作实况，用不着北平站站长陈恭澍向他文字报告，已经是了如指掌，他并没有责难之意，而寄望于北平站能够积极拓展工作。

当时，陈恭澍等北平站的特务们限于社会关系不够开阔，以及社会地位的低微，很多上层的路线根本攀附不上，他们虽然很想往好里做，可是又谈何容易，这是强求不到的。

戴笠当然能体会到这些，他之所以准备在北平长期停留，也大有亲自出马一显身手的意思。

这时，因华北局势吃紧，没落中的故都北平，顿时又成为军政重心，一时冠盖云集，热闹非常。至于军政首要们会商的是什么，像北平站这样微不足道的小单位根本感应不到。

何应钦

当戴笠抵达北平次日，天津站负责人郑士松（王天木的化名）立即奉召而来。他与戴笠原是老朋友，在特务处和第二处尚未成立之前，戴笠工作于侍从室时，已经是特务工作的搭档了。其时间可回溯到1928年。

戴笠等人的活动范围，相当广泛，可以伸展到社会各阶层。

戴笠即将离开北平返回南京前，由郑介民陪同前去晋见了何应钦代委员长，并分别到驻军前线去拜会第二师师长黄杰、第二十五师师长关麟征。

离开北平前一天，戴笠召集平津两站的特务们，在他租住的栖凤楼居所听他讲话。

这一天上午十时，到场的有郑介民、邢山、毛万里、王天木、杨英、戚南谱、自世维、王云孙及陈恭澍等。戴笠在他住所二楼的客厅里略加布置，刚好可以容纳十个人。当时也没有举行什么仪式，在尚未谈话之前，戴笠对在座的郑介民特别客气了几句，随后开始讲话。归纳起来可分为四点：

首先，他分析了当前的内外情势，并强调华北局势的严重性。

其次，指示北平站、天津站要加强工作部署，也就是多方开辟情报路线。

第三，提示上级主管的情报需求：不仅要搜集有关日本军事行动及其支持汉奸破坏活动等各种具体情报；还应特别注意共产党的政治意图。

最后，他要求每个特务自励自修，充实自己，增强工作能力，为肩负艰巨做好准备。

戴笠讲完之后，又很尊敬地请郑介民发表意见。

郑介民不便推辞，就照戴笠说过的话引申了几句。

戴笠又问王天木和陈恭澍，王天木没说什么，陈恭澍也没有什么。

讲话完毕，大家默默无言。

随后，就在戴笠那里用了便饭，也等于是一次临别的聚餐。

戴笠是搭火车走的，那时从北平到南京，并没有飞机，最便捷的交通工具，就是津浦铁路特别快的蓝钢车。所谓的蓝钢车，在外型上把车身漆成蓝色；在品质上比较坚固；行车速度快、准时、平稳而已。

郑介民和北平站、天津站的全体特务到火车站送行。

火车开动前片刻，戴笠忽然想起一件事，交代陈恭澍去办。

陈恭澍原以为什么特别要紧的事，还提高注意力听他吩咐。

戴笠说："我替人家买的那部车，请你暂时保管，不久就要运走。你千万不要开着玩，弄坏了就麻烦了。"

"原来如此！"陈恭澍听了心中实在不是滋味。

这是一部 1931 年的别克，八汽缸，敞篷，买来就是二手货，保养得不错，还有八成新，如果用来兜风，当然很帅。不过，这是小事。可是天下就有那么巧的事，想不到在不久的将来，这部车在平津站的工作上竟建立了头功。

七、“立即除掉张敬尧！”

不久，张敬尧这只失意军阀便暴露出了他狐狸的尾巴。

张敬尧根据日本特务机关提供的情报，亲自登门拜访了与他是同乡的国民党驻军团长王志信。

由于张敬尧是以老乡身份登门的，王志信热情招待了他。

“前辈光临，后生非常荣幸，以后还请前辈多多关照。”王志信谦逊地说着客套话。

“王团长不愧是一个优秀的军事人才，将来必定能成就一番大事业。”说着，张敬尧话锋一转，“像老弟你这样的人才，不应久居人下。我可以给你提供一个机会！”

“你跟着我干，我现在就任命你为‘平津第二集团军副总司令’，将来成立新政府时，我就让你统率全国军队！”张敬尧表白了此行的真正目的，最后还递过一张百万元的支票。

王团长犹豫了一会儿。最终还是将张敬尧递来的支票挡了回去。

王团长慨然说：“我可不愿做日本人的走狗！”

“什么走狗不走狗，只要有权有钱，为谁干不都一样？”张敬尧贼心不死，他见王团长不肯收钱，就说，“你再考虑几天吧！我静候佳音！”

送走张敬尧后，王志信坐立不安，他害怕自己受连累，立即将这一情况向何应钦作了报告。

何应钦得到消息后非常震惊，立即又向南京的蒋介石报告。

当蒋介石获悉张敬尧拜会北平驻军王团长，觉得这是一个非常重要的情况，很可能是想积蓄力量，准备暴乱。于是，蒋介石指示何应钦、戴笠密切注意张敬尧的新动向，随时上报。

在蒋介石的授意下，何应钦立即找到军统华北特派员郑介民：“你要迅速处理日本策动的暴动问题。不妨来个釜底抽薪，先将张敬尧和孙传芳秘密制裁，然后才能确保平津安全。”

1933 年 4 月 18 日，板垣征四郎密电关东军报告：“张敬尧预定 4 月 21 日发动政变，宋哲元同时响应。”并且要求关东军为援护张敬尧的行动，加紧南下进攻。

蒋介石得到了戴笠、郑介民关于张敬尧准备做日寇的内应，且活动越来越猖獗的情报。

如果张敬尧的阴谋得逞，对国民政府将是一个大威胁！

“娘稀屁，立即除掉张敬尧！”蒋介石非常愤怒。郑介民及何应钦的特工人员，了解到张敬尧的猖狂活动之后，多次给蒋介石做了报告，但蒋都没有下定除掉张的决心，只是自日军向华北逼进，落伍军阀、失意政客趁机作乱后，才指示戴笠和郑介民，指派特务在华北制裁了另外一些罪大恶极的汉奸。最近蒋介石又得到郑、何关于张敬尧准备做日寇的内应，且活动越来越猖狂的情报后，碍于当时平津地区岌岌可危的形势和不便于公开缉拿张敬尧，才下达指示给戴笠，要他迅速除掉张敬尧。

“如何除掉张敬尧？”

蒋介石略略沉默了一下指示说：“目前日军向华北进逼，并引诱策动一些下野军阀和失意政客发动叛乱暴乱，对我军的抗日为不利，因而必须及时制裁一些已经投敌或准备投敌的汉奸，这样才能稳定国民党在北平的统治。”关于如何处置张敬尧，蒋介石下令说：“鉴于平津地区目前的紧张形势，公开缉拿不仅容易出漏，弄不好或许反为日军提供了借口，因而采取暗杀是较为可行的措施。”

戴笠接到蒋介石命令后，立即电令时任特务处副处长兼华北特区区长的郑介民迅速从北平赶回南京总部，共同研究暗杀张敬尧的措施与方法。

1933 年 4 月底，郑介民一跨入老虎桥鸡鹅巷 53 号的特务处门口，戴笠立即叫他到自己的办公室。

戴笠当面表扬了郑介民的古北口之行后，态度严肃，面带焦虑地传达了蒋介石的指令说：“总裁要迅速干掉张敬尧。”并给郑介民讲了张敬尧的所作所为。

郑介民到北平任华北特区区长后，暗中对敌特和汉奸活动情况做了了解。他知道，大部分汉奸与日本人的秘密联络处，设在日本驻天津领事馆内。为了掌握汉奸的确切情况，于是，抱着不入虎穴焉得虎子的勇气与决心，曾单枪匹马，秘密走访了一位对此有所了解的日本领事馆的工友，对他晓以大义，动以利害，除说服他提供全部汉奸名单外，并随时密报各汉奸的秘密活动，使华北奸踪悉入掌握。

鼎鼎大名的张敬尧，郑介民已有了解，并给蒋介石报告过，他听了戴笠的介绍，更清楚了张敬尧的过去和现在，领会了蒋介石要除掉张敬尧的迫切用意。

在北平已住了几个月的郑介民。先向戴笠介绍了张敬尧可能藏身的六国饭店的情况：“六国饭店坐落在东交民巷使馆区，设施讲究，豪华奢侈。由于是外国人开办经营，又处在中国军队不能进入的使馆区，因而，北平政局一有风吹草动。总有一些下台或被通缉的军政要员，将此作为逃避灾祸的世外桃源。即使在这里楼梯边摆把椅子坐一夜，也要交不少大洋。

“政治色彩很浓的六国饭店，引起了手下特务们的注意。得到报告后，职业的好奇心驱使着我专门去那里进行了一次观察。在熟悉道路的特务带领下，我们从东交民巷西口进去，过了御河桥，在十字路口的东南角见到了六国饭店宏大华美的楼宇。我走进酒店，在楼下转了一圈后，又上楼去看了一遍。

“我发现六国饭店是凹型建筑，东边和日本兵营毗邻。打开东客房外面的窗户，即可看到日军兵营四周的水泥岗楼，只要大喊一声，日军就能听到。更有甚者，该饭店内部的建筑也很独特。只要有两个人站在二楼的通天华盖处，楼上楼下的情况就一目了然。这些给暗杀张敬尧带来了很大的麻烦。”

郑介民和戴笠虽然也设想出几个方案，但仔细一推敲，觉得不行。

“派枪法好的兄弟白天混进去毙了他。”戴笠提出。

“张敬尧的人多不容易下手啊！”郑介民说。

“干脆绑架他。”戴笠又提出。

“这样太暴露，而且我们难以走脱，会引火烧身。”郑介民又认为。

“那你说怎么办？”戴笠不耐烦了。

“在夜间潜入进行暗杀。”郑介民建议道。

“谁晓得张当夜睡在哪个房间？张行伍出身，枪法极准，武功厉害，弄不好会赔了夫人又折兵。”戴笠立即提出问题。

“放毒药毒死他。现在新试制成功一种高效毒药，人吃了二三分钟就可毙命。”郑介民皱皱眉头又说。

“没有内应。毒药再灵也入不了张敬尧的嘴啊！”戴笠又提出异议。

最后，郑介民又回忆了一下六国饭店的地形。终于想出了一个暗杀张敬尧的计划。他对戴笠说：“由我化妆成回国做人参生意的南洋华侨巨商，住进六国饭店，先侦查张敬尧的活动规律，再指挥得力的兄弟去实施暗杀。雨农兄，你看怎样？我认为满有把握的。我是海南人，在马来西亚待过几年，除了能讲广东官话。还能说几句英语与马来土语。”

听了郑介民的设想，戴笠马上拍了板：“行，由郑兄化妆成华侨巨商再合适不过了。好主意！此事就拜托你了！”

郑介民忙说：“需要处长指导，支持。”

戴笠高兴极了，拍拍胸膛：“好办，祝郑兄又旗开得胜，马到成功，我在南京听佳音了。”

说完，他们跨出了已泡在里面几天的会议室，美美地晒了一阵暖和的春阳。

经过一番准备后，郑介民于 5 月初从南京赶回北平。

郑介民一回到北平，何应钦就把他召去，当面交代，要他 7 天内秘密剪除张敬尧。

郑介民不敢怠慢，也认为这是为国除害，为团体争光的大好机会。

于是立即给平津两站下达了全力以赴的命令，并做了具体安排。

接着，北平六国饭店来了一位体格魁梧、面孔黝黑的人，他打扮得西装笔挺，满身洋气头戴遮阳帽。他的随从带着十几个油光铮亮、沉甸甸的皮箱，气宇轩昂地住进了六国饭店，他们在饭店开了一个大房间。

他满口广东官话，夹杂着几句英语和马来土语，茶房和其他客人都以为他是华侨资本家，来北平做生意的。

饭店的茶房，看到住进这样一位南洋富商，献尽殷勤，争先恐后地帮他把皮箱抬进他包下的豪华房间。他们以为那里面装的都是金、银、美元或人参、燕窝。想着这位富商会多给他们一些小费。

原来，此人不是商人，他是国民党军事委员会特务处副处长郑介民。这次他亲自出马，是奉蒋介石和戴笠的命令，暗杀张敬尧。

郑介民感到气愤和好笑，心想，这些不要人格、国格的奴才，为了几个钱，在外国人、阔佬面前，什么丑相都演得出来。此时此地，只有郑介民知道，这十几个皮箱里，装的不是什么金银财宝，而都是石头和砖块。但沉着老练的他还是装得道貌岸然。因为干这样的事，不允许有任何蛛丝马迹的疏忽啊！

郑介民住进饭店后，除了打扮，举止也装得很像华侨富商。他出手大方，经常借机与茶房聊天，一支接一支地甩给他们名贵的“双环”、“骆驼”等名牌香烟。他们因而很乐意跟郑介民接触，听其使唤。

然而，郑介民却深居简出，很少接待客商。

郑介民住进饭店后，引起了张敬尧助手的注意。他发现这个西装革履、气度非凡的“南洋富商”出手非常大方，与茶房、侍从们很快就混熟了，这会不会另有所图呢？

张敬尧的这位助手为主子的安全着想。就提醒张敬尧多加注意，以防万一。

对于助手提供的这一情报，张敬尧没有想太多。一方面他观察到郑介民的气质、风度及语言都像地道的南洋富商，另一方面他觉得没有谁会发现他，因为他在六国饭店旅客登记册上写明自己是“商人常石谷”，

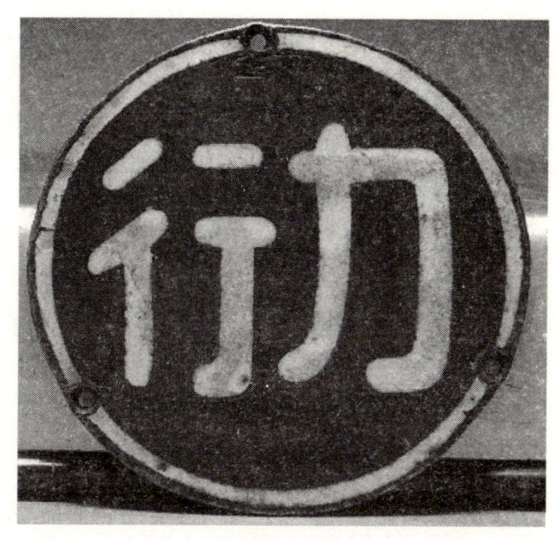

力行社徽标

谁会把“常石谷”与他张敬尧联系起来？

尽管抱着这些侥幸，但张敬尧对助手的劝告并不是无动于衷的。

虽然张敬尧口里说郑是华侨富商，出手大方是情理之中的事，但是在行动上，他变得更诡秘了。他白天秘密与各方汉奸接触，有时候还让亲信替他联系和接待；晚上则三番五次地调换房间，手枪更是从不离身，并派人暗中注意六国饭店出入的人。

郑介民到北平具有多重身份。在特务工作方面，他是北平站的顶头上司，因为他是军委会调查统计局派驻华北地区的特派员，管辖的区域包括察绥东北在内；同时也是力行社所属特务处的助理，地位仅次于戴笠。

除此双重身份之外，郑介民在参谋本部第三厅还另有职务，是穿武装制服，配带军阶的正式军职。

在秘密组织三民主义力行社方面，郑介民也是驻在华北的最高负责人。

在郑介民主持之下，有两位助理书记，一位是王任远，一位是齐庆斌。

郑介民在两个地方办公：一处在中南海附近的府右街，这就是军统局第二处特派员办事处，与北平站的工作有直接关系，协助郑介民处理日常事务的，还有一位邢山（森洲）。

另一处是在力行社。

自从郑介民来了之后，北平站与南京局本部之间的直接联络显著减少了，除了人事经费之外，有关工作指导以及情报处理等事项，都直接听命于郑介民，也就是说，在工作系统上，北平站的上面又多加了一个层次。

特务们对于郑介民的开明领导，个个都服服贴贴。

郑介民为人宽厚，待部属如子弟，相处久了，更会领略到那份真挚的情谊。

郑介民是广东文昌人，黄埔军校二期，留学俄国，对现代军事学素养很高，其后，尤其熟悉国际事务。在当时也是唯一对特务工作理论体系有研究的人。他非常谨慎，不搞清楚情报来源，就决不会实际应用。

第四章　一喜一愁

一、王天木想干什么？

由于事前毫无心理准备，突然接到刺杀前湖南督军张敬尧这样紧急的命令，陈恭澍和白世维顿时觉得茫然若失，大有手足无措之感。因为这个时期，北平站和天津站的特务组织工作还在初创阶段，一切都在摸索，试着起步。而且平津单位成立不久，规模尚小，时正全力从事于情报路线的部署与开拓。要立即着手刺杀汉奸军阀张敬尧，不但缺乏人手，还非常缺乏枪支、器材设备，更重要的是完全缺乏行动经验。

现在军令如山倒，事出仓卒。陈恭澍和白世维直觉得千头万绪，无处着手，又觉得像打鸭子上架。可是军令如山，自然只能是义无反顾，竭尽所能，勇往直前了。

不过，北平站规模不大，能够做的，就影响大局而言，在比例上非常有限，除了列为基本任务的“情报搜集”之外，又增列了一项“打入拉出”的工作。所谓“打入”是找门路、想办法，进入图谋不轨的叛乱组织；“拉出”是策动那些从事叛乱活动的人，改邪归正，迷途知返。

此一任务，由“北平站”站长陈恭澍交付戚南谱负责进行。

戚南谱的工作报告中提到，他是先从加入帮会着手。当时，军事委员会北平分会曾下达命令给辖区内所有的军、警、宪机关，实行严防宵

小滋事、取缔集会游行等警戒措施。

此时，天津站的负责人，化名郑士松的王天木，因为便于他女儿念书，全家搬到北平来住，因而“北平站”负责人陈恭澍和王天木接触的机会比以前多了。大家一熟，陈恭澍等人就改口称他为“王天木”。

王天木、陈恭澍和白世维三人送走了郑介民以后，大家沉默了一会，莳花馆里的含春、飞龙、艳春姑娘又都进来了。

王天木把含春带出去，咬了半天耳朵。

含春显然是表示坚决不肯，一时弄得僵住了。

王天木只好掏出两张 10 元钱的钞票，放在桌上。

这时，飞龙依然邀请王天木三人：“到我屋里去坐坐吧。”

王天木趁机站起来，想带陈恭澍和白世维转换一下环境，免得大家难堪。

王天木临出来时，抽出两张十块钱的钞票，放在桌子上。

含春叫娘姨们谢了，也跟着我们一块来到飞龙的房间。

飞龙屋里的气派，比起含春那里，可差得多了。

陈恭澍一肚子心事，巴不得立刻就走，连坐下来喝口茶都不耐烦了。

可是王天木却胸有成竹，他拉着陈恭澍让他坐下来说：“不要着急，我自有办法，你沉住气好了。”

王天木又转头对飞龙说：“我们想请你出去吃点东西，吃完了就送你回来，你看怎么样？”

别看飞龙说话软绵绵的，应对起来倒非常爽脆，她用北平话说：“好，上哪儿都跟您去，那又有什么，请各位稍微等我一会儿，跟我妈说一声，披一件斗篷立刻就来。”

王天木当着含春又怕她不好意思，只好敷衍说：“这都是为了撮合陈恭澍和飞龙姑娘，改日一定前来为您捧场。”

一旁的飞龙姑娘早羞得满脸通红，就随着王天木三人出去了。

这时候已经深夜十二点了，胡同外面路上还有一两家专做宵夜的江浙小馆子，仍然灯火明亮地开着门，显然还没有打烊。

王天木、陈恭澍、白世维和飞龙姑娘四个人便叫了点东西。其他三人都猜不透王天木打的到底是什么好主意。

二、房间到手

好不容易大家都吃完了，陈恭澍皱着眉头："东交民巷范围那么大，张敬尧能住在什么地方呢？"

王天木说："东交民巷只有两处最有可能：一处是日本使馆，张敬尧既然投靠了日本人，一定要寻求日本人的保护，有可能住在日本使馆。另一处是六国饭店。东交民巷六国饭店最豪华，或许张敬尧住进了六国饭店。另外一家公寓式的旅馆，我想他不会去。"

王天木又对陈恭澍说："老弟，事不宜迟，我想现在就去六国饭店一趟，万一能够开到房间的话，住一宿也许会发现一些迹象，你看如何？"

陈恭澍没有任何意见，他也提不出什么意见，如果叫他去开房间，连怎么样走进六国饭店的门，他都不知道，更谈不到去调查什么线索了。

接着，王天木进一步解释了他的做法，他说："不是大哥我没有出息，你也千万别在意，顶好是这位飞龙小姐委屈一下，能够大大方方地陪我去，你们想，这个时候一个单身男人不带行李去开房间，总会惹人起疑，如果是一男一女，那就好得太多了。"

说到这里，王天木又冲着飞龙说："刚才，含春不答应出来，我也没办法；现在，请你帮一次忙，也就是帮了恭澍老弟的忙。你就扮作我太太，怎么样？以后你会知道是件多么有阴功的事！"

"什么事？"

"陪我到六国饭店开个房间，然后就送你回来！"

"你不会又打上了我的主意吧？"飞龙姑娘偷眼看了看陈恭澍。

"哪里，哪里。"王天木说着指着陈恭澍对飞龙说："他是我老弟，你就是弟媳，你放心，我这个大哥绝不会做出对不起朋友的事，只要你跟我走一趟就行了。至于你们有什么规矩，你说怎么办，我就怎么做。"

飞龙姑娘看了看陈恭澍，犹豫了一会，脸红红地问陈恭澍："你说呢？"

“我的这位大哥是顶天立地的汉子。你尽管听他的话好了。”陈恭澍回道。

飞龙小姐看着陈恭澍，点了点头。接着说：“我可以答应你们，不过我要和我妈招呼一声。”

王天木对飞龙姑娘说：“我们先去东交民巷看看，如果开得到房间，再打电话也不迟，反正是总要送你回去的。”

时间已晚，不能再多耽搁，于是王天木就带着飞龙姑娘上车先走了。王天木扮成日本大仓株式会社的商人，飞龙小姐就扮作郑太太，陈恭澍将他们送到莳花馆门外，看着他们上了车，车子开动，渐渐消失在夜色中。

这样，王天木拖着莳花馆的飞龙小姐作幌子，前去六国饭店开房间。果然顺利地开到一个二楼朝南的房间，一点也没有引起嫌疑。

接着，王天木就打发司机送飞龙姑娘回去了。临行之际，王天木对她说：“过一半天，我们一定来捧场。”

陈恭澍则和白世维与王天木分手后，雇了辆洋车，回到了北长街十八号。

这样，郑介民利用自己会说马来西亚语这特殊条件化装成南洋富商住进六国饭店。

陈恭澍、白世维、王天木也紧跟其后，在二楼成功地开到了房间。他们分成两组，探寻张敬尧的踪迹。

三、真让人发愁!

陈恭澍和白世维坐在屋子里半晌谁都没有话说。

陈恭澍的内心十分焦虑。

自己缺乏刺杀的经验，以前虽然受过训练，但与真刀真枪实干的现实需要似乎还相差很远。

他不由回想起自己参加特务工作的以往经历。

1931年春天，黄埔军校校长蒋介石在南京香林寺官邸，分批召见陈恭澍等一百多名从各地归来的军校同学，进行个别谈话。

陆象山

自军校毕业以来，除了集体训话或列队点名之外，蒋介石在他的办公室内，单独和陈恭澍面对面地说话，这是第一次。这次谈话是由第一期同学曾扩情引见的。

蒋介石身着中山装，安详地坐在办公桌后面的椅子上，桌上摆着一份名册，他手上拿着一枝粗大的红蓝两色铅笔。

待陈恭澍迈着军步走到办公桌前立定，鞠躬行礼抬头注目时，他发现蒋介石双目炯炯有神，威仪凛凛，令人不敢逼视。

蒋介石首先问询了陈恭澍的省籍县份、父母存残、弟兄几人等家庭状况，边问边听，一面核对名册。

随后蒋介石又问到陈恭澍的工作兴趣。

陈恭澍大胆也是由衷地回答说：“部队中的军事工作已经生疏了，其他性质的工作都愿意学习。”陈恭澍以为这句话一定会惹蒋介石生气，但见蒋介石在名册上做了一个记号，并没有什么不愉之色。

这次召见，前后大约有三分钟。

过了三四天，陈恭澍接到了通知！在一百多人中，共圈定了十四个人，开班受训。陈恭澍是十四人中的最后一个。

曾国藩

这个小型的训练班定名为中央军校特别研究班，由军校政治部主任酆悌兼主任，沈遵晦任秘书。当时中央军校教育长张治中，似乎并不过问这件事。

这个训练班与一般的训练机构不同，第一，没有班址，因陋就简地在军校政治部一间办公室中，摆了几张单抽屉的长条桌，两个人合坐一条木板凳，就这么凑合了。第二，没有规定制服：着中山装、西装都可以，只要不着长杉短褂就行了。

因为不穿制服，所以也不进行军事化管理。此外，没有固定的作息时间表，也不必按时上下班，迟到或早退，并不曾受到干涉，可以说学校当局给予学生高度的自治。

他们学习的课程，是蒋介石亲自指定的几部书，如《陆象山全集》、《王阳明全集》、《曾文正公全集》、《戚继光治兵语录》、《三民主义的理论之体系》等，自行阅读后，必须将研读心得写成札记，汇齐后，每周一次，呈送蒋介石核阅，阅后发还，上面多有眉批。

对于这些博大精深的儒学书籍，这十四个人真能读得通的，连三分之一都没有。

在受训期间，有一项硬性规定：除星期例假外，中午一定要到军校的工字食堂集体会餐。工字食堂在当时是新式建筑，可容纳数百人，布置整齐，收拾干净，一排排的餐桌，横看是一条线，竖看也是一条线，位置井然有序。桌子上铺着白布，所用的餐具也一律是白色瓷器，如要苛求的话，也许只是缺了一瓶色彩缤纷的鲜花。因为它的建筑格式有如工字，所以称为工字食堂。

蒋介石在中午十二点零五分左右莅临，先由校值星官喊口令，全体起立、坐下，一声“开饭”，然后一齐用餐。虽然每个人都小心翼翼的不要发出声音，可是仍然免不了偶有餐具碰触的声响。

戚继光

进食时间，约十分钟，大家陆续放下碗筷，摆放整齐。原位坐正，挺起胸膛，恭聆蒋介石的精神讲话。

在蒋介石面前，有一张列有姓名的座位表，每当蒋介石讲话完毕后，偶尔也会点名指定某人回答问题。能够侃侃而言，对答如流的则并不多见。大家都担着一份心，唯恐点到自己当场出丑。当然，也有跃跃欲试、想出风头的人。

1931 年 6 月，开班后的第二个月，由先期的学哥发起，十四个人具名写了一份报告，呈请蒋介石准予恢复他们的党籍及学籍。因为那时这十四人以个别不同的原因，被注销了党籍及学籍。

最后蒋介石以毛笔批示：“准予恢复党籍及学籍”，签署“中正”。

这件批示，十四个人都保存了一张照相的副本。

十四个人中，以陈恭澍的年纪最小，期别也最低。

十四个人每月所领的生活津贴并不一样，是按期别高低发给的：第一期八十元，第二期七十元，递减至第五期只有四十元。其实，那个时候的四十元，单是光棍一个人不携家带小的话，应该是很够用了。

有家眷的，全住在外面，陈恭澍几个单身汉，则住在军校职员宿舍里，两个人分配到一间房。

陈恭澍和谢厥成住在一起。谢厥能歌善诵，文艺气质特别浓厚，指定的书他不读，一天到晚趴在桌子上写新诗。高兴起来，还要高声朗诵几句，当时被视为怪人一个。

受训到第四个月，有两位同学突然不见了，起初还以为请了事假，过几天就会回来的，殊不料一直过了两个月，全都结业离校了，也没有再见到他们。若干年后，才知道他们去上海完成了一件机密大事。

六个月训练期满后，正值“九一八”事变之后，蒋介石手谕，分发12个人向中央党部报到。

报到后，等待了许久，却不见下文，也没有一个人被分派工作。最后大家只好就此分手，各奔前程了。

陈恭澍和黄雍（剑秋）、张炎元（炳华）两位老大哥都没有带家眷，在花牌楼忠义巷一家楼上，分租到一间房子，原来就有家具。当时，黄雍、张炎元睡一张挂着蚊帐的大铁床，陈恭澍一个人晚上搭地铺，早晨再把铺盖收拾起来。

三人很少在一起，有时，也去买点鱼肉回来，在气炉上一烧，三人一起大嚼。

有一天下午，有个神秘的客人到访。

来客首先和黄雍、张炎元握手寒暄，接着又面带笑容地向陈恭澍伸出友谊的手。

黄雍连忙为陈恭澍和来客双方介绍说：“这位小老弟是五期同学陈恭澍，这位老大哥是六期同学戴笠、戴雨农。”五期的称“小老弟”，六期的称“老大哥”，这句介绍词让陈恭澍感到有点奇怪。

看上去，戴笠的年龄比陈恭澍大得多，浓眉大眼，隆准高颧，身材虽不高，显得很厚重、很结实，称得上相貌脱俗，气宇非凡。

四人聚在一起，天南海北谈论开来。四个人所操的虽然都是普通官话，黄雍是湖南平江人，张炎元是广东梅县人；来客戴笠是浙江江山人，乡音都太重，话却谈得十分投机，如果不是光线暗下来，大家还不觉得已经是日落西山。

黄雍提议，四人一同到外面去吃点东西，出了忠义巷不远，有一家本地小馆子，字号是盈丰酒楼，格局不大，只有一楼一底。点了几样菜，叫了一壶酒，吃下来不到两块钱，大家都认为还不错。

自此之后，戴笠时常来找三人，偶尔也同去看一场电影。

一天，三人正和房东太太打麻将，戴笠又来了，他看到陈恭澍总是输，便叫他站起来，替他打了几副，但看他摸牌的手法，并不像是熟手。

私下里，陈恭澍曾经问过黄雍、张炎元，戴笠是做什么工作的。

二人告诉陈恭澍，只知道戴笠住在校长官邸，并不明了所司何职。

陈恭澍又不解地追问："他既然在官邸任职，为什么这次校长下野回奉化，他不跟了去？"

黄雍、张炎元并没有正面回答，只含含糊糊地嗯了一声。

蔡廷锴

此后，四人相处得更熟了。

没过多久，蒋介石又回到了南京，戴笠和三人见面的次数越来越少了，每次来，停留的时间也缩短了。

当时，张炳华却显得忙碌异常，有时候甚至整夜都不回来，回来休息的时间也不充分，一转他又走了。陈恭澍猜，张炳华很可能参与了一项重要而又秘密的工作。

此时，正值日寇侵入上海，国

蒋光鼐

军奋勇抗战的“一·二八”事变。“九一八”事变后日本为了转移国际视线，并压迫南京国民政府屈服，日本侵略者于 1932 年初在上海不断寻衅挑起事端。1 月 28 日晚，突然向闸北的国民党第十九路军发起攻击，随后又进攻江湾和吴淞。十九路军在军长蔡廷锴、总指挥蒋光鼐的率领下，奋起抵抗。

基于时代的需要，受“九一八”事变及“一·二八”日本侵华的冲击，在蒋介石的直接领导下，国民党于 1932 年 3 月间，以黄埔军校同学为骨干的三民主义力行社遂应运而生。

由戴笠（雨农）负责主持的特务处就隶属于三民主义力行社。陈恭澍接受训练的中央军校特别研究班即为特务处开办，是为中华民国早期略具雏型的特务训练机构。

1932 年 9 月，也就是陈恭澍正接受训练期间，国民政府军事委员会设立调查统计局，任命戴笠为第二处处长。

论性质，三民主义力行社下的特务处，应是政治性的秘密组织，军统局所属的第二处，则是正式的政府机关。表面上虽是各有隶属关系的两个单位，但在实际上却系领导特务工作的一体两面。

不过，此时的陈恭澍并不了解这些。

每逢戴笠和三人相遇时，他都会提到 ：“有报告呈给校长，可以交给我转上去，比较方便。”

陈恭澍每次都回答说：“没什么请求，也没有什么条陈，不敢麻烦校长。”

陈恭澍这样回答，自己觉得非常得体。其实，他太木头了，戴笠所指的“报告”，并不如他想象的那么狭义，可惜他当时体会不到。

“一·二八”事件结束后，国民政府迁到了洛阳，蒋介石驻节徐州，戴笠则留在南京。

此后，陈恭澍受戴笠委托，送过一封密信。

经陈恭澍，戴雨农派陈恭澍的同学连良顺到福州建立工作站去了，这事当时陈恭澍并不知情，连良顺行前也没有向他告别。

1932 年 3 月，陈恭澍从忠义巷搬到了明瓦廊，只身住在小旅馆里。

此时黄雍已经被派到民广东或是香港。当他们惜别时，并没有说明去做什么。

而张炎元把妻子接过来，单住了。

明瓦廊离着三道高井很近，军校同学会就在三道高井这条街上。以此为轴心，附近一带的小旅馆里，住了不少军校同学，有的在等工作；有的在办登记，一时搅合得非常热闹。陈恭澍之所似搬到明瓦廊，既非找工作，也不是办登记，完全是戴笠的意思。

戴笠希望陈恭澍能够多留意同学们的动态，尤其是超乎常轨的非分活动。陈恭澍稀里糊涂地就干上了“情报工作。不过，这时戴笠未给陈恭澍任何待遇。也就是说，陈恭澍尚在客串实习阶段。

陈恭澍正在明瓦廊小旅馆里，闷着头一个人写稿子，来了一位素不相识的自称姓潘的人找他谈话。他也不征求陈恭澍的同意，就扯开话题，从家庭状况询问到思想教育，再就国家处境谈论到国际情势，他说的反而比陈恭澍回答还多，陈恭澍反复寻思，实在摸不清楚对方的用意何在。

这位不速之客临走时说：“过几天还有人会来找你再谈一次。”

这个人走后，陈恭澍越想越不对头，既然不明白他的来头，为什么竟会毫不勉强地回答他的问题？是慑于他那股不可抗拒的来势？还是早已意会到他是奉命而来的自己人？

过了两天，果然又有人找陈恭澍谈话，这次来的是和陈恭澍同期的易姓同学，只是很少来往罢了。他不再兜圈子，直截了当地说：“现在，

一个充满新生命的政治组织诞生了，可以说是大时代中的产物，竭诚拥护我们的校长为领袖，以军校同学为基干，力行三民主义，重振革命精神，复兴中华文化，牺牲个人利益，用钢铁的意志，有严明的纪律，服从组织决议，在校长英明领导之下，共同开创新局。”

他问陈恭澍：“像这样的组织，愿不愿意参加？”

陈恭澍心中暗想：“我正想纠集同志，搞这么一个组织，可是我人微言轻，根本不够条件，何况我也不敢公开倡议。”

刚想到这里，这位易姓同学又逼问道：“你是否还有什么考虑？”

于是，陈恭澍这才提出反问：“前几天和我谈话的那位潘同志，是否就是这个组织派来的？”

易姓同学告诉陈恭澍说：“是的，这是组织上吸收同志的一项手续，也可以解释为必经的过程。不过，像这样突如其来的访问，很容易使对方莫名其妙，甚至招致不必要的误会，似乎应该加以改善。”

谈到最后，陈恭澍天真地问他：“为什么会遴选到我？”

易姓同学笑着回答说：“想是有人推介吧！”

陈恭澍问：“能告诉我是谁吗？”

对方却笑而不答，在他临去之前，曾暗示陈恭澍：“这一关你又通过了。”

过了几天，陈恭澍接到通知，得知自己已被吸收为“革命军人同志会”的同志了。在当时的感受上，觉得能够成为一个秘密革命组织的一员，自然免不了有一份心理上的骄傲，因为他觉得自己已经成了革命阵营中的中坚分子了。

当时乃至稍后，陈恭澍尚不知道在“革命军人同志会”之上，还有一个核心组织——“三民主义力行社”。只了解到除了简称为“军会”的“革命军人同志会”之外，还有一个与“军会”平行的姊妹组织，简称为“青会”的“革命青年同志会”而已。

这意味着，陈恭澍已经被吸收进入第二层，不过，仍然是核心的“外围”。

入会后不久，大概也只有三五天光景，就被戴笠征召接受特工训练去了，所以并没有参加过“军会”的组织活动。

第五章　军统特工是怎么炼成的?

一、神秘的特工培训

1932 年春天，毫无春天的气息，倒像萧瑟的秋天。料峭的寒风时时送来零星的枪炮声。北方，东北军在和日军作战；南方，大大小小的军阀各据一方，混战不休。似乎那硝烟弥漫了整个天空，天宇一片灰暗。阴沉沉的天宇笼罩下的几乎是光秃秃的原野上，时而可见三五成群的急慌慌的逃难者的身影。所以这秋似的肃杀中又含着一丝慌乱、一丝躁动。

而此时的南京城在雾的笼罩下却显得异常静谧。实际上，北方、南方战争的消息每次传来，都要在市民中引起一阵不小的波动，但这波动恰如一枚石子在池塘中激起的涟漪，一圈圈荡开去，最后消失了，于是一切又归于平静。特别是在早晨，店铺的门大都闭着，街上不见行人，除了几声沉闷的狗吠，一切都静默着。

戴　笠

一天，郑介民身披大衣，头

戴礼帽，颇有绅士学者风度地出现在南京鸡鹅巷53号——这里是戴笠的寓所和工作中心。

当时，戴笠正与一伙人闲话古今，谈得正欢。他见郑介民进来，又敬又亲地站起和郑介民握手后，向在座的其他人介绍："这是郑介民先生，我的副处长。"接着，一一介绍了在座的人。郑介民从那里认识到了王晋宣、徐为彬、梁干乔、余度等人。

郑介民此行是奉蒋介石之命，前来与戴笠商量以参谋本部名义办一期特务训练班的要事的。

戴笠摒退了他人，同郑介民密议了很久才分手。

随后，戴笠找来陈恭澍，不作说明，也不加解释地提出要求："你在第四、五、六、七期军校同学中，物色30名同学，接受为期不算太长的特别训练。最好能在一周之内，提供一份附有简单人事资料的名单，给我备用。"

结果，陈恭澍只用了三天，就在三道高井、明瓦廊环绕着"军校毕业生调查课"这一带的小旅馆里，征到30位同学的同意。其中有知根知底的，也有不甚了解的，也有半信半疑的。不过，大多数都觉得这事很新鲜。

戴笠未加考虑就照单全收了。总数是30名，连陈恭澍也包括在内。

1932年3月的一天，一辆黄包车在大街疾奔而过，然后转入一个巷子，最后在一座房子前停了下来。这房子门前有一丛矮树，墙脚的一棵青藤爬上树和墙，一直蔓延到屋顶，透过稀疏的藤叶，可看到墙上斑驳脱落的痕迹，而那扇门却是新漆过的，门上的铜皙特别醒目，在门的右侧的墙上镶着一块长方形的牌子，上面的字由于风雨的侵蚀已有点模糊，不过还可辨认出是"鸡鹅巷53号"。

这房子虽旧，但在周围破旧房屋的衬托下却显得有点威严，或者说是神秘。坐在黄包车上的人下来，从怀里摸出一张纸币递给车夫，然后走到那门前，迟疑了一下，举起手扣打了一下门环。

那门马上就开了，一个头从门缝中伸出来看了看。然后将门打开，让外面的人进来，又关上门，对着客厅喊了一声 ：“陈先生到了 !”

一个 40 岁左右的中年人早迎出了客厅，连声说 ：“来来来，老弟，祝贺你 !”一边伸出粗短黝黑的右手，紧紧握住了陈先生的手。

那中年人浓眉大眼，隆准高颧，身材不高却极为结实，那张长长的马脸很有特色，说话时五官都在运动，鼻子抽动得特别厉害，似乎是患了慢性鼻炎，说起话来鼻音很重。

“多谢雨农兄的栽培！”陈先生随那人坐了下来。

“哪里，哪里 ! 雨农自跟随校长以来，出生入死，唯尽忠而已。校长此番委我以此等特殊任务，我等当誓死效力。你们此次参谋本部特务警员训练班任务艰巨，我希望你们以后会成为特务处的栋梁之才。”那人说到这里，抬起头看了看挂在正中墙上的一幅画像，然后接着说，“训练班班主任由参谋本部第二厅厅长申听禅兼任，不过我将亲自训练学员，一定要培养出大时代的特工精英，才不负校长的重托。恭澍老弟，我对你甚为信任，我打算让你担任班长，你要随时向我汇报这些人的情况，你可以写成便条，”说着将头转向站在旁边的起先给陈恭澍开门的人，“金南，每周一、三、五，你到训练班将恭澍弟写的便条取来。”

金南答应了一声 ：“是。”他看了看坐在沙发上仍有点拘谨的陈恭澍，说 ：“陈兄，戴长官对蒋校长可谓忠义两全，当年打张作霖，戴长官为报送情报，屁股都磨掉了一块肉，三天三夜没命地工作……”

陈恭澍称为雨农兄的人原来就是戴雨农。戴雨农打断了金南的话 ：“那有什么好讲的 ?”既而又叹道 ：“以前我一个人跑单干 ? 条件确实太差了 ! 恭澍，你们一定要利用好条件，好好训练，好为校长效力啊 !”

陈恭澍连连答应 ：“是，是 ! 还望雨农兄多多栽培。”

从戴笠住处出来，陈恭澍不想马上坐车，想自己走一走。此时街上的行人们很少，雾渐渐散了，天空仍是暗暗的，他却觉得比刚才明朗了许多。戴笠的一番话让他觉得信心无穷，虽然还有那么一点阴影没全除去。

这个组织到底是干什么的 ?

无论如何，他现在可以施展自己的抱负了，那无所事事、迷惘无措的生活是多么可怕啊！他本是黄埔五期步兵科学员，当初是豪情满怀，抱着“丈夫志四海”的大志弃笔从戎的，然而当他步出黄埔军校，只觉得一片茫然，国家政局混乱，党派纷争，何正何邪？谁主浮沉？原先的一腔热情顿时凉了许多。

他思考了多天，最后决定投奔蒋校长，报上不是也说“蒋介石其犹龙乎”吗？

他心中委实感谢寄信邀请他的一期老大哥曾扩情，更对蒋校长充满了敬意。从黄埔毕业好几年了，出头无路，报国无门，这次或许可如愿以偿了。他十分感激蒋校长的赏识，决心要大干一番。

果然三、四天后他就接到通知，到“中央军校特别研究班”受训。

培训班开始并没有班主任。开学前，教务组长郑介民曾经征求自己的好朋友复兴社宣传处处长康泽的意见：“你来当班主任好不好？”

作为复兴社宣传处处长，康泽显然不想插手特务处的事，他连连摆手说：“使不得，使不得。”

郑介民只好作罢。

当时，戴笠是总务组长，郑介民是教务组长，张炎元为助手，军校政治部主任酆悌任班主任，沈遵晦任秘书，只有 14 个人，却都是蒋介石的精英。

南京的三道高井，实际上是一排不成格局的旧式建筑，多是两层木板楼房，但排列得参差错落，给人以杂乱之感。长年的风吹雨打日晒，楼房板壁上斑斑驳驳地长着青藓，显得衰老而肮脏，和前面的碎砖煤渣铺的灰色街道倒很和谐。但在大门的左上头挂着一块崭新的木牌，破坏了这和谐，木牌上赫然写着“外国语言训练班”。实际上这就是“参谋本部特务警员训练班”，是戴笠培养特务骨干、党国栋梁的地方。

楼房错落之间有一块空地，紧挨着空地的是一间破旧的大屋子，屋子里整齐地摆着三行 15 张长条桌子和 15 条长板凳。这就是训练班的教室兼礼堂。

和礼堂紧挨着的就是饭厅，饭厅里七八张方桌，几条长凳零乱地摆在方桌之间。

教室西北方的两间矮房就是班本部办公室，办公室里摆着几个高低不等的长桌，桌上各铺着一块蓝中发白的桌布，没有门，只挂着一张门帘。

学员的宿舍在办公室的斜对面，宿舍里非常阴暗，走进去，潮气、霉昧、臭味混和着扑面而来。

陈恭澍刚踏进宿舍，一个大嗓门就嚷起来："老陈，快来！怎么在外面溜了这么长时间？不是说要严守纪律，不能离开院子吗？你个小白脸胆子倒不小！说！是不是泡妞去了？"这大嗓门名叫赵理君，和陈恭澍是黄埔同一期同学，去年他也跑来南京，和陈恭澍一起被蒋介石接见过，蒋介石下野后，赵理君跑得不知去向，戴笠要黄埔系同学组织训练班，不知怎么把赵理君找到的。赵理君是蒋介石同乡，浙江人氏，他长得牛高马大，大方脸上两条横肉不时地扭动，两只眼睛平时黯淡无光，有时候却闪现出邪淫的亮光。他没读过几天书，好勇斗狠，在家乡曾经横行一时，因为他那块头，那天不怕地不怕的气势，人见人怕。遇事总让他三分。至于他进黄埔、跑到南京，现在又加入训练班的目的，他直言不讳地说："有饭吃有觉睡就行，管那么多干什么？毕业几年，都闲出鸟来了，得找个事干啊。"当然还要有女人嫖，这一点，不知是他忘了还是不好直说，他没有提到。

和他一起来的好多人都有同感："对啊，总得干点什么。"所以条件虽然简陋，他们都不在乎，无门无窗潮湿阴暗的宿舍到底比当年在黄埔住的那种四面透风、抬头见天的竹棚子营房好多了，一日三餐虽不丰盛，但到底有保障，那无业无钱、每日三餐都成问题的日子真是不堪回首啊！

不过当政治指导员李士珍宣布纪律时，他们却大为不满了。当时他们正在吃饭，一个头戴礼帽身穿中山装的人走进饭厅，拍了一下手："同学们，静一下！鄙人名叫李士珍，是你们的政治指导员。"他清了一下嗓子，接着说，"既然是特训班，希望各位自觉遵守纪律。全体学员在受训期间，不得离开这个院子，不得请假外出，不得与外界通讯联系，写家信也不准。"

赵理君带头嚷起来，其他人也一起起哄："这不成监狱了吗？"

"不干了，我们走！"

李士珍眼一翻，大吼道："你们是受过训练的军人吗？这样规定是有原因的，过几天你们就会明白。"

赵理君光着上身从床上跳下来，狠狠地往地上吐了口浓痰："操！闲出鸟来了！真想快点出去，干！特务就特务，只要有吃有喝有女人就行！"他和陈恭澍是上下铺，两人时常聊天，赵理君经常讲起他横行乡里的风光，嫖女人的风流，所以他在陈恭澍面前不忌讳谈女人。

陈恭澍悄声说："明天就要举行开学典礼了，到时候校长要来。"

一提起校长，赵理君马上变老实了，他只和蒋校长面对面地谈过一次话，但就这一次使他觉得蒋校长非常厉害，是哪点让他有这种感觉的呢？他说不清，这次他和蒋校长只对看一秒钟，不，不到一秒钟，就在这一刹那，他觉得校长笑着的眼里闪过一丝寒光，他吓得马上收回目光。老赵天不怕地不怕，也许就怕老蒋。

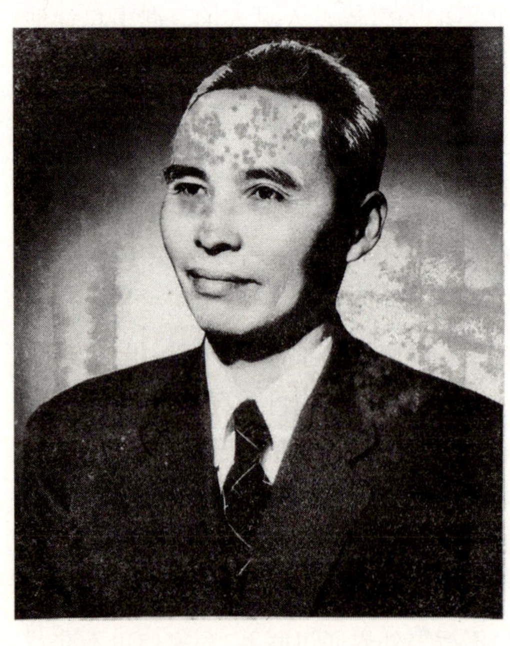

李士珍

第二天——1932 年 4 月 1 日天刚亮，指导员李士珍就吆喝起来："快起来！快吃饭！准备迎接校长！"

大学知道，特务训练班要在洪公祠对面楼上的教室里正式举行开学典礼。这天虽是初春，但天气阴冷，让人感到阵阵寒意。整个金陵城被灰蒙蒙的雨雾缠绕包裹。

一辆灰色的轿车在高低不平的煤渣铺的小巷道上颠簸着，几乎悄无声息地驶近三道高井，缓缓地停下来，在淡淡地还未散尽的雾的掩盖下，像幽灵一般。车门慢慢地打开，一个人从车上走下来，打开后面门，一个五短身材、长着一张长长的马脸的中年人先走下来，接着一个身着藏青色中山装的人走下车。那个长脸的人上前敲了下门，门马上就开了，一个头戴礼帽身穿中山装的人走出来，对穿藏青色中山装的人鞠了个躬，接着就把门外的人领进来，一直领到那个破旧的教室前。教室前墙上早挂上了孙中山的遗像，另一幅是蒋介石的肖像，很明显，那个穿藏青色中山装的人就是蒋介石。

学员早已整齐地排成两队，那个戴礼帽的人就是李士珍，他喊了一声："立正！"学员齐刷刷地收起脚。蒋介石一扫众人，走到孙中山和自己的画像前。

郑介民一早就来到了教室。出乎意料，如此恶劣的天气，军事委员会委员长、军校校长，国民党领袖蒋介石也冒雨来到了特训班。

陪侍蒋介石步入礼堂的，是训练班中的事务组主任戴笠，而不是班主任申听禅，也不是副主任王固盘，更不见"三民主义力行社"的书记或常干。

其他人军服便装都有，都止步于门外。

郑介民和戴笠都受宠若惊。此时此刻，他们及唐纵、邱开基等几个特务处头子和30名学员，身着藏青色中山服，面色凝重，双唇紧抿着，两眼闪烁着难以抑制的激动，严肃地举着右手，对着墙上的孙中山遗像和蒋介石肖像，跟着蒋介石宣誓：

"余誓以至诚，奉行三民主义，服从领袖命令，遵守团体纪律，尽忠职守，严守秘密。如违誓言，甘愿受最严厉处分。谨誓。宣誓人：某某某"。

宣誓完，戴笠即刻把全部誓词收集起来，当场就引火焚化了。

全场肃穆无声。

蒋介石扫视了一遍如柱子一般齐齐地立在那儿30名学员。他对戴笠办特训班的想法很欣赏。这30名学员都是他的学生，他下野前，他们都来南京拜见过他，都被安排在特别政治研究班中学习过。戴笠先让陈恭澍拟好30人名单，又把这30人一个个叫到鸡鹅巷53号谈过话，最后将名单交给他审查，他看后很满意。这30个人他都仔细研究过，他们的出

蒋介石和李士珍

身、背景他都有所了解，现在他们的名字他都能一一叫出来：赵理君、陈恭澍、赵世瑞、徐远举、何龙庆、陈善周、廖宗泽、田功云……

郑介民看着老蒋稳稳地坐到一张太师椅上，兴奋极了。他走到蒋跟前，请蒋做训示。

蒋介石笑眯眯地站起来，清了清嗓子说：“我知道，你们都是我的学生，是我们国家最优秀的干部……你们将是革命的先锋，革命的保障，现在许多人不了解特种工作的性质和它的重要。特务人员是国家民族的灵魂，领袖的耳目。特务工作，是一种日常的工作，要有坚韧不拔的精神，抱定不成功便成仁的决心，要做无名英雄，方可完成所负之任务……”

蒋介石话音刚落，学员们就按预先的安排，齐声喊道：“牺牲小我，保卫国家，保卫领袖，做无名英雄！”

戴笠站到前面，对着画像敬了礼，转过身来面对学员，带着浓重的鼻音说：“校长的话真是一字千金，我希望大家能铭记在心，作为行为准则。特训班意义重大，我希望你们刻苦训练，百炼成钢，不要辜负校长的教导！”

李士珍把课程表捧给戴笠，戴笠又恭敬地递给蒋介石。

蒋介石扫了一眼：“好！特工，就要成为全面人才，速记、绘画、驾驶、生化、侦察、特别是射击，要好好训练，要做到弹无虚发！”

戴笠恭敬地应了声：“是！”

郑介民在特务处成立时，就与戴笠等10来人已宣誓过，此时他想，今天校长亲临现场主持和训示，这才是特务处真正成立之时，于是待蒋介石讲完话，他激动地说：“校长的训示，应成为我们的灵魂，成为这个团体的行动准则。”

戴笠接着道：“我们特务处，以每年的4月1日作为成立纪念日，以示不忘校长对特务工作的指示。”

蒋介石点头赞同。

最后，学员们立正站好，目送李士珍将蒋介石、戴笠送到门口。

蒋介石、戴笠和卫兵上了车，小车慢慢地开动，颠簸着开上了街道，渐渐地消失在街尽头的薄雾中。

训练班的地址，就在三道高井军校毕业坐调查课的后进，出入必经三道高井的大门。班址面积不大，有一些不成格局的旧式建筑。一片高低不平的院落，辟为操场之用。在朝南的一堵边墙上，新开了一个小窄门。说它是个门，实在像个洞，仅容得矮小者一人低头通过而已。窄门以外，是一条只有数尺宽的小巷子，连人力车都不能走。

小巷子那边，相对又是一堵高墙，墙里面才是“洪公祠”。后来，军统局记录中的“洪公祠训练班”，源出于此。

训练班的正式名称，全衔是“参谋本部特务警员训练班”。班主任由当时参谋本部第二厅厅长申听禅兼任，副主任由首都警察厅厅长王固盘兼任。显然的正副主任全景挂名差事，实际上他们也很少露面。开课、结业或是蒋介石莅临时，他们到一到，应卯罢了。

班本部之下，分为三组，分组或分课，各言其是。

郑介民主管教务，戴笠以“事务”名义主持班务，李士珍主管训育兼任队长。

这就是我国特务训练的初级形态，因事在草创，只略具雏型而已。不过，全班上下，里里外外，都充满了神秘气氛。

“特务警员训练班”由“力行社”主办，从开训到结业的半年中，蒋介石都莅临多次。却不见“力行社”的高级干部中有一人到来。

训练班的设备，说简陋，还不如说寒伧。

班本部的办公室，设在两间矮房中，几张高低不等的办公桌上，都铺着一块蓝布。蓝布倒是新的，虽遮盖了斑驳的桌子面，可掩饰不掉破旧的桌子腿。桌子上摆着几样文具，此外还有一个响叮当的叫人铃。

房间的门都没有了，门口挂上一幅白门帘，风一吹，不住地摆动。

办公室斜对面的一排房子，就是学员宿舍。暗暗的，却又有门无窗。屋里的空气，也不甚流通，再加上黄霉天反潮，好一股冲鼻子的浊气。床分上下铺，薄木板拼成，睡上去就吱呀作响。翻个身都会吵得四邻不安。被褥、床单是自备的，五颜六色，各式各样皆有，如果严格的要求内务整洁，那就难了。

上课的教室就是大礼堂，所有的集会也都在此举行。讲台是木板搭成的，离地有一尺多高。上面有一张油黑发亮的桌子，算是最惹人注目的新对象了。后面架着一块旧黑板，说它是黑板，实际是深灰色的，往后，它的颜面还会淡下去。讲台面积不大，顶多也只能站十多个人，如果摆上椅子坐下来，容得六七把而已。讲台左右各有一间木板搭的小耳房，作为储备书籍、讲义以及实验物品之用。同时也是备供教官们略事休息之所。

教室里，整整齐齐摆了 15 张长条桌子，排列成三行，两个人共坐一条长板凳，恰好容纳 30 人。教室、礼堂和集会，多种用途的大厅，光秃秃的什么点缀都没有，只有开学的那几天，在周围的墙壁上贴上了一些花花绿绿的标语。

饭厅与教室只有一墙之隔，七八张方桌，桌旁摆着长板凳。每日三餐，照例早上馒头、稀饭，中午和晚上吃饭。规定六个人一桌，供给四菜一汤。教职员一齐用膳，伙食完全一样。

说到伙食的好坏，裹腹而已，可是从来都没人计较过。

盥洗沐浴，设在饭厅旁边的一个不显眼的角落里。露天，一无遮盖，前后几扇木板，聊作掩体。搪瓷脸盆大木桶，可任意取水冲洗。水沟排水声潺潺，又何尝不是一景？

最不好受的日子，是夏日里酷热难熬，下场雨，屋子又漏了。

队长李士珍施行严格的军事管理。他不仅负责，而且尽心尽力，全天 24 小时，几乎不眠不休地都投入了他的职守。

训练期间，所有的星期例假，一概取消，不但不许外出，就连打一个电话出去都不行。

换句话说，是隔绝了与外界的一切关系。所以，在这半年中，除非因课程实习，大家列队出入外，根本就没有单独一个人走出过那扇像洞似的窄门。

早晚两次集合，都由李士珍队长亲自点名，六个月如一日，一点都不马虎。尤其是晚上点名后那一顿训话，既冗又长，令人不耐烦。

上课时，李士珍差不多每一堂都陪着一齐进教室，一直等到教官开讲后，他才离开，可是转眼之间，发现他又站在那里了。学员们都嫌他有点啰嗦，不过，大体上都还对他尊敬，而事实上，他的确是个好队长。

李士珍也是军校同学，在日本学过高等警察，在班上，他也兼了一门课，就叫高等警察。

戴笠与李士珍是“黄埔”同学，同是浙江人，同是复兴社的骨干，但水火不能相容。

李士珍是蒋介石的得意门生。蒋介石曾经保送他赴日、德、意、美、法等国考察过，指定由他掌握监督复兴社各级特务组织的大权，任复兴社检查书记。

戴笠处处受到李士珍的约束。

当戴笠单独建立起特务系统后，直接隶属于蒋介石，地位大大超过了李士珍。李士珍开始心有不甘，老想争上风。于是，戴笠和李士珍的冲突便逐渐白热化。首先，戴笠利用刘健群和颇为蒋介石信任的酆悌的关系，在复兴社中排挤李士珍。

郑介民开始虽然骂他们是同室操戈，不顾大体。后来，郑介民改变了态度。他认为官场中的尔虞我诈古今有之，如果能够把李士珍挤下去，说不定自己还可以补上空缺。因而开始积极配合戴笠。

这样，戴笠和郑介民最终联手把李士珍从检查书记的位置上排挤了下来。

因郑介民帮助自己有功，戴笠便积极向蒋介石推荐郑介民出任复兴社检查书记，郑介民如愿以偿地担任了特务系统中最使人畏惧的检查书记之职。

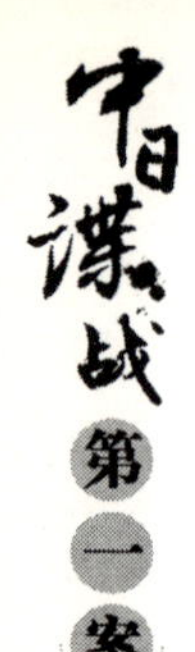

当时，主管教务的郑介民，费尽苦心。除了负责对特务训练射击、暗杀、谍报等技术外，还特别重视灌输法西斯思想，灌输蒋介石的“攘外必先安内”的理论。这期训练的学生结业后，都成为特务处的骨干。

当时最大的难处，就是师资难求。像这种训练，事在首创，并无前例，究竟要排那些课目？需要那些教材？到哪里去敦聘教官？谁堪胜任？一时都难以得到满意的答案，除了摸索着进行外，谁也拿不出好办法来。

后来，一份杂志上说：“综合采取中、日、德、俄、英、美之精选教材、教官，施以情报业务训练”那些话，不过是溢美之言。

当时的教程：最基本的是政治课程，其中包括党义、政治理论、国际问题等。

速记——选用“张才速记法”，由张才的传人担任，教得好，最难学。

速绘——来上课的是梁氏兄弟。梁鼎铭曾带学员们到他的“香谷寺画室”去参视他的大幅油画。

摄影——包括照相机的使用，及暗房显影等，教的人都是名家。

驾驶——分汽车驾驶、机车驾驶，都实习过，受时间限制，除少数几个人外，大都没有学会，教官是第一期的周启邦。

爆破——大家都有点基础，此番等于复习，花样也多了，学员们最有兴趣的，是自制爆破罐。崩一声，好开心，也很好玩。

射击——包括各式枪支的分解与装配。实弹射击则不如在学校里打靶那么认真，似乎都存着好玩的心理，谁也料不到将来有一天真会用得上。

讯鸽——学员们把这门课叫做“养鸽子”，由黄姓教官讲述，并表演通信传递等项目。

生化——主要的是在讲解药性，类如麻醉、兴奋、窒息等。一次，用兔子做试验，谁晓得这只兔子命大，一针打下去，跳了半天，竟而不死，弄得教官好窘。

属于学术性的课目和教官大致如下：

军事情报学——由郑介民主讲，后来他出版了这部著名的《军事情报学》。

侦察法——由第二厅的主管任教，其内容多是参考第一次世界大战中，公开发表过的事例所编辑的。那时已经显得相当陈旧了。

通信法——其中包括电讯、密码、密写、密语等。作了几次实习，点到就是。因为多属于专门技术，短期训练，也只好如此。

情报搜集——有理论有实习，从得到消息至提出报告，都要通晓。

行动破坏——偏重理论。

武装斗争与群众暴动——由叶道信自编讲义，讲得非常好，曾受到全班同学一致的称赞。

秘密结社——讲解三点会、哥老会、青帮、红（洪）帮的源流。其实，帮会活动日渐式微，有点了解就够了。

切卡工作——一本由俄文翻译过来的小册子，讲苏俄的特务工作。

高等警察——由李士珍主讲，他讲得条理分明。

课程和教员不止以上。每一位教官都有高度的热忱，迟到缺课的情形绝无仅有，解答问题也不厌其详。

不愿意听的也要听，学不会的也只好勉为其难。

六个月学了那么多课程，根本无法做到门门精通。不过，每一个受训的学员，倒是建立了一个特务工作的概念，

所有学员都盼望着早日能一试身手。

最初是陈恭澍物色到的这30名同学，于是，他就成了“领班”。带领全班同学进入教室，列队站在排头，还是全体同学公推的班长。早晚两次点名，向队长报告人数，每逢上课教官来喊起立坐下。

陈恭澍坐在最接近讲台的一张桌子，也是一进教室第一眼就看到的地方，想偷懒都不成。

临开训的前几天，戴笠嘱咐陈恭澍，必须切切实实在受训期间的头三个月，把每一个同学的思想、言论和一切该当注意的有关事项，写成记录，秘密地提供给他参考，而且不能被其他同学知道。当时约定，他会指派和他相识的副官贾金南，每星期一三五前来收取一次。

戴笠又补充说：“万一班上发生紧要事故，可以到教务组联络郑介民

或岑家焯两同志，立刻打电话给我。”

开训后，陈恭澍照戴笠的意思写调查报告。由于生活作息排得紧紧的，很少有空隙。陈恭澍又是班长，每天还要填写很多例报的表格，想再抽出点时间写东西，实在大非易事。不知动了多少脑筋，也只能偷偷摸摸、零零碎碎地写一点算一点了。

除陈恭澍以外，全班 29 人，依照戴笠提示的项目，就是简明扼要地写，每一个人少则三两百字，多达六七百字不等，平均计算全部加起来，总在一万五千字上下，何况这又不是做文章，可以任意发挥。既不能草率从事，也不敢稍存半点私心。因为陈恭澍深切地理解到：一字褒贬，就足以影响到某人的远大前程，所以应当落笔谨慎，冀求能以一秉公正。

做一个学员，平日的功课已经相当吃重；当上班长，又比一般同学多了不少负担；再要写这份调查报告，那更是疲于奔命了。可是为了充分了解同学，还要和每一个同学多接近，求得好感，而且不露痕迹，这实在是太不简单了。就这样，三个月下来，把陈恭澍折腾得半死，如果不是年轻气盛，求好心切，恐怕真顶不住。

陈恭澍常常一个人，在应该休息的时候，不回到寝室去休息，反而留在教室里埋头写东西，可是又不像是整理笔记或做功课，所以引起了李士珍的注意，他虽然没有正面的质询过陈恭澍，可是一直盯看陈恭澍不放松。这么一来，陈恭澍可没有办法了。后来还是写了一张小纸条，据实报告了戴笠，这才解除了李士珍对陈恭澍的监视。像这种情况，用情报工作的观点来说，就算是暴露了身份。

培训很快就要过去了。结业前，每个同学照规定填了一张工作志愿书，其中有一栏是工作地点，也就是将来希望派到什么地点去工作。陈恭澍毫不犹豫地写了杭州二字，因为他老早就想去杭州了。

戴笠为此专门询问过陈恭澍，他重视的是陈恭澍在杭州有没有特殊的工作路线，或是有什么预期的构想。

当时，窘得陈恭澍一时回答不出来。陈恭澍想去杭州的真正原因是因为他祖籍杭州，其次，多少受了点“上有天堂，下有苏杭”的吸引，其实，这都与工作无关。

1932 年 11 月至 12 月间，培训结束了。

结业那天，举行简单的仪式，蒋介石三度莅临训话，语多勉励。除了正副班主任以下教职员全部到齐外，又比前两次多了几位全副武装、配带整齐的军事委员会调查统计局高阶人物。

当天晚上，全体聚餐，正副班主任均未参加，由戴笠代表主持一切。聚餐已毕，在班本部办公室内作个别谈话，则由戴笠、郑介民分别召谈。

最后一名才轮到陈恭澍和戴笠谈话，戴笠特别嘉勉了陈恭澍几句，并约他第二天上午到鸡鹅巷 53 号一叙。

此时，陈恭澍和戴笠相识恰好一年。从此之后，他们成了工作伙伴，上下级。

派遣时，戴笠并未考虑陈恭澍想去杭州的志愿，而是派陈恭澍到北平去创建工作。

北平是陈恭澍的第二故乡，生长在北平，应该比杭州更亲切，心里当然很乐意。一齐派遣的还有和陈恭澍一起受训的杨英和戚南谱二人。虽然指定由陈恭澍负责，在那个时候，还没有一定的编制，所以并没有明确规定陈恭澍就是三人中的“组长”。

任何书面的东西都没有，陈恭澍就这样无凭无据地参加了特务工作。

出发之前，戴笠又为陈恭澍个人举行了一次饯别聚会，主要的还是介绍几位主管内勤的同志认识，在座的有徐为彬、林桓、张衮甫。

那天晚上聚餐会后，戴笠在班本部办公室里逐一与毕业学员谈话，挨到他时，他走到办公室窗前，却看见戴笠和赵理君正谈到兴头上。

戴笠看了看放在桌上的一张纸，抬起头问赵理君：“你上黄埔前，在家乡干什么？”今晚戴笠似乎特别高兴，那张平时阴沉着的长马脸上一直保持着笑意。也许是看到戴笠高兴、温和，赵理君露出了天不怕地不怕的神态，讪笑着说：“也没干什么，交些朋友，吃喝玩乐。后来为了争一个婊子，刺伤了洪门中人，宁波呆不下去了，只好去了广州。”

戴笠似乎非常欣赏，嗯了一声说：“不错，不错，有胆量。不过不仅要敢打，还要会打。”又低头看了看桌上那张纸，“你在工作志愿表上填

的是上海。上海可是很乱啊，你可要想清楚。”

赵理君挺直了身子，粗声答道：“我老早就想到上海闯一闯，只是没有机会。”

戴笠看了看赵理君，笑了起来，“老实说，你想去上海，是不是因为上海的娘们风骚？”

赵理君也跟着粗声粗气地笑起来。

陈恭澍进去的时候，戴笠正在看他的工作志愿书。

听到脚步声，戴笠抬起头来。

陈恭澍恭敬地叫了一声：“先生。”不知什么时候，陈恭澍改“雨农兄”为“先生”了，他对戴笠也由原先的知己感渐渐转为敬畏。

戴笠指着那张表问：“你怎么想去杭州呢！”

陈恭澍想了一下才说：“也不知为什么，也许因为我老家是杭州。感觉亲切一点吧。”

戴笠用中指关节敲着桌子，想了一会儿说：“我打算派你去一个重要地方：我觉得只有你能胜任这个工作。”说完，戴笠站起来，走到墙上挂的军用地图前，看了一眼，回过头说：“我想让你去北平，那儿的特务工作还没开展，我希望你能在北平建立特务处分站，将工作开展起来。”

陈恭澍没想过当领导，有点踌躇：“先生，我才疏学浅，怎能独挡一面？还是……”

戴笠打断了他的话：“恭澍老弟，你应该还记得誓词吧，要服从命令，牺牲小我，保卫领袖。北平是华北重地，虽名为蒋校长领导，实则为东北军、日本人控制，校长需要北平方面的情报，我们要往北方发展。你不是想报效国家吗？这正是好时机啊。”戴笠走过来，拍了拍他的肩膀，“老弟，我相信你的才干，你一定会把工作搞好的。”

陈恭澍按戴笠的安排第二天早晨去了鸡鹅巷53号一趟。戴笠送给他一把意大利制造的又短又粗、大口径的勃朗宁手枪。勃郎宁手枪由John M.Browning发明，是二战时期最著名的美国手枪。在西美战争期间，美军普遍反映小口径的左轮手枪威力不足，军队急需一种有较大威力的大口径手枪。在这种需求下，1911式45口径勃郎宁手枪诞生了。Colt和Springfield兵工厂在1911～1915年间生产这种手枪，到一次世界大战结束时，60%在法国的美军士兵都配备了它。一战后，又在扳机、撞针、握把和结构上对它进行了改进，主要是使它更轻便。在二战期间，它只配备给军官和班长，并不是美军步兵的制式武器。但是禁止士兵配备手枪的条例被扔到了一边，在前线许多士兵都拥有一把1911式手枪。它被认为是最后可以依靠的武器，尽管几乎所有的士兵都有更有效的武器可用，但没有人会否认它所带来的安全的感觉。直到1984年，它仍然是标准的美军随身武器。

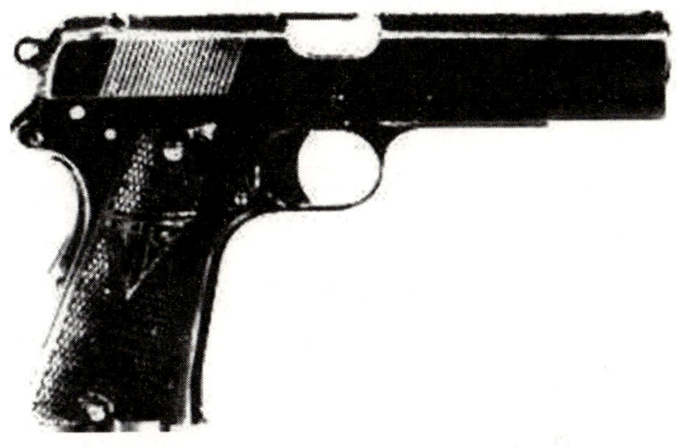
勃朗宁手枪

陈恭澍接过来，只觉得沉甸甸的。戴笠的那句话，他现在想起来仍不寒而栗，“反对校长者，必死无疑！”戴笠说这句话时，眼中闪着冷冷的杀气。

戴笠把手枪拿给陈恭澍时，又强调一句说：“我是我私人赠给你作为纪念的，希望能长远保存。”

谁料得到这支枪真个是一鸣惊人、不同凡响，后来竟在刺杀张敬尧时派上了大用场。

二、“一手握枪，一手搂女人”的背后心态

1932年11月，一列火车呼啸着在空旷萧条的原野上奔驰着。时值初冬，天气很冷，西北风已刮了起来。列车上的窗户玻璃上凝成细碎的水珠，从外面看一片模糊，看不见里面的人。但奇怪的是，有一个窗户

却敞着，一个身穿黑衣的年轻人静静地向窗外望着。这个人就是陈恭澍。在他旁边的是他的特训班同学杨英、戚南谱。陈恭澍、杨英、戚南谱三人接受上级委派前往北平开创工作。

陈恭澍面无表情地望着几乎是空无一物的荒野，他的内心却如潮涌。在特训班中一直盼望快点结业，好真真实实、痛痛快快地干一场。现在真到了结业，要奔赴外地真刀真枪地开展工作时，他却有一种被推上悬崖的感觉。说到底，他们就是杀手啊，“杀手无情，快意江湖！”说起来痛快、容易，那血、那凄厉的惨叫，他都不敢去想象，那毕竟是人，是肉体啊！

他不由得回想起结业聚餐会上副处长郑介民曾当面夸奖自己是帅才的情景。那次聚餐会是在晚上举行的，除了 27 名学员（另外三名因病退学），还有处长戴笠、副处长郑介民。陈恭澍正和对面的杨英谈着什么，戴笠领着郑介民转到他跟前。

陈恭澍站起来叫了一声：“戴处长，郑处长！”

戴笠拍了拍他的肩，对郑介民说：“耀全兄，你自称孙武子传人，恭澍老弟也对《孙子兵法》颇有研究，你们应该切磋一下啊！”

郑介民似乎有点不相信，或者说似乎有点瞧不起他，淡淡地说了一句：“是吗？”

陈恭澍恭敬地说：“请郑处长指教！”他从别人那儿零星地听到些关于郑介民的事。据说郑介民对戴笠很不服气，本来郑介民是二期毕业，戴笠是六期肄业生，论资历，戴笠根本比不上郑介民，谁知老蒋却让戴笠当处长，压在他头上，他怎能甘心呢？郑介民也许是想刁难一下陈恭澍，就挑出《用间篇》问他。

谁知陈恭澍对这一篇最熟，侃侃而谈：“孙子分间为五种，而反间最重要，只有当反间提供了情报，其他四间才能发挥作用。是以韦孝宽仕北周而齐人反间，齐之动静韦氏皆晓，故破高欢以数次，官居骠骑大将军。”

陈恭澍看到郑介民的脸色渐渐微笑，眼中露出欣赏的神态。

郑介民举起酒杯，连连夸奖他说：“好！好！恭澍老弟是个帅才，将来一定大有作为。”

陈恭澍想到这儿，不禁在心中反问自己：“我真是个帅才吗？我这可是第一次要独立负责一项工作啊！北平的情况到底怎样？不知能否容我有一番作为？”

那时，天津站加上北平站一共只有五个人，都是搞情报的，没有搞行动的，更没有射手，而且要完成刺杀枪法精准、带有护卫的军阀张敬尧谈何容易？

这时天气已凉，陈恭澍、杨英、戚南谱三人离开南京前曾为了置办服装，多耽搁了几天，原想穿得能配合身份就行，可是服装费实在少得可怜，顾了头，顾不了脚，捉襟见肘，反而弄成一副不伦不类的样子。旅费也只能搭三等客车、普通客货车一路上走了三天三夜，吃不好，睡不稳，弄得个个蓬头垢面，狼狈不堪。

火车在天津停下，乘客一拥而下，站上顿时一片嘈杂，但过了一会儿，人群弥散到街道上，就像固体在液体中溶化一般，慢慢地难以辨出了。平津一带是京畿之地，当年曾十分繁华，但后来由于国家多难，人人皆有朝不保夕之感，也就无心去装饰点缀了，甚至破损的建筑坦无人修补，所以现在天津给旅客的感觉就是陈旧，一切都是灰色的、黯淡无光。

当时日本人为建立“满洲国”，迅速向关内挺进，一大批日本特务窜到天津，收罗失意的军阀政客、帮会头目、地痞流氓，暗杀主张抗日不肯妥协的知名人士。

而国民党战派也在天津布置下了特务网，刺探情报，暗杀明劫，弄得人心惶惶。早在1928年，国民党就将手伸向了华北，但由于各派地方势力强有力的控制，国民党机构形同虚设。尤其是1931年“九一八”事变之后，日本帝国主义步步进逼，国民党势力濒临被驱逐出华北地区的危机。而当时的东北军、西北军不甘于国土沦丧，要求抗日，特别是冯玉祥、张学良、方振武、吉鸿昌等国民党将领对蒋介石不满，纷纷请缨请求抗日。共产党发动人民群众反对内战，要求一致抗日。蒋介石深切地感到，要想在华北站住脚，必须将所有的异己力量逐一消灭，所以

1932年初成立力行社特务处，他就密令戴笠在天津成立特务处分站，为全面控制华北打前锋。特务处天津站设在英租界，很隐密。

陈恭澍和杨英、戚南谱差不多是最后下火车，站上空荡荡的。

杨英、戚南谱转乘平津列车赶赴北平。

陈恭澍则出了站，坐上了一辆黄包车，往英租界方向行去。陈恭澍要暂停天津联络一个人，接洽两件事。

王天木在天津的住处

陈恭澍以前在天津住过一家开设在河北大街的利源栈，别的地方又不熟，这一次仍旧找到这一家。如果到租界里住大旅馆，就是钱够用，恐怕还不敢进去呢。

安排好了住处，陈恭澍开始上街办事。

此时已近中午，街上行人却很少，西北风刮过时发出一阵尖利的啸声，太阳已到了头顶，但那清冷的光照到人身上让人更觉寒冷，街上的店铺大都半掩着门，只有几家当铺门大开着。

陈恭澍坐上黄包车在一扇门前停下，他付了车钱，仔细看了看门牌号，然后按响了门铃。

门上的了望孔开了，一只眼往外看，陈恭澍从口袋中掏出戴笠写的便条从门孔中递进去，门接着打开了。那人身着西装，脚穿方头反鞋，呢子鞋罩，衬衫领子雪白，系着丝质花领带。

“你是郑……”陈恭澍有点迟疑。陈恭澍要联络的是天津地区的负责人，来津前，戴笠曾向他交代过，天津站站长名叫王天木，原来的名字叫王仁锵，化名是郑士松。王天木是东北人，东北讲武堂毕业，做过保定军校教官，到日本留过学。在西北军里当过参议，也在河南一带收编过土匪，一度自封为司令，等等。论才识，真有一肚子学问，就是写几笔字，也足以上匾，实在了不起。

后来戴笠组织“十人团”，把王天木拉了进来，王天木成了戴笠最信任的部下。1932 年初戴笠秉承蒋介石的旨意成立天津站，首先想到了王天木，于是派他以郑士松的化名打进了天津英租界。郑士松是戴笠的老朋友，有很深的交情，后来又几乎成为儿女亲家。在戴笠尚未出任“特务处”之前，早已合作多时。他派到天津建立工作，比陈恭澍等人去北平早半年。这时，天津的工作已经是颇具规模了。地址在英租界僻静的住宅区。离着河北大街有好远的一段路，陈恭澍换了两三次车才找到这里。

陈恭澍自报姓名。

“恭澍老弟，来来来！”王天木很亲切地把他领进客厅。

两人就这样很自然地联络上了，实际上并没有打暗语、比手式那一套。

郑士松，看上去一表人才，体态适中，五官端正，浑身上下一点特征都找不出来。一双大眼，很有神采，只是目光不定，像是胸有成竹的人。他穿的是最时新的窄裤腿的西装、方头皮鞋、呢子鞋罩、高领白衬衫、丝质花领带，非常讲究的绅士派。

俩人一比，陈恭澍这身打扮，虽不致于自惭形秽，但也透着寒酸。

二人一交谈，不待三言两语，就露出陈恭澍是多么幼稚。郑士松比陈恭澍年长了 16 岁，陈恭澍不过才初出茅庐，他却已饱经世故了。

客厅里非常豪华，黑漆家俱闪着耀眼的亮光，对门墙上悬挂着巨幅水墨山水画。连那些装饰用的小摆设，也都是经过一番精选巧思的，不过，看上去多少带着东洋味。一道门通向里间，门上挂着紫色门帘，那帘子还在动着，陈恭澍踏进门时看见一个衣着艳丽十分妖冶的女人一闪身进了里屋。

陈恭澍忙将目光收回来，端端正正地坐在沙发上。

一个佣人走进来，将两杯咖啡放在茶桌上！又退着出了客厅。

“老弟，年轻有为啊！”王天木点着一根雪茄，吸了一口，吐了个烟圈，然后将头仰靠在沙发背上，抖动着双腿。“还望郑先生多多指教！”

陈恭澍已习惯了训练班中比较艰苦的生活，从没想到可以这样享受。

王天木似乎看透了他的心思，站起来，走到陈恭澍跟前，伸出肥白的右手拍了拍陈恭澍的肩："干我们这一行的可要抓住机会好好享受啊。一手握枪，一手搂女人，这才叫风流倜傥，快意人生。老弟，可别太苦了自己噢！哈哈！"那张又白又胖的圆脸上，本来就很细的眼更眯成了一条线。

陈恭澍似乎有点听不惯这样的话，不置可否。

王天木转回身又坐回沙发上，看见陈恭澍看着墙上的一幅字，于是喝了一口咖啡，坐直身子，恢复了开始时的庄重神态："老弟，看你满身书卷气，一定读了不少书。说实在的，我本来也爱看书，可是那些书……唉！不提了，这幅字是我乱涂的，老弟你要是喜欢的话，就送给你做个纪念吧。"

陈恭澍连连摆手："郑先生，这，这……"

王天木已把字取了下来，拿在手上，又看了一看，"'会挽雕弓如满月，西北望，射天狼。'老弟该是满腔豪情壮志，苏东坡的这首词送给你最合适阿！"

陈恭澍见如此，也只好收下了："多谢老兄，我就恭敬不如从命了。"不知怎么的，他对王天木忽然产生一种亲近感。

王天木留陈恭澍吃午饭，在饭桌上王天木拍着胸膛保证："老弟，以后有什么难处找我就是了。"

陈恭澍在天津停下来请郑士松协助的，是到了北平之后，如何发电报这件事。

那个时候，戴笠领导下的工作，无论是"特务处"或"第二处"，都没有专用的电讯设备，外勤单位和南京通电报，必须借助中央党部调查科代发。天津如此，北平也是一样。因为天津方面和他们有联络，所以陈恭澍想请郑士松搭个桥。

在通常情况下，外勤单位不许发生横的关系，这一次，反而是上级要平津两单位密切联系的。这也是陈恭澍要办的第二件事。

陈恭澍表明来意后，这两件事很容易得到结论而顺利解决。郑士松很诚恳地请陈恭澍到外面去吃饭，陈恭澍不好推辞，终于去了。因为去的地方太堂皇，一顿饭吃下来，根本尝不出什么滋味，只担心千万不要出洋相就好了。饭后，郑士松用他的自用汽车送陈恭澍回客栈。这是他们首次接触，陈恭澍对他留下深刻的印象，而且也颇有好感。

学会发电报后，王天木用自己的汽车把陈恭澍送到天津站，陈恭澍踏上了去北平的列车……

老北平街头

北平，是陈恭澍的出生地，在陈恭澍的心目中，只要是属于北平的，什么都好，无一不好，好得甚至于近乎溺爱。

北平不愧为百年古都，那巍峨的宫殿、宽阔的广场、平直的街道，处处显示出一种壮观。百年沧桑，风吹雨打，红色的宫墙街壁上的颜色大都脱落了，留下一块块疤痕，就好像是故意添上的点缀，本来是深紫红色的墙壁也褪成浅红色了，这都使北平城显得古老，但不知为什么，这破旧中仍不失威严。再加上各地方、各种各样的人云集京城。大街上人群川流不息，更给人以兴旺昌盛的感觉。实际上，真正能体现北平风味的还不是这宫殿、楼台、大街，而是胡同。那一条条胡同，长的短的、曲的直的、宽的窄的。连接着、交织着，形成了一个网，每条胡同都是一个世界，人们在各个世界里生活着，快乐地生活着，当然也有烦恼，但却从来不知道什么是苦难。然而事情很快起了变化，先是日本鬼子侵入中国，占了东三省，这在北平人的心中引起了一阵波动不安，不过到底东北离北平还远，何况还有山海关作屏障呢！所以北平人很快就平静下来了。到了1933年的春天，

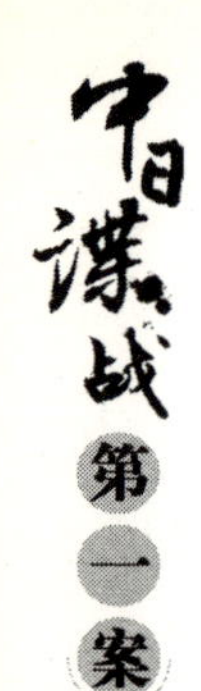

日本兵占领了热河省，并且已经向驻守长城的中国军队开了火，北平人才感到做亡国奴的危险，据说日本鬼子特别凶残，占领一个地方就烧杀淫掠，无恶不作，如果鬼子真打进了北平，各人的脑袋不是很难保住吗？再加上日本特务在京城里制造的一起起血案，弄得人心惶惶。街上人少了，大半店铺半开着门，有的干脆关门停业了，这个时候有什么生意好做啊？与大街的萧条冷清形成对比，胡同里的人显得多起来，有时候甚至拥挤不堪。

陈恭澍和杨英、戚南谱二同志聚齐后，就照他们一路上商量的，立即迈开第一步——找个落脚的、安身的、办事的，也是创业的好地方。

不出一两天，寻遍四城也难得碰上的房子，居然被他们找到了。位置在北长安街 18 号，他们打算将这里作为联络站。

房子租金非常便宜，只要先付后住，连押金都不要。这所房子，位于四通八达的大街上，出入非常方便。可用的屋子虽然只有两间半，好在独门独院，关上大门，谁也看不见他们在里面搞什么鬼。出乎意外的，房东装好了电话，不打算迁走，只须把电话押金还给他，就可以供他们使用了。

天下当然没有十全十美的事，这所房子没有浴室，而且茅坑也太脏。

陈恭澍和杨英都不讲迷信，管他什么黄道黑道，先搬进去再说。戚南谱愿意担任外勤，他另在外面自行安顿。

两人都没有掩护职业，就在大门口挂了一个“军事杂志社北平分社”的木头牌子，满以为可以充作个幌子，万一有人查问起来，也能应对得出，不料到后来竟惹上了大麻烦。

派出所的警察来查过户口，陈恭澍和杨英怎么说，他就在户口簿上怎么填，很容易对付，如果他走进屋子里看看的话，恐怕不露马脚也会引起猜疑。

多少年来，北平本地人都把警察派出所叫作“阁子”。陈恭澍看见过的“阁子”，多年都是在空地上用木板搭成的小屋，外面涂上猪肝色的油漆，里面摆上两张小桌子，户口簿栓上绳子一排一排地挂在墙上，警察们梯子上一坐，不分严冬酷暑，就这样办起公来。

要讲为民服务，北平的派出所称得上全国第一，找名问姓去“阁子”，打架半殴上“阁子”，出生死亡报“阁子”，婆媳不和、娌妯们拌嘴也麻烦“阁子”，只要你自己解决不了的，无不可找“阁子”。就是他管不着，也会和颜悦色地、不厌其烦地回答你，绝不曾颐指气使拒人于千里之外。

正因为北平的警察接近居民，所以对管区内家家户户的情况，都能够了解个八九。如果一定找个弱点，那就是缺乏政治意识。

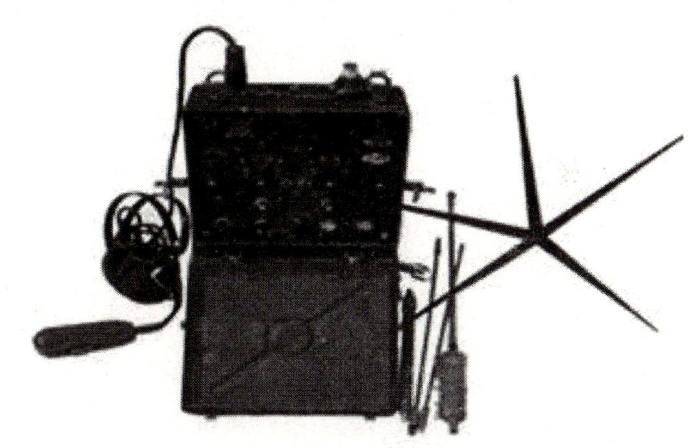

旧电台

陈恭澍等人有了固定的工作地址之后，除报告上级备查外，同时也知会了天津的郑士松，以便取得相互间的联系。

闲暇时，陈恭澍和杨英便开始学习使用由南京带来的密电本，并发出第一通电报，杨英权充译电员，陈恭澍自己兼任“交通”，把电稿送到东城苏州胡同。

到了1933年年初，上级就派遣电讯专才程俊来到北平，建立了专用的电台。

在陈恭澍几人积极展开工作的初期，人手不足，经费短绌，再加上毫无工作经验，乏善可陈。

到了1933年2月，稍微加强一点工作阵容，这才逐渐地向前推进了一小步。

人事方面，加入内勤工作的，有戚南谱介绍的军校七期同学白世维，

和局本部老人王兆槐推荐的王云孙。他们俩参加工作都没有履行什么仪式或手续，因为都是介绍来的，一开始就当作正式人员看待。

就地吸收的情报关系（他们对内称为‘运用人员’）有侯子川、张伯武、范行三人。

张伯武是天津郑士松推介的，侯子川又是张伯武推荐的。他们二人原来都是青年党，可是当时陈恭澍并不知道。侯子川慢慢地坦白了，张伯武却始终不肯承认。张、侯所供给的都是地方性的情报，运用价值有限；间或也有些关于东北军的动态数据，也无足取。

范行，字纪曼，四川人，他自称是中央军校六期，此刻，又在北平读“艺专”、学绘画。陈恭澍决心把他拉进北平站。以后来往了几次，就这样成了北平站的情报员。一开头不怎么样，往后，越来越顺，范行所提供的情报也越来越重要，类如：日本在华的军事部署以及日本军方的政治阴谋；国际间对日本侵略中国的交换了解等高级情报。据范行讲，情报来源于某国驻华大使馆武官处的一名译员，可是陈恭澍始终没有见过这个人。当时陈恭澍还不具备分析此类情报的能力，所以都是来件照转，而上级的反应，也认为是“颇具参考价值”。

这是北平站搜集重要情报的开端。

此外，只负责联系的还有廖化平、郁某二人。

1933 年 3 月，北平站奉命编预算，其中有生活费、活动费、事务费以及特别费等项目。核准的数目，大约是三千余元。陈恭澍个人的“生活活动费“合共三百余元，没有分开计算，另有“特别费”一百元，加起来有四百余元，实在不少了。陈恭澍还能清楚记得，那个时候的上等洋白面，每袋只卖两块八毛。

北平站就这样开始了。工作任务，并无具体规定，在当时，除了搜集情报之外，也做不出什么别的来。

戴笠特别注意北平站的特务工作，当陈恭澍刚组织好班子准备大干一场的时候，戴笠带着机要秘书毛万里等人到了北平。

在北平东城区的栖凤楼戴笠住处，戴笠将华北一带的特务都召集到一起，面授机宜，天津站站长王天木和北京站站长陈恭澍当然是其中最重要的成员。

戴笠对陈恭澍的工作大为赞赏："恭澍，一定要好好干。"转过头指了指坐在旁边的王天木，"有机会多向天木兄请教。"

戴笠正过脸，严肃地说："你们都是党国英才，华北稳定系于你们手中。你们一定要努力工作，不要辜负校长的期望！"

话音刚落，所有人都刷地站起来，齐声喊道："是！"

"你们各人应自励自修，充实自己，加强工作能力。要抛开书生气质，要敢做敢为，要学会杀人！"戴笠长马脸变得特阴沉，他用手做了个杀头的动作，陈恭澍不由得心里一紧，他觉得"书生气质"那句话似乎是针对他说的。

陈恭澍十分庆幸，到北平几个月了，虽然收集情报也遇到一些危险，但还没有接到暗杀的命令。

不过心情也够紧张的了，他终于理解了王天木那句"一手握枪，一手搂女人"的背后心态。

可现在已经接到暗杀命令，自己这个书生该如何去执行呢？

第六章　张敬尧究竟住哪个房间？

一、喜出望外

陈恭澍的内心十分焦急。搞刺杀机会稍纵即逝，一枪不中，再无补救的可能。谁去执行这个任务呢？陈恭澍在盘算着如何才能用得上力气，又准备明天一清早先把戚南谱找来，商量一下，为未来的诸多必要事项，作个计划安排。

白世维一个人坐在椅子上，猛抽香烟，既不睡觉，也不发言。当他打定了主意之后，蓦然站起来问陈恭澍说："恭澍兄，你看，我去干好不好？"

陈恭澍也正为刺杀张敬尧的事发愁。

因为特务处北平站还没有行动工作组，原来一共只有陈恭澍、杨英和戚南谱三个人，加上新近刚来的王云孙，一共四个人。

不过王云孙是主办文书的，真刀真枪的刺杀行动他自然干不来。

白世维则是处理情报资料的，一向都没有考虑到让他去刺杀张敬尧。平时，陈恭澍和白世维非常亲近，只是因为彼此相处得不错，又谈得来，所以才时常同出同入，并没有让白世维去刺杀张敬尧的用意。

陈恭澍心中暗想："如果由我主动的要求他，在情在理都说不过去，假如有一点点勉强，那就更为难了。如今，世维兄既然自告奋勇，我当然求之不得。”于是陈恭澍连忙说：“好，好极了。”陈恭澍很想再找两句适当的话，来表达自己的心意，可是一时又不知道说什么好。

他觉得白世维正是一个非常合适的人选。郑介民曾对陈恭澍交待，必须得找一个军校的学生，这样比较可靠，一定是得找黄埔的，而白世维正好符合这个条件。

白世维，字子廉，山东人，旗人后裔，已在北平落户多年。黄埔军校第七期毕业。父母健在，已婚，曹锟长孙女婿，生有二女。他的老父亲和长兄都是经商的，但生意不好，家境并不十分宽裕。

白世维精通武术，军事很好，枪打得特别准。“九一八”事变后，由河北省党部派他到抚宁县任党务宣传员，兼临榆、抚宁民团教练官。他曾挑选两县的精壮民团1000多人，加以组织和训练，经常出长城偷袭日寇，实施破坏活动。后来被东北抗日救国会会长朱庆澜委任为东北义勇军第二十七支队司令，在平津的黄埔同学中很有些名气。

戚南谱和白世维同是黄埔军校第七期同学，他们在北平相逢后，原在北平站的戚南谱就劝白世维不要再回抚宁了，于是，白世维就留下来参加了北平站的工作。

白世维参与工作之际，正遇上北平站搜集到一批东北军及关外义勇军的资料，就请他暂时先帮着整理，等以后再调配其他适当的工作。

此刻，突然有此机会，北平站站长陈恭澍自然希望北平站有所表现，又何况是件关系大局的事情。他觉得白世维不畏艰险，敢于奋勇当先，无论成败，都是北平站的光彩。

这天晚上，陈恭澍和白世维心情复杂，加上兴奋过度，竟然未曾安眠。

1933年5月3日早晨不到七点，陈恭澍打电话请戚南谱过来。

见面后，陈恭澍把昨天晚上郑介民交办的事，扼要地转告给他，同时也要求他对张敬尧的行踪，尽速作切实的侦察。

陈恭澍知道在东交民巷西首，也就是从户部街进入东交民巷西口左转，有一排三层楼的房子，其中有一家公寓式的旅馆，论等级，只能列入第二流，经判断后，张敬尧很少可能会住进这种地方。不过，为了避

免事后遗憾，也应该去看个究竟。陈恭澍把这番意思和戚南谱说了。

另外一件也是要紧的事，是请戚南谱将戴笠雇用的汽车司机找到，把车子从修理厂开出来，先试试车，以备刺杀行动前后使用。

陈恭澍又把昨天夜里，也就是五六个小时之前，白世维向他请缨的那番话，再一次向戚南谱复述了一遍。

戚南谱自然是喜出望外。

二、府右街会议

1933年5月3日上午10点钟，郑介民、王天木和陈恭澍在府右街开会，部署侦察刺杀事宜。

上午十点钟，陈恭澍要到郑介民那边去参加会议，汇报工作，陈恭澍征询白世维的意见："你要不要和我一同去？"

白世维我："我还是留在这里，听候郑先生和您的决定比较合适。"

陈恭澍临走之前，忽然想到自己身上还戴着戴笠送他作纪念的手枪，于是连忙找出来，连同仅有的七颗子弹，一并交给了白世维。

"这里还有一颗手榴弹，如果七发子弹打不死张敬尧，你就用这颗手榴弹结束自己生命，以免败露出刺杀行动背后的国民政府密令。"

"这个请您放心。我不需要这颗手榴弹。七颗子弹已经足够。我最多两三颗子弹就可结果张敬尧。如果刺杀失败，只要剩余一颗就够结果我自己。"

"那好吧。将枪和子弹先给您，我想这将有助于你的行动。"

"非常感谢您的细心！"

王天木和陈恭澍相差两三分钟前后到达府右街，郑介民早已在他那间小办公室中等着他们了。

首先，郑介民告诉他们："我已经将此事的要点，电陈戴先生。现在，要听取你们报告；然后，去中南海回复何部长。”

王天木报告了侦察经过和结果：“昨天深夜，我们分手后，我以日本大仓株式会社的名义，在东交民巷六国饭店，开到一个位于二楼的房间，现在还保留在那里没有退。在我与楼下柜台上，以及二楼的茶房头（领班）的接触中，尚没有发现任何关于张敬尧的线索。”

王天木接着补充说：“因为深夜到早晨这段时间，一般的活动，都比较稀疏沉寂，所以难于有所发现，我准备回去继续侦察。我认为最麻烦的，是张敬尧会不会隐藏在日本使馆内。关于这一点，也无法立即下判断。”

“陈先生，你有什么要报告的？”

“我报告两件事：第一件，白世维同志主动请缨，自愿担任刺杀张敬尧的执行工作，在北平站还没有专责的行动人员之前，解决了最大的难题。至于他能否胜任，大可不必顾虑，因为他一切条件齐备，志愿而乐意。

“第二件，有关工作部署事项，分为两个步骤：一是事前必要的准备工作，也就是现在应该着手做的；二是发现目标后的执行工作，北平站都可以负全责。

“当然，缺乏经验的我们会随时就教于天津的王天木站长。”陈恭澍接着报告。

“我们的会谈，到此告一段落。”郑介民告诉大家，“我就要去晋见北平最高主管，除报告我们的准备工作及侦察活动外。其次，也希望能多知道一点后续的消息。另外，张敬尧在六国饭店的情报来源很可能是来自参与张敬尧叛乱活动的内线。”

“我们北平站刚刚建立，不仅缺人，而且缺少交通工具和枪械子弹。现在的交通工具只有一辆脚踏车。”陈恭澍说。

“目前，从南京的局本部到各省各单位，上上下下，都因为经费支出而闹穷。虽然如此，戴笠还是不喜欢大家对他要求什么。”郑介民显得也很为难。

“当此困难之际，如果向主管当局提出任何要求，虽说理所当然，却都显得不太适当。”陈恭澍表达了自己的想法。

“我也这么认为，”郑介民说，“所以我们决定自己的困难自己解决。”

当天上午十点多钟，府右街会议结束。

郑介民立即去晋见军分会代委员长何应钦，陈恭澍和王天木则同车到北长街与白世维碰面会合。平津两站的特工们便对东交民巷及六国饭店展开了紧张的侦察。

三、秘密侦察

陈恭澍、王天木与白世维三人会合后，他们根据刚才府右街会议的原则，又交换了一番意见，商量好大家分头行动：

白世维能以随从身份随王天木同去六国饭店观察动静；

陈恭澍约戚南谱再作必要的准备。他们决定先去东交民巷侦察张敬尧的确切住地。

当时，北平的东交民巷，可以说是“化外”之地，是辛丑条约留下的屈辱烙痕，通常称为“使馆区”。当年八国联军打进北京，逼迫清政府签订了《辛丑条约》，条约特别规定：外国可以在东交民巷建立使馆，外国军队可以在此地驻扎。于是东交民巷成了“化外之地”。到了1933年(民国二十二年)，虽然已经有许多外国使馆迁至南京，可是这块地方仍旧保持着特殊的状态，国民政府并不能行使法律上所赋予的一切权力。

因此，一些包藏祸心，图谋不轨的政客军阀，就利用这块弹丸之地，托庇于外力翼护之下，从事非法活动。

东交民巷范围不大，全部面积大约只有二平方公里。位于北平市正阳门（前门）与崇文门（哈德门）之间。

其方位四至是：

东边出入口，在崇文门大街；

西边出入口，在户部街；

北临东长安街，在东长安街与出入口之间，有一片大操场，常有外国人在此踢球。陈恭澍小时候常常骑自行车抄近路由此穿过，记忆犹存。

南面有一堵旧城墙，在接近六国饭店附近，开了一个缺口，没有正式名称，一般都叫“水关”。出了“水关”，就是东火车站的站台，再往前，有铁轨，但无交道设备，所以车辆无法通行。东站，是北宁线的起点，也是平津直达车的迄始站。外国人下了火车，大多经由“水关”进入东交民巷，有些各式各样的神秘人物，都通过这条幽径出入东交民巷。

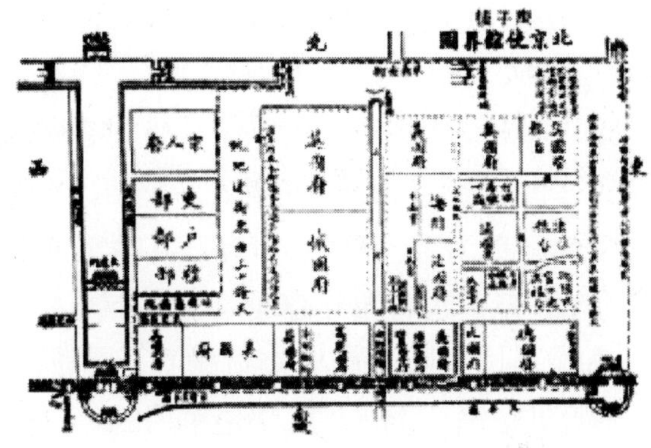
清末民初东交民巷使馆区图

东交民巷内，除了各国使馆留驻的单位及其附设机构如“参事处”、“武官处”等外，还有少数部队驻扎，一般都称为“兵营”，实际上是使馆的“警卫队”。到了1933年，还有美国、日本等国兵营。

区内虽有警察，但人数不多，很少能在街上看到一两个。他们配带的只有警棍，并无枪械。

六国饭店门口就有一个警察晃来晃去，有时候又不见了。

东交民巷里，全部都是柏油马路。为了有效地防止车辆超速，东西向的干道上每隔一百公尺左右，就有一条横亘路面的凸出部分。

东交民巷

行驶于东交民巷的车辆，常见的约有三种：分别是汽车、人力车和脚踏车。这些来来往往的车辆，并不一定全属于区内，也有借道穿越的，像这种情形则任由通过，

没有人管。在东交民巷里面，很难叫到出租汽车，打电话到市区，需要特约。东交民巷以内的人力车，自发牌照，与外面的车辆不同。类如：车身一律漆成木头的本色，全部都是镶蓝边的白垫子，看上去，显得很洁净。车夫虽不穿制服，也都衣着整洁。有固定的停车处，绝不乱兜乘客。在六国饭店门口，就经常停有三五辆车子候客。车费比外面贵得多。这里的车夫似乎也有媚外心理，一有外国人坐上去，就显得格外卖力的样子，如果是拉一趟中国人，就好像受了委屈。那个时候机器脚踏车还不多，偶尔看见一辆，十有八九都是军用的。自行车可不少，多半是区内住户的佣工或上学的孩子们用的。

因为中国的普通人不能随便进出使馆区，所以街上的人很少，只有一些外国兵在街上巡逻，连豪华的六国饭店门前也没有几个人。

北平市区与东交民巷的交界处，都有木栅栏，却无人看守。有一阵子，一到午夜12点整，就把北向东长安街的栅门关上了，只留下东西向的通行，可是有的时候，却彻夜开放通行无阻。

陈恭澍和戚南谱坐在那辆尚未运走的汽车上，由戴笠的司机老张开着，在东交民巷里仅有的几条马路上，兜了好几个圈子。这样，他们不但熟悉了路况，同时也有了心理准备。

坐在车里的陈恭澍突然担心：一旦有了动静，比如枪声什么的，到时候，几处出入口的木栅，会不会突然关闭挡住他们的去路？不过，他转念一想，这又何足挂虑，像这种徒具形式的木栅栏，他们开的这辆车，只需要一踩油门就可以把它撞个稀烂，哪里挡得住？

陈恭澍和戚南谱继续乘车沿着“水关”城墙走，忽然发现还有一条可以通行的路。从六国饭店出来，向南三五十步，就是“水关”，再向右一转，已经来到这条新发现的路上，朝西直驶，左边是高耸的城墙，右边多是前面那条大街的后门。经过之处，其中有一道门岗，是日本兵营的后门，再前进一二百尺，又有美国兵的岗位，是美国兵营的后门。走至尽头，只能右转，再前进，左转弯，已到出口。出去后的这条大马路，就是户部街，已不在东交民巷范围之内了。

这是一次乘车侦察，也是为了熟悉外围的地形地物。

四、一筹莫展

1933年5月3日，得知张敬尧就在六国饭店，可是，5月3日、4日、5日，三天过去了，特务们还未能侦察出张敬尧到底藏在哪个房间。

等陈恭澍和戚南谱回到北长街，远远地就看见郑介民的车子停在大树底下。原来，郑介民已经在等他们了，想必一定有要紧的事。

郑介民告诉他们："已经得到了确切情报，张敬尧就住在六国饭店！虽然已经知道张敬尧就住在六国饭店，但是具体住在哪个房间，一时还无法真正掌握。你们立即转告天木兄。并希望你们尽最大努力完成任务。"

"六国饭店那么多房间，上下四层，我们总不能一个房间一个房间去敲门吧。"

"所以，我们要踩点儿。"

从郑介民那里得到张敬尧就在六国饭店的消息，是5月3日下午四点多钟。

陈恭澍当前的任务是立即将这个消息告诉王天木，可是，他心中暗想："打电话给王天木，不大妥当；我到六国饭店去找他，当面传达，又恐引人注意，我们本来约定下午六点钟见面，好在只有一个多小时，不如等他的好。"

于是，陈恭澍和戚南谱就利用这一两个小时，两个人又作了一番计议。

陈恭澍说："论限期，还有六天，目前既已确定张敬尧的所在，总算掌握到大方向，看上去，时间并不紧迫。首先要做到的，就是把张敬尧住的房间侦查出来，而且越快越好，以免夜长梦多。在没有行动之前，切不可打草惊蛇。一旦发现了张某的踪迹，其他有关的问题，均可逐步解决。"

"我们说了半天，终结只有一句话，那就是及早发现'目标'！"戚

南谱道。

5 月 3 日下午 5 点 50 分，白世维给陈恭澍来电话 ：“我和王大哥在东安市场五芳斋等你一块儿吃饭。”

“好的，我和南谱兄一同前往。”

见面以后，陈恭澍发现王天木和白世维神色凝重，连说话都不起劲，不用问，他们在六国饭店的侦察工作并没有实质性的进展。

陈恭澍把郑介民刚才到北长街通知的那番话，一字不落地复述了一遍。

随后，陈恭澍又加重语气说：“我认为郑先生传达的消息，一定可靠，我们要的那个老小子，必在六国饭店无疑。”

戚南谱接着又把适才他和陈恭澍的计划，慢条斯理地说了一回。

当然，王天木和白世维，不待他们说，也会想到这些。

一顿饭，草草用罢，该说的话，也说得差不多了，王天木和白世维的脸色，已经转为晴朗了。

四人重新商议后，陈恭澍又分配了各自所承担的任务 ：“我们的重点工作还需要王大哥和世维兄回到六国饭店继续侦察张敬尧到底在哪个房间。我仍以北长街 18 号作为联络中心，我将以全部时间留候，期待佳音。南谱兄在六国饭店以外的侦察布置，决定全部撤销。备用的汽车，由南谱兄控制，并随时与我保持密切联络。”

分手之后，陈恭澍打了一个电话，简略地向郑介民报告了他们的分工和行动计划。

5 月 3 日是限期中的第一天，整整折腾了 24 小时，毫无结果 ；5 月 4 日是期限中的第二天，明知道张敬尧一定住在规模不大的六国饭店里，可依然没有发现他的踪迹。

看似容易的一件事，做起来才会体验到其中的不简单。

陈恭澍开始担心，万一限期届满，连张敬尧的人影都摸不着，那多丢人现眼！

郑介民则显得颇为镇定，他连催促的口气都没有，交代给陈恭澍和王天木办的事，也只说一遍。至于他的心境是否如此，那可就很难臆测了。

戴笠复电给郑介民，并没有直接打电报给陈恭澍和王天木，这当然是为了维护指挥系统的完整。

到了第三天，也就是 5 月 5 日中午，陈恭澍和王天木、白世维碰头时，相互间依然面面相觑。

王天木开导陈恭澍等人说："这种事只好心里急，可不能带出相来，如果待下去仍不能弄出点眉目，我想冒着打草惊蛇的风险，到柜台上再查问查问，不过，也许弄巧成拙，反而不妙。对了，昨天上楼的时候，我曾看到一个人的背影，这个人很像当过张敬尧参谋长的赵庭贵！可是一眨眼他就上去了，并没有看清楚，所以还不能肯定是不是他。"

陈恭澍说："王大哥的房间既然开在二楼，'赵庭贵'上去，不是三楼，便是四楼。如果那个人真是张敬尧的参谋长赵庭贵，那么张敬尧不住三楼，定在四楼了。"

"这绝对是一个有价值的发现！"

白世维告诉陈恭澍："我是以王大哥'随从'，也就是'跟班'的身份，陪着王大哥出出进进，像这种情形，大饭店里司空见惯，是常有的事，茶房们根木不以为然。王大哥一个人闷在屋里打主意的时候，我就借机会找茶房瞎扯，可是也没有扯出个所以然来。王大哥嘱附我要特别留意那个像是参谋长赵庭贵的人，我也一直盯着楼梯，瞩目上下，可是就没有看到一个像王大哥所描绘的那个人。"

陈恭澍说："这都是收获，虽说尚未发现目标，但不能视为毫无进展。"

王天木看看大家议得差不多了，他说："我要回家去一趟，打算换换衣裳，刮刮胡子。请世维兄也找个地方休息一下，等我回来再一同到六国饭店去。恭澍兄和南谱兄再好好地多研究研究。

王天木回家去了，白世维本想打个盹养养精神，可是他根本睡不着，连眼睛都瞌不上，索性大家又坐起来聊天，于是三人又说到了“六国饭店”。

六国饭店位于东交民巷中部，是东交民巷使馆区中最豪华的饭店。“六国饭店”，在北平的名气很大，是旧中国一家很有名的饭店，这里曾经接待过东北易帜时候的奉方代表，还有后来以张治中为首的国民政府和谈代表。六国饭店规模不大，只不过是一幢四层楼的旧式建筑而已。论设备，远不及当时的“北京饭店”；讲实惠，也不如“中央饭店”或“长安春饭店”。但饭店内部设施非常考究，服务很周到，特别是它由外国人直接经营，又位于中国行政不能涉足的使馆区，因此有特别的价值和意义，倍受中国军政要员的青睐。每当社会上有风吹草动，总要有一批达官贵人到此避风，六国饭店成了他们逃灾避难的世外桃源。那些包藏祸心、图谋不轨之流，也常利用这块弹丸之地，在外国势力的庇护之下从事有害于中华民族的各种勾当。

“六国饭店”坐东朝西，大门临街，进出要上下十几级石阶。给人印象较深的，还是那道团团转的旋转门。

一进门，就是宽敞的大厅，地上铺着猩红的毛地毯，这么一衬托，骤然给人以高贵感，这就是舶来的洋噱头。

长长的大柜台，有管车的账房先生，穿中国式的长袍嵌肩，戴红疙瘩黑缎子瓜皮小帽，这是帝国主义者奴视中国人的丑扮，惹人反感。

楼底下这一层，还有些什么布置，已经记不清楚，大概是没有客房。

六国饭店并无电梯，也许因为只有四层的缘故。可是楼梯宽阔，容得下四个人并排上下。二楼信道的宽度，也和楼梯差不多，都铺着地毯，如果不跳跳蹦蹦，听不见走路的声音。

二楼的形状，有如冂字，也就是只有三面有房间，接近楼梯口的这一边，只是一条信道。

信道上，有一张小型柜台，是茶房当值、听候客人呼唤的中心点。

茶房们的打扮，都一样，真是少见得很；穿长袍，可又短了一截，仅仅遮到膝盖，叫做半大褂子，腰间扎一条长缎带，着老式裤子扎裤脚腿，白布袜，配一双长鼻梁黑色直贡呢的皮底便鞋，也戴瓜皮小帽。你看，这像什么模样，简直是糟蹋中国人。

如果是再看到他们伺候外国人的那幅卑躬屈膝的形象，实在替中国人丢脸。可是他们也是为了赚钱养家活口啊。

白世维告诉陈恭澍说："王大哥开的房间在二楼一角，离楼梯有五六十步之远，位于右首那条甬道的尽头。再往里走，有一排横的房间，转过去就是左边的那条甬道了，所以说成丌字形。

"这间房不大，床可不小，铺在床上的垫子被单，薄的厚的倒有好几层，那支手枪，不方便出来进去都带在身上，有时候就塞在枕头底下。

"王大哥也知道，万一有什么临时的机会，两个人都可以拿来就用。

"我听茶房说，后面还有一道防火用的太平梯，已经多年不用，现在都塞满了破旧东西。如此说来，可能作为出路的太平梯已经失效，可不必列入考虑了。

"三楼的格局，和二楼相仿。四楼可就不一样了，据说，四楼这一层能够供租用的房间，只有二楼、三楼的半数，那一半是供长期客人居住的，设备、开间以及租金等，都有分别。我好几次想上去看看，可是一直找不出个自圆其说而不引人起疑的借口。"

白世维和陈恭澍、戚南谱说到这里，王天木回来了。"世维兄，我们俩还得再去六国饭店，总得寻出些蛛丝马迹。"

清末男装瓜皮帽 长袍 马褂

时间消逝得很快，眼看着限期越来越近，大家都觉得除了心里着急之外，又好像失落了什么一样。军统人员连张敬尧的一丝儿痕迹也没有摸到，他们之间的情报通知交流会也成了诉苦会，甚至开始怀疑张敬尧是不是真的住在六国饭店。

郑介民一筹莫展。时间过得真快，眼看着距何应钦的期限越来越近，他和手下的平津两站的特务们焦虑不安。郑介民通过电话和王天木等联系，叮嘱他们不可懈怠，加紧监视。

第七章　连连出乎意料之外

一、“踏破铁鞋无觅处，得来全不费功夫”！

1933 年 5 月 6 日，得到刺杀任务后的第四天，正当特务们极端焦急之时，却峰回路转，曙光乍现！

中午，天气炎热难受，可王天木、白世维丝毫不敢放松，从六国饭店出去，准备去小摊上吃饭，刚待推门出去之际，旋转门从外向里转出一个穿着长马褂、头戴小瓜皮帽的熟人来，只见他腋下夹着一个蓝布小包袱，原来是应元泰西服店的掌柜应元勋，王天木实在想不到会在这儿碰见他。正想回避，却早被应掌柜看见了。

“王先生这些天怎不上我那里去了？”

原来，王天木上星期在应掌柜那儿做了几套衣服，可直到如今还没有送钱，便呐呐道：“这几天太忙了，哟，您今天怎么有空到这里，来给洋人做衣服？”

“什么洋人呀！”应掌拒答道：“我也真感到怪，就在隔壁才几步就到了，可那位客官让打了个电话约我过来，似乎怕见人似的。”

应掌柜完全无心，可王天木听了却心头一震。“你知他姓什么吗？”

“我哪能问这，只听有人喊什么常大人的也不知是否真实。”应掌柜不经意地用手在下巴颏右面，一上一下的比划着说：“这位常大人下巴颏有一撮毛。他做了两套衣服，叫我今天来试样子，这个时候大概起来了吧？”

应掌柜的举动和言词，王天木已经完全会意，所以也没有多问就示意白世维推门往外走，同时浅浅地和应掌柜告了个别。

王天木立即改变了吃饭的计划，他带着白世维急忙赶到北长街 18 号，把刚才遇到应掌柜的情形说给陈恭澍听。

陈恭澍给郑介民挂了个电话，陈恭澍对王天木、白世维传达了郑介民的指示：“今天你们立即去应掌柜那儿，摸清具体情况，这个人极可能便是张敬尧！”

王天木也认为说：“下巴颏有一撮毛的就是张敬尧，刚才在饭店里，不便多问，现在我们先去吃点东西，吃完了，应掌柜也该回去了，我们再去找他，仔细地问个究竟。”

东四牌楼

王天木、陈恭澍和白世维三个人又和往常一样来到东四牌楼南大街，因为应掌柜开的应元泰西服店就在此处。他们快速吃过饭，马上就到应元泰西服店去等应掌柜。

应元泰西服店只有一间门面，土里土气的没有什么装潢，如果不是知道他手艺好名气大的熟人，没有一点吸引顾客的地方。不过，应掌柜的剪裁工夫，的确是一流高手。应元泰西服店是个具有生产能力的大型连家店。经理应元勋是上海来京的技术较高的师傅，他性格刚强，精明干练，头脑清楚，对业务、技术既肯于钻研又富有创新精神。该店经营方式与发昌祥相似。该店也是因为店址较差，资金较少，不能与王府井各大店竞争。为了在王府井地区打开一条新的出路，立于王府井服装行业之林而不败，他在新款式上花费了很大精力。他是芮克电影院的常客，对关英影片中的男主角的新式服装，特别注意。他能连续看十几场，把服装式样以至袖口大小、钉几个钮扣等细微的地方，都要看得清楚明白，回来照样画下制出样板。如果顾客能提供他一本美国的新式服装样本，他肯于为这位顾客免费做一套西服。由此可见他对追求新式西装的苦心。功夫不负苦心人，他终于创出一条新路，独树一帜，被誉为“流行新潮摩登派”，受到当时金融界、戏剧界青年们的欢迎。如李万春、李少春、叶盛兰、叶盛章等都是这个店的常客。在国民党统治时期，有些空军将领的西服也出自该店。凡顾客到该店做西服，在款式上必须听应元勋设计，如顾客不同意，他便诸顾客到其他店去做。当时王府井同业中都向应元勋学习裁制摩登派西服。

当王天木，白世维来到店前时，应掌柜正戴着眼镜又是裁又是量，忙得不亦乐乎。

他们本来打算以付钱取衣为借口，找机会和应掌柜多聊聊，没想到还未开口，应掌柜的就说 ：

“现在已经关门了，你到别处去吧。”

“应掌柜别生气呀，我这不是给送钱来了吗 ?”王天木边说，递过一张钞票。

应掌柜这才转了脸色，问 ：“你还有别的事吗 ?”

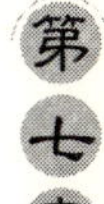

“有，一位朋友托我打听你今天给量衣的那人，你说说是什么样子？”

“他呀，下巴额上有一撮小毛，年纪大约有50多岁了。”

“你这是给他赶做的么？”

“这两天我得赶工，你们几位如果想添衣服，恐怕要等些日子了。我要先把张督办的这两套赶出来，然后还有其他几个客户的。我看，现在先挑几块料子吧，等我一空下就给你们裁。”

王天木顺口问应掌柜说：“张督办等着穿？”

应掌柜说：“是啊，他叫我后天中午一定做好送到，说是也许就在这两天要回天津去，所以催我赶快给做出来，吃我们这口饭也难呀！”

三人暗想，后天中午显然是指5月8日中午，这两天显然是指5月6日、5月7日。这说明张敬尧在5月6日、5月7日这两天，如果一接到应掌柜做好的西服，就会马上离开北平！

“你知道他住哪号房么？”

“张督办住在三楼，一连三间，房号是231到235，除了张督办本人之外，还有他的参谋长和副官。我去试样子，是在当中的那一间。我走的时候周围几个房间的门都开了，那些人死死盯着，我有什么好看的呢？”应掌柜直到现在似乎还有些不太明白。

这真是“踏破铁鞋无觅处，得来全不费功夫”！王天木见要问的都问了，再也不可能得到什么新鲜东西，便起身告辞。

张敬尧的确在三楼开了三个房间，除了赵参谋长之外，还有副官及马弁各一人，连张某本人合并计算在内，一共是四个人。

张敬尧一生中各种风浪都见过了，在这种政治气候中，岂能不知道危险。虽然这次土肥原贤二派他来北平联系一部分部下，以便今后之用，但他丝毫不敢大意，每天不但自己足不出户，连副官也全死令不得出门，违令者重惩。

这一日忽接到土肥原贤二的电话，要他两天后去见他，然后再回去，附带条件是尽可能将衣穿得好点，上级可能会嘉奖他的。

张敬尧听了喜滋滋的，马上对张勇传令：“给我打个电话，找个裁缝来做两件衣服，后天我等着穿呢！”

张勇于是便去找应掌柜做衣服。于是，就发生了前面的一幕。

二、愁死人了！

从应元泰西服店出来，陈恭澍在欣喜之余，不由暗自发愁。“目前，张敬尧的下落虽然有了，可是紧接着还有许多难题在后头，我们所没有想到的，是张某并非单独一个人。

“张某开了三个房间，他住一间，参谋长住一间，另外一间是副官。所谓的副官，可能就是卫士。应掌柜没说是几个副官，说不定不止一个，加起来算，最少是三个，多则五、六个，白世维兄‘单枪匹马’，对付得了吗？即使王天木也加入战斗行列，仍然不是比例。

“他们的房间，三间连在一起，先不管张敬尧究竟住在那一间，一有动静，必然立刻惊动左右，照我们现有的实力，顶多只能出动两个人、一杆枪，假如对方稍有抵抗或牵制，则脱离现场就成了问题，也就是说，在以少制多的情况下，只适合奇袭，一旦形成对峙，势必不利。

“还有，他们在三楼，我们在二楼，从登上三楼计算起，先要走过一条数十步长的甬道，假定毫无阻碍，尚待赚开或打开房门，寻找目标，即使推门撞见，立即开枪射击，枪声响后，就算无人敢接近，也要从三楼的甬道直奔楼梯，再经二楼下来。最乐观的估计，仍嫌暴露的时间过长。因而，能否安全地走出大门，还需要更细密的策划。

“那个旋转门，是唯一的出路，一旦发生事故，会不自动关闭？相信应该是有这种装置，这是更值得特别注意的。

“最令人焦急的是，张敬尧就要走了，非要赶快动手不可，所以时间上不容许我们从长计议或从容部署，这种事也不可能摆得那么四平八稳，顾虑太多了，反而碍手碍脚，为了争取时效，我们最需要速战速决！”

王天木、陈恭澍和白世维三个人把这半晌经过的情形前去报告了郑介民。

郑介民一听，喜出望外，热情激扬地鼓励了他们一番。

郑介民知道，该是动手的时候了。再说戴笠已经来了几次电话，问他为何还不动手。郑介民暗暗下了决心，这次决不能让姓张的给溜掉了。

想到这里，郑介民停顿了一下，用威严的目光扫视了一下众人："目前，情况紧急，张敬尧就要离开北平，再不行动，将会前功尽弃。所以，我命令：王天木、白世雄继续留在六国饭店，密切监视张敬尧的行动，准备随时出击，不成功，则成仁，务必在这两天内干掉张敬尧！"

富有军事经验的白世雄兴奋异常，跃跃欲试。他显得非常激动："你们就瞧好吧，看我怎么除掉这个大汉奸！"他显得士气昂扬，磨拳擦掌，只待一鸣惊人了。

而老练的王天木则显得胸有成竹，好像已经提到张敬尧的人头似的。王天木表示："我们应下定决心在这两天干掉张敬尧！"

缺乏行动经验而非常细致慎密的陈恭澍则面有忧色，感到并没有多大的把握。陈恭澍忧虑地说："目前最大的忧虑，是唯恐世维兄势孤力单，必须谋求更多人的帮助。"

是的，目前陈恭澍必须在外围负责调度，而能够冲锋打头的只有白世维、王天木二人，相对于张敬尧的警卫来说太少了，郑介民望了望陈恭澍、白世维和王天木三人，陷入了沉思。

"要不这样，明天我派我老婆去天津把我的一位老朋友接到北平来，我敢绝对保证可靠，再则他的枪法特好，保准没错！"王天木说。"此人姓侯，河南人，闯荡江湖多年，现在已经洗手不干了，如果此人点头答应，再和世维兄联手，无论对方有几个人，也都不在话下。"

郑介民一听，忙问："他离这儿多远？"

"没事，顺利的话明天晚上我们便可行动。"

郑介民思索了一下说："也只好这样！"

接下来，四人又围在一块研究行动计划：先让王天木上去敲门，假作是找赵参谋长，摸清情况后，再打手势，白世维和那位朋友联手冲上去开枪射击。

计议已定，王天木、陈恭澍和白世维辞别了郑介民，从郑介民的住处出来，三人各有心思。

在车上。王天木一再安慰陈恭澍："我有的是办法，不过，我们千万不能操之过急。"他压低声音说，"我可以从那个赵参谋长身上动脑筋，前天看到一个背影果然是他，那就有文章好做了，等我回去仔细谋划一下，说不定这是一条最好走的路。"王天木很沉着，大有成竹在胸的模样。

陈恭澍也时刻在想主意，可是他提不出什么具体的好办法，因为这种事情又不能试验，如果失败，可能再无机会。只能一举成功。另外，陈恭澍觉得自己还缺乏刺杀的经验。

于是，陈恭澍对王天木和白世维说："在我们分手之前，先就料得到的，作了几项必要的约定：

一、王天木和世维兄仍回六国饭店。

二、我决定先去寻戚南谱兄。我想问问他能不能立即找一两个人，作为世维兄的帮手；同时也希望他能想办法到哪儿弄一支枪。无论是借也好、买也好。"

待陈恭澍见到戚南谱说明来意后，戚南谱说："过去，我们压根就没有做行动工作的计划，上级也不曾有过半点提示，说做就做，说要就有，霎时之间，到那里去找可用之人，这又不能去拉一个、雇一个。现在，既然为了助世维一臂之力，于公于私，我都有不可推诿的责任，所以，我愿意加入现场，至于担任哪一项工作，请你分配就是了。"

陈恭澍听戚南谱这么表示，非常欣喜，他觉得自己找到了及时雨、生力军。

陈恭澍又说："我们马上应借来枪弹。"

"借，到哪里去借，买一把刀子，不是一样管用？"戚南谱道。

陈恭澍和戚南谱约定说："从现在起，我们随时保持联系，至于如何分配工作，等我和王天木商议之后，作成决定，再行通知。由南谱兄负责控制的那部汽车，仍继续待命，同时对那位张司机也要好好的待承。"

等陈恭澍一个人回到北长街，猛然想到，从5月3日到当天，也就是5月6日，已经是四天过去了。他期待着在六国饭店伺机而动的白世维能有好消息传来，可是，整个漫长的夜晚，连一个打错了的电话都没有。

三、刀斧齐上，血汗同流！

1933年5月7日清早，北平北长街18号。

5月7日凌晨，古老的北平城渐渐地从晨雾中苏醒过来，大街小巷里有了早起的人影，卖早点的小店也陆续开门了。

六国饭店一切依旧，张敬尧像往常一样早早起身。

而起得更早的郑介民待在原房间里，一枝接一枝地吸着烟，自言自语道："莫道君行早，更有早行人。"

作为特务行动的联络点——北长街18号，陈恭澍从大清早就留在这里。这一天阳光明媚，天气晴朗。除了麻雀和喜鹊的叫声，院子里、屋子里一片沉寂，陈恭澍的心中却时刻悬念着六国饭店里的白世维和王天木两人，不知道他仍然处在困境中，还是已经有了新的进展。

他猜想，过不了多久，王天木和白世维一定会有电话来。

转念一想，陈恭澍觉得，我与其在这里傻等，期待他们的结果，无所作为，何不也尽自己一份力量？

他决定把杨英找来，和他商量一下，听听他对这件事的看法。

陈恭澍觉得，目前他们的力量实在太显单薄了，他要想尽一切办法增加人力。万一没有什么更周全的良策，如果全体投入！胜算的可能性自然更大。毕竟，张敬尧是个军阀，枪法精准！又有好几个护卫。

于是，陈恭澍给杨英打电话，请他过来商谈。

还不到九点，杨英刚进门时，电话果然响了！

一听，正是王天木打来的，他说："15分钟后，我可以到达，请你等我。"

陈恭澍暗想，我本来就在等他，这表示他们俩已经有了新的情况！

陈恭澍知道杨英的脾气像骡子，别看他文绉绉的，书卷气那么重，如果把他激将起来，其他人能干的事情他也全会干。

陈恭澍还未来得及和杨英交谈，在六国饭店门口负责专车接应王天木和白世维的戚南谱又来电话了，他说："他们已经出去了。"他所指的"他们"当然是指王天木和白世维。

陈恭澍回答道："他们是要到我这儿来碰面，你可以先游动游动，一个小时后，也就是上午十点三十分以前，再回到原地接应。"

说话间，王天木和白世维已经回到北长街 18 号了。

王天木马上提出了他的两种成熟的计划："第一，赶快把天津的老侯请来，老侯手里有家伙（枪），用不着我们操心，无论他答应不答应，我预备叫你大嫂跑一趟，中午以前赶火车，晚饭不到就可以回来了，即使他不肯，也耽误不了我们的事。"

"好极了！"陈恭澍回道。陈恭澍的确在王天木家里遇见过这个姓侯的大侠，四十多岁，结结实实，看他身上的穿戴，好像手里很富裕，就怕他不愿意再冒险了。不过，这总算是个办法。

王天木又接着说："行动之前，我可以上三楼敲门找赵参谋长，如果是副官应门，我就说前来拜会参谋长；赵某本人应门，我们认识，他也弄不清楚我现在干什么，我就投其所好专找他爱听的话，若是张敬尧自己来开门，无论他是否还记得我这么一个人，我仍然是来看他的参谋长。这样一来，我们的侦查工作就可以完成了。我判断，还不致引起他们的疑心，即使发生怀疑，也不要紧了。我从三楼一下来，世维兄和老侯看到我的手势后，立即冲上三楼就干，任凭他们怎样防备，也措手不及。"

"好极了！"陈恭澍思忖，"再把我和王天木的想法揉和在一起，无论是南谱兄、杨英兄。乃至邀请来的侯君，由谁来协力世维兄，甚至一齐登场，这都是一条妙计。"

接着，王天木讲了他的另一个办法。王天木说："应掌柜不是说，明天要把赶出来的两套西服，送到六国饭店张督办吗？我们就乘机尾随应

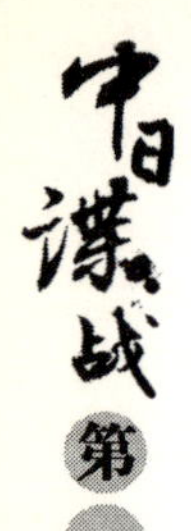

掌柜上楼，张某一定要穿穿试试，我们看到目标就干，这样，也可以达到目的。不过，可就牵累无辜了。除非是别无选择，只要还有其他途径可循，这就是下下策。”

讨论后，其他人一致认为第一个办法最好。于是也就决定照计行事。

当王天木和白世维将要离去时，杨英也表示：“如果用得着我，我愿意立即跟王大哥一起到六国饭店去！”

为了更仔细地商定此后的工作步骤，陈恭澍请王天木多停留几分钟，他综合适才所说过的再加以补充，重新计划了整个事件的程序：

“世维兄先陪王天木回家，请王大嫂辛苦跑一趟天津。

“我个人有点意见，请王天木多斟酌一下，万一侯君不答应，可否借他的家伙一用？

“还有，假如侯君人不来，而只肯借用他的枪，那么王大嫂一个妇道人家，敢带回来吗？

“等王大嫂动身之后，还是请王天木和世维兄仍回六国饭店。不妨利用下午这段时间，再做必要的安排和准备。

“预计，到下午六点半，王大嫂总可以回来了，但看侯君来与不来。

“如果他来了，也乐意拔刀相助，就照我们的原定计划进行。

“若是侯兄不来，但肯于借给武器，也好，我们就由南谱兄、杨英兄一齐上场，拼死拼活也要拼他个结果出来。

“假如侯君人也不来，枪也不借，我们还可以刀斧齐上，血汗同流！”

王天木频频点头。

等陈恭澍说完了，王天木答复刚才的那句话说：“我能肯定的是，姓侯的就是人不来，枪是一定肯借的。另外，可别小看了你大嫂，对她来说，带一支枪那又算得了什么。”

商谈结束后，大家握手告别，约好晚上七点钟到王天木府上聚会。

王天木、白世维一同先回到了王家。

不久，戚南谱打电话给陈恭澍。

陈恭澍问:“南谱兄，昨天晚上咱们说好要买的东西，你买了没有？”

戚南谱回道：“买了两三样，等用的时候，哪样趁手就用哪一样。”

陈恭澍：“请您自中午 12 点起仍旧停在六国饭店门口接应王大哥和世维兄，你要特别注意那扇旋转门。”

“好的，这是我的责任，我会全神贯注那个旋转门。”

“请你下午六点十五分到北长街来接我，然后，我们一同到王大哥家去。”

“好的。我会准时到北长街的。”

四、意外得手

事态的发展变化，大大出乎所有人的预料之外!

陈恭澍和杨英、戚南谱在北长街 18 号议定，再加上不确定的老侯，配合王天木和白世维，通力合作，共同刺杀带有护卫的张敬尧。

王天木偕同白世维回到家里，当即嘱咐他的妻子：“你千万要赶下午四点多钟由天津开出的火车回来。”

小心交代完毕之后，王天木和白世维再次回到了六国饭店。

刺杀行动就在眼前！他们谁也不敢有半点麻痹大意。

每个人就这么高度警惕、精神紧张地熬到了接近中午的时候。

“为了安顿可能前来助阵的老侯，也为了便于接近我们的目标，多建立一个据点，确保行动成功，我们最好再开一个房间。”王天木向白世维提议。

“完全同意你的意见。”

“最好是在三楼。”王天木说。

二人用眼神相视了一下，表示达成了一致意见。

“伙计。”王天木悄悄把茶房叫来，说，“有个日本同事从天津来，下午可能会到，我们要替他预定一个房间，他很好静，最好是三四楼。”

“我先到下面柜台上去问问三楼四楼还有房间没。”茶房答应。

过了一会儿，茶房回来了：“回您的话，柜上查过了，目前三楼四楼都没有空着的，明儿也许会腾出一间来，我看二楼倒有一间现成的，不如先订下来，等明儿三楼出空了再调掉，反正不耽搁您用，您看好不好？”

“那好吧。”王天木就把二楼现有的一间订下来了。

接着，王天木赏了茶房五块钱，为的是买个好感，以便出逃时不遇到阻拦。

“世维兄，咱们去看看那间新房。”王天木心血来潮，拉着白世维就往外走。

新订的二楼这间房，是在左右两条甬道的交会点上，离着王天木住的一间不远，大约只有二十来步，打个响指都听得清清楚楚，再往前走，向左一转，就是对面的那条甬道了。

当王天木和白世维看过新订的房间之后，白世维说：“这里离楼梯太远，实在不方便。”

“眼下又没有别的房间，只好这样了。”

看完了新房间之后，茶房把房门的钥匙交给了王天木。

王天木接了钥匙，两腿却像身不由己似的，跟在茶房后面也往前走。

白世维莫名其妙，只得随着王天木和茶房也朝前走。

王天木这时心想：“明天的大战，如果搞成了，自己这个华北区副区长和天津站站长又有机会升迁了。”心中美滋滋的。

这时，暗淡的灯光照射着长长的通道，三个男人的脚步声显得十分清晰。

这时候，他们已经走到对面的甬道上了。

走了十几步，在甬道左边一排房间之中，有一间房敞开着半扇窗子。

王天木突然看见房间里的卫生间窗子开了，往里一瞧，一男一女面对面，手拉手地站在那儿。因为不是正面，男女的面孔看不清。接下来，只看见女的年轻矮小，男的高大瘦长，大约有五十多岁。接下来，那男子侧身出来坐在床沿上，仰着头，对着窗子，手里正在冲那女人摆弄一个看不清楚的玩意儿。这个男人，长方脸，鼻端高翘，两腮瘦削，留着两撇小胡子，下巴颏底下还有一撮长毛！

王天木眼睛一亮，“咦！那不就是张敬尧吗！”他心中暗想。王天木不敢相信，怕看走了眼，便停下脚步，扭转身子再仔细放眼观瞧，恰好和那个男人打了一个照面！

一点不错，正是张敬尧本人！

王天木激动得心血澎湃，他连忙冲白世维招招手，白世维见他那激动、神秘的样子，便加快脚步凑了上去。

王天木指了指房间的里面，示意白世维往里看，白世维激动得简直想手舞足蹈。

只看见有个老头儿正坐在那里，长方脸，鼻端高翘，留着两撇小胡子，下巴颜上的一撮长毛非常醒目！

他再扭转头看王天木，只见王天木正用手往房间里指，连连地点头，嘴里小声地告诉白世维说：“就是他。”

王天木向白世维眨了一下眼，然后迅速将手伸向西服内襟口袋，拿出一把崭新的勃朗宁手枪。这支手枪可以在几秒内连发，子弹打出去没有声音。

白世维同时也拿出自己的勃朗宁手枪，压上了弹夹。

王天木伸手指了指自己，又指了指门，然后又指了指白世维，再向前面地板指了一下，白世维会意地眨了一下眼睛。

只见王天木抬起脚，猛地踹开了房门，一个俯卧，连续向床上的身影开了三枪。

张敬尧也不是省油的灯，他一听到门“砰”地一声响，马上就地滚到床下，王天木的三发子弹都打在他刚躺过的地方，一颗也未打着他！

王天木由于刚刚进入房间，并不熟悉房间内的地形，还没容他找到合适藏身的地方，张敬尧的手枪已经对准了他！

张敬尧得意地缓缓从床下站立起来，面带蔑视的微笑，冲王天木吼道：“放下枪转过身去！”

王天木大脑空白，吓得出了一身冷汗，抖抖索索地丢下了手枪。

“快说，是谁派你来的！”

王天木望了望乌黑的枪口，什么也没说。

“你他妈找死，好，那你就死吧！”

张敬尧说着手指慢慢地压向扳机。

王天木彻底绝望了，索性闭上了眼睛。

接下来，张敬尧却突然轰然倒地！

原来是白世维放了三枪！

那屋内的女人早吓得面如土色，两眼直瞪瞪地大声喊叫着：“杀人了！杀人了！”跌跌撞撞地跑了出来。

王天木连忙捡起地上的手枪，冲满身鲜血的张敬尧踢了一脚，然后对立在门口的白世维道：“咱们赶快走吧，不然就来不及了。”

于是，二人撒腿快步向楼梯口跑去！

张敬尧突然出现在二楼，又碰巧被刚在二楼开过房间的王天木和白世维撞见，真是巧上加巧，完全出乎所有人的意料之外！那么，张敬尧为什么不和他的护卫们一起住在三楼，而出现在二楼？原来，张敬尧喜欢玩女人，吸鸦片，又喜欢小古董，如玉器雕刻和鼻烟壶之类。他之所以另外在二楼开了一个小房间，完全是为了要拥有一个完全属于自我的小天地。由于三楼房间已经全部订完了，所以只得上二楼另租了一间，不巧正好碰上刚订过房间的王天木、白世维。张敬尧做梦也想不到，自己的大限就这样突然降临，他之前所有的警惕心都白费了。

张敬尧的副官张勇和赵参谋长听到“杀人啦”的呼叫声后立刻从三楼赶了下来，只见张敬尧已经气息奄奄，伤口还在汩汩向外流血！他们完全木在了那里，他们突然觉得自己的角色没有什么意义了。

刺杀张敬尧以后，王天木立即下了楼。

急于撤退的白世维手里提着枪，甩开大步也直冲向楼梯！他刚赶到楼梯口，正待迈步下楼，恰巧碰到茶房从楼底下上来查看究竟！

杀人杀红了眼的白世维将面孔一沉，用枪朝他脑袋一瞄，那茶房见他威风凛凛，正气浩然，哪里还敢阻拦，赶快低眉垂首躲闪在一旁，吓得没敢出一声，眼睁睁地看着白世维一步一步从容地走下了楼梯。

白世维快步走到楼下大厅，转身抬头再朝上一看，那个茶房可能怕给自己招来灾祸，早已经不见了踪影，当时并没见有人追下来。当他再环视大厅时，发现有好多只眼睛正在朝上看，有人在盯着他，也有人在交头接耳，不过，急于撤退的他哪里还顾得了这些，连忙迈步进入旋转门往外走。

大家似乎都听到了呼叫声，可能都在猜想："这个人，刚才在楼上做了什么事情？"

白世维也不理睬，昂首阔步地走向大门。

待张敬尧的参谋长、副官和其他亲信赶下来时，王天木和白世维早已不见踪影！

出了门，王天木举目在饭店门口左右一扫，看到戚南谱的车正在接应他和白世维，车子就停在马路对面。另外，还有几辆洋车停在门口两侧候客。往常在门外荡来荡去的那个巡捕，早不知道哪里去了。马路上，平静如常，楼上发生的事情，似乎并没有惊动外面的人。

"世维在后面，比我更危险，我应该把南谱的车留给世维，看形势，我完全可以走脱。"王天木边想边走下石阶。"东单！"王天木简单招呼一声，早有一辆洋车上来，他刚跳上去，那车夫就拉着他飞快地离开了。

戚南谱见王天木出来，并不上自己的车，也不和自己打招呼，他已经明白有事情发生了，于是，马上暗藏刀具，关照司机了几句，三步两步蹿上台阶，先用手推推那扇门，还在旋转中，他就在门外透过玻璃留心观察大堂里面的动静。

就在这个当口，白世维正好推门走出来。他一手拉住戚南谱的胳膊，见别克汽车仍然停在门口，一句话也没说，直奔车子！

二人四目交投，一言不发，一左一右，分别打开车门，没等到坐稳，

张司机已经踩上油门，一瞬间就离开六国饭店朝水关方向驶去！

这辆别克汽车是不久前戴笠来北平时，临时买的二手货，八汽缸，八成新，性能良好，且是敞篷，很酷。戴笠离开时，暂交北平站使用。近日有重大行动，因此每天都停在六国饭店前，以接应里面的王天木和白世维。

过了水关，紧接着一个急转弯，顺着城墙根，向西疾驰而去！

一路之上，他们没有看到一辆车子。对面开来的没有，后面跟踪的也没有。

当这辆车子经过日本兵营的后门时，白世维的心一下子吊到了嗓子眼儿，他特别担心日本兵会出面拦截，他格外小心，把枪搁在腿上，又用灰色丝葛夹袍的底襟遮着，以防不测。可是持枪站岗的日本兵，一动也没动，毫无反应。日本人哪里知道，他们豢养的狗汉奸张敬尧刚才已经饮弹身亡！

又前进了数百步，来到美国兵营后门，白世维已经不再担心了，那个穿戴齐整的美国兵，正在充当交通警，打手势指挥他通过呢！

循路右转，再一个左转，是一座牌楼，终于赶到了东交民巷和北平市区的界限！

进入户部街后，白世维突然觉得他们已经赶到了国民政府拥有主权的土地上。这时，他的心情终于放松下来。

“从发现张敬尧，刺杀张敬尧，再到此刻为止，全部过程不到五分钟！”戚南谱向白世维翘起了大拇指。“从5月2日深夜接到任务，从5月3日到5月7日，刺死张敬尧只用了一周限期中的五天。你真了不起！”

白世维淡淡地笑了笑，掩饰不住内心的得意。

“把车开到王府井大街东安市场！”戚南谱告知张司机。

一到东安市场，他和白世维马上下了车，嘱咐张司机：“你还把车子送回修理厂保养，你可以休息一天，有什么事明天再说。”临下车时，白世维拍了张司机两下，以示谢意。

不过，这位张司机或许还不大明白刚才他们在六国饭店刺杀了张敬尧！

下车后，戚南谱和白世维在熙来攘往的人群中，步行到了八面槽[1]街的清华园。那时候在上世纪30年代初，前门外的“一品香”，西珠市口的“清华池”，王府井八面槽的“清华园”，都是著名的浴池。清华园在北平是数一数二的澡堂子，设备新颖。

花开两朵，各表一枝。从5月6日晚上到5月7日中午，在北长街的陈恭澍和杨英还没吃过东西，他请杨英到外面买了几付烧饼、果子（油条），回来一块吃。

十二点三刻，电话终于响了，陈恭澍迅速上前拿起听筒。

“事情办完了，我和老戚在清华园楼上。”电话是白世维在清华园打来的，声音与往常稍有不同，激动、粗壮而又短促。

“好、好！我马上就来！”陈恭澍闻听此言，激动兴奋得不知如何是好。一时间，手里的电话听筒都不知该放在什么地方，心脏“咚咚咚”地跳到了嗓子眼儿。他激动地告诉杨英：“我们计划的事，可能已经完成了！请你暂时留在此地，我去探听消息，弄明白了，再通知你。”

陈恭澍本想即刻批电话报告郑介民，可是他转念一想，“应该核实清楚了再报告，现在仅仅报告一句‘事情办完了’，那也不像话，何况在没有见到参加行动的王天木之前，我这个幕后的人先报告郑先生，也不合适。既然已经办完了，迟一点报告，也没有太大的关系。”

于是，陈恭澍决定先去清华园会见白世维和戚南谱。

陈恭澍所在的北长街18号离白世维和戚南谱洗澡的八面槽街清华园虽不算太远，但坐洋车也要15分钟以上，坐在洋车上的陈恭澍心里越急，他越觉得车夫拉得慢，好不容易才算到了。

[1] 指金鱼胡同西口至灯市口西口这一段街道，南北长一站地（约500米），现在为王府井大街的一部分。1915年，北洋政府绘制《北京四郊详图》时，指王府井中段为八面槽。清乾隆时期从灯市口西街到东安门大街一段，设有八个官员饮马用的水槽。引到民国时期，因为此地的这些水槽，这段大街就称为了八面槽。八面槽之名一直沿称到1965年。八面槽附近老字号有：东安市场、同升和、浦五房（迁）、东来顺（迁）、馄饨侯、四联（迁）、清华园、利生(迁)等。东安市场现称“新东安市场”。

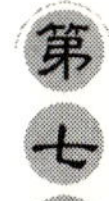

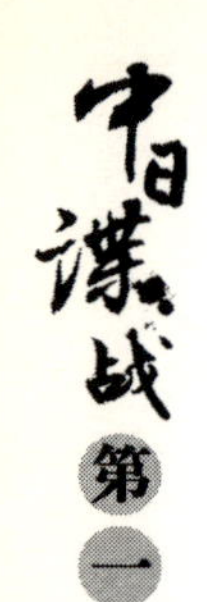

陈恭澍走过一条穿堂，直奔二楼，伙计一看见有客人上来，连忙就往雅座里让。

陈恭澍问："有位白三爷，刚来了一会儿，你帮我问问。"

"白三爷，朋友找！"伙计随即用那习惯的腔调高喊。

白世维在房间里随即应了一声，伙计立即前去掀开了门帘。

陈恭澍看见他们正围着大毛巾，躺在床上休息。

白世维正抽着香烟，戚南谱则在捏脚。

陈恭澍跨进一步，先朝他们左右作了一个罗圈揖，作为恭贺，他们也都含笑答礼。彼此之间虽然还没有说什么，已经可以确定是怎么回事了。至此，陈恭澍的心情也开始放松下来。

白世维说："王大哥是先下去的，大概已经到家了。"

陈恭澍急于想知道事情的经过，可是此地又不能畅所欲言，于是他说："不如先打个电话给王大哥，等我们四个人聚齐了，一同到府右街见了郑先生再说，岂不是免去很多转折。"

"好，你打吧。"

电话摇了半天才摇通，陈恭澍问王天木："我们在清华园门口等你，就在八面槽街上，如果您的车子在家，正好来接我们一同到府右街去。您看好不好？"此时王天木正在家中。原来，王天木从六国饭店匆匆出来后，先乘洋车到东单牌楼平安电影院门口下车，然后又换了一辆洋车回家。他刚擦了一把脸，正打算休息片刻，就接到陈恭澍约他出来聚会的电话。

"好的。"王天木答应来接陈恭澍、白世维和戚南谱，"我十分钟左右就可赶到。"

很快，在清华园门口，三人见到王天木的车来了。

"躺下啦？"在王天木的车上，王天木问白世维，这也正是陈恭澍最想问的。

"干了他三下子，我看八成完蛋了。"白世维回答。陈恭澍要听的，也正是这句话。

戚南谱笑眯眯地什么也没说。

稍时，四人一同赶到了府右街去见郑介民。

郑介民见四员干将一齐都来了，虽不感意外，但他绝不会想到张敬尧已经完蛋了！

待王天木代表四人报告了刺杀的大概经过后，郑介民喜出望外，他激动地站起身来，握住白世维的手，抖了好多下。

郑介民又把王天木拉到他身边坐下，再和陈恭澍、戚南谱都握过了手，这才郑重表示："我现在先代表上级对你们予以慰勉，并致祝贺！"

接下来，郑介民听取四人报告了详细的过程。

"再一次代表党国谢谢你们！接下来，我就可以电告南京的戴先生了，终于可以向北平的何部长复命了！"

"刺杀张敬尧，整个过程只用了几分钟。不过，却留下了一个急待了解的悬疑，那就是张敬尧到底死了没有？"

"如果他死了，这次刺杀也就大功告成了。如果他没有死，这次刺杀就留下了最大的遗憾。"

"下一步，需要核实张敬尧到底死了没有。"郑介民说。

"他十有八九活不成了。"白世维自信地说。

"不过，还是需要确认一下。"郑介民强调。

郑介民听完了大家的报告后，立即草拟电稿，拍给南京的戴笠，一面整装，马上去中南海晋见何应钦当面报告详情。

他起身时，郑重约白世维、王天木、陈恭澍等人晚上聚会。

王天木说："我连日睡眠不足，打算回家睡一觉。傍晚时，我需要亲自到火车站迎按我老婆，还有那位侯先生。"

白世维说："我需要出城，回家给两位老人家请安。"

戚南谱则负责再去六国饭店探听张敬尧是否已经死去。

陈恭澍打电话给等在北长街的杨英，要他写个详细的书面报告给戴笠。

一直在搜集新闻报纸的陈恭澍发现，5 月 7 日下午和当天的晚报上并没有关于刺杀张敬尧事件的新闻报导。

到了傍晚，戚南谱报告：“六国饭店门前有救护车开来，很快就驶走了。”

晚上，郑介民从北平军分会得到确实消息：“张敬尧已于下午三时因伤重毙命于德国医院。”

郑介民抑制不住兴奋，立即给戴笠拍了“张氏归天，家人平安”的电报。

正当戴笠焦急地等待着消息时，特务徐亮兴冲冲地送来了郑介民的电报。

戴笠“腾”地站起，两眼瞪得溜圆，看了电报后，他笑眯眯地交代：“让他们赶快写份详细报告来，越详细越好！”

郑介民收到戴笠的电报后，又赶紧写了一份关于暗杀张敬尧经过的报告。他清楚，自从老蒋接连几次给特务处下达暗杀任务以来，戴笠一直未能得手，戴笠亲自负责的华东区落了后。而他郑某人却领导华北区一举剪除张敬尧，无疑给上司戴笠的脸上贴了金。

郑介民语重心长地对陈恭澍等人说：“今后特务处的暗杀活动将更多，更艰险。”

以后，郑介民也经常提及刺杀张敬尧一案，他认为这是他在特务处期间的头彩和最得意之作。

第八章　张敬尧遇刺之后

一、应该立即堵住飞龙和应元勋的嘴！

张敬尧被刺杀后，无论是蒋介石和何应钦，戴笠和郑介民，拟或是王天木、陈恭澍等平津两站的特务们，都害怕真相泄露出去，引起外交纠纷，承担政治和外交责任。

当时，除了局内人，对暗杀张敬尧一案能够猜出点眉目的，只有“莳花馆”的飞龙姑娘和应元泰西服店的掌柜应元勋。

为了防止事情张扬出去，就应该先去堵住飞龙姑娘和应元勋的嘴巴。

于是，王天木、陈恭澍、白世维三人挑选了一个清闲的日子，在一个华灯初上的傍晚，再一次结伴来到“莳花馆”。

王天木此行的另外一个目的是为了兑现他当初对飞龙姑娘许下的诺言。王天木事先曾对飞龙姑娘说过后一定去捧场，现在，他果然兑现了他的诺言。

当飞龙看到三人时，没开口就一个劲地抿着嘴笑，仿佛在说：“你们干的好事。”

王天木一看，不由急上心头，连忙上前把她拉到旁边，想要小声叮嘱她几句。

谁知王天木还未曾开口，飞龙姑娘却先抢着说道：“请诸位爷放心好了，我虽然没有念过多少书，可绝不会那么不懂事。”

飞龙姑娘整天在人群里混，果然聪明过人。三人一听，这才放下心来。

当天晚上，三人大大方方地给她做了一次花头，算是给她帮忙在六国饭店开到房间的奖金。

陈恭澍对飞龙姑娘情有独钟，彼此素有来往。后来，在陈恭澍搬到辟才胡同和白世维赁屋同住时，飞龙也常去盘桓。后来，陈恭澍和飞龙姑娘竟然开始谈婚论嫁。可是，她妈索取一笔巨额养老费，陈恭澍无能为力，只好告吹。不过，飞龙姑娘没有嫁给陈恭澍似乎是好事。如果她真的嫁给了陈恭澍，一定会跟着他担惊受怕一辈子。不过，她倒是运气不错，一年后福星高照，一位官长帮助她脱籍，从此从良，男欢女爱，生儿育女，过上了正常人的生活。

安排了飞龙姑娘这一头，王天木领着陈恭澍和白世维又去拜望应元泰西服店的掌柜应元勋。

一见面，精明过人的应元勋绝口不提到六国饭店为张敬尧裁衣这桩事，当然，不是他不明白真相，完全是因为世故，不愿意惹麻烦罢了。

接着，王天木先委婉地表达了几个人对他的歉意和谢意，同时暗示他不可将此事张扬出去。

应元勋在王府井是一个有名的人物，他何等精明，什么都没说，低着头闷声不响地走到后面，提了两套做好了的新西服出来，轻轻地往柜台上一摊，这才说：“请你们看看，这两套衣服，叫我送到什么地方去？向谁收钱？”他说完了，竟哈哈大笑，“今天，我做东，请各位去吃饭，为你们摆一席‘慰劳宴’。”应元勋如此爽快，充分表明了他对大汉奸张敬尧的憎恶。这也说明，在当时千千万万的中国人当中，除去极少数卖国求荣的汉奸，绝大多数人都是深明大义，不想当亡国奴的。

因为张敬尧做西服、试样子，才无意中暴露了自己的藏身之处。而应元泰西服店的掌柜应元勋，则在无意中帮助了王天木、陈恭澍、白世维等平津特务站的特务们。这是一次“巧合”。从此，应元勋和王天木、陈恭澍、白世维等人成了好朋友。

本案中的遗憾是王天木的妻子去天津请的老侯却因抱病而一直没有露面。

二、一边是弹冠相庆　一边是气急败坏

1933 年 5 月 8 日的清晨，北平。

“看报，看报！巨商常石谷在六国饭店被刺身亡！看报，看报！”报童扯着嗓子叫卖，并没有几人关注。

“巨商常石谷？常石谷是谁？”

“关我屁事！”北平大街上行色匆匆的路人已被这乱世的残暴血腥麻痹了身心，这年头儿，死个人，就像死条猫和死条狗，能管好自己的温饱就不错了，哪里还顾得上他人?

“看报，看报！常石谷即张敬尧，大汉奸张敬尧已于三日前死于非命！看报，看报……”

报童这样一叫，买报的人突然增多了。

“张敬尧你这个狗汉奸，也有今天啊！”

“真是恶有恶报！”

行人们七言八语地议论起来！

买报的人在 1933 年 5 月 8 日的北平报纸上看到：

巨商常石谷，在东交民巷六国饭店遇刺殒命，凶手逃逸无踪。

报纸也有刊出“常世五”这个名字的。唯独不见“张敬尧”三字。“常石谷”和“常世五”是两个音近似而字不同的化名，是张敬尧在六国饭店登记用的外文译音。当时只有北平军分会的有关人员和平津两站的特工们以及张敬尧的同谋者——住在三楼的赵参谋长和副官们、还有和张某有来往的同谋者才知道这“常石谷”和“常世五”就是前湖南督军张敬尧。而外间不过是风传。

面对满城风雨，张敬尧的家人极力掩饰张敬尧被刺杀的真相和真实

原因，张家的人到处散布言论说，张敬尧是意外触电身亡。

事实上，白世维共放三枪，张敬尧中了两弹，都在胸腹部胁隔膜上下，当时没有立即死掉，此后，饭店召来了救护车，就近送到了德国医院急救，因伤势已重，失血过多，于下午三点毙命。

当时的新闻纸类之所以根本不提张敬尧，是因为他们根本就不了解真相，并非是有所避讳。

过了几天，六国饭店的茶房一直没有看到郑介民化装的南洋巨商回来，不由大生疑心，便打开了他留下的那些大皮箱，这才发现里面装的都是用纸包好的一块一块破石头和砖块，他们想起了张敬尧被暗杀的事，不禁心惊肉跳。他们猜想，这次谋杀事件系“南洋富商”所为无疑。

事成之后，郑介民交待国民党北平机关报报道说：“张敬尧因充当汉奸并阴谋策动北平暴乱，已被‘锄奸救国团’击毙。”

不过，这只是在内部的机关报中这样通报，对外则是继续隐瞒真相。当时，国民政府华北最高当局以及北平军分会，无论从任何角度来说，都不能公布张敬尧被刺的真相，也不能承认这件事是由蒋介石的南京政府指挥的。主要是顾虑日本方面会无理取闹或借故滋事。

而唆使张敬尧发动叛乱的日本军方，是“哑巴吃黄莲”，有苦也难言，因为说什么都会暴露他们策反华北自治的阴谋，等于是不打自招。

所以，民国这一桩中日间的谍战奇案，不久就沉寂无声了。

许多年以后，不断有人研究这段奇案，不断有新的发现。

张敬尧一死，北平那些企图叛乱的人，顿时树倒猢狲散，再不敢有什么行动了。这样，张敬尧正在北平策动的一场配合日军行动的内乱平息了。刺杀大汉奸张敬尧以后，不仅镇压住了丧心病狂的汉奸们制造北平内乱以内应日军进军北平的企图，而且也粉碎了代表日本军方板垣征四郎所拟订的阴谋计划。立即缓和了极度紧张的华北局势，同时也稳定了平津民众沦为亡国奴的惶恐心理。对部署未来四年的抗战准备工作，也产生了积极的作用。

北平军政最高负责人何应钦认为，既然已经刺杀了祸首张敬尧，粉碎了华北自治的阴谋，消除了一场可能发生的政变、兵变，缓和了华北的紧张局势，为了安定人心，就不再深究。

张敬尧的被刺，虽然打击了亲日派汉奸的嚣张气焰，使他们的活动不得不有所收敛，但并不能阻止日本帝国主义者阴谋活动的继续。

由于蒋介石并不想全力对付日本帝国主义的侵略，而是想集中武力围剿中国共产党的苏区革命根据地，对日则百般妥协退让，不久便与日本签订了《塘沽停战协定》，协定规定，中国军队立即一律撤退至连接延庆、昌平，高丽营、顺义、通州、香河、宝诋、林亭口，宁河、芦台沿线以西及以南地区，今后不得越过该线，更不得有挑衅捣乱行为，整个冀东地区为非武装地带。日军为证实情况的执行，可随时以飞机或其他方法进行视察，中国方面对此应予保护，并提供各种便利。

这个协定意味着，继东北、热河失陷后，中国军队又被赶出了冀东地区。更为严重的是，协定签订后，日军继续制造“华北五省自治运动”，撤至长城一线的日军和驻在战区内的日军虎视平津，威胁华北，华北的局势日益恶化！

回想本案，蒋介石的特务系统刚刚建立，平津两个特务工作站，人力单薄，设备简陋，而要求的限期只有七天，而白世维、王天木、陈恭澍等人最终能不辱使命，既没有人员牺牲，也没有失误；既没有连累人，也没有辜负人。真是一桩至善至美的中日谍战传奇大案。

“先烈之血，主义之花。”郑介民想起黄埔军校“血花纪念馆”里的这幅对联，很感自豪，他又为蒋总裁立了一大功啊！然而，窗外的凄风苦雨，却冲淡了他此时高傲的心情。喜中有忧，暗杀了张敬尧后，郑介民反而感到后怕。回到南京，蒋介石给郑介民一笔巨额奖金，但他分文不取，全部分给了陈恭澍、白世维他们。此后，郑介民一度深居简出，害怕无孔不入、手段毒辣的张敬尧旧部和日本特务对他进行报复。

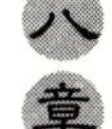

无疑，白世维当之无愧的是刺杀张敬尧的的第一功臣。

1933 年 5 月 7 日，蒋介石的南京国民政府得知汉奸张敬尧在六国饭店被刺杀后，蒋介石和他的官员们无不弹冠相庆。蒋介石甚至声称要亲自接见刺杀张敬尧的白世维。

因为成功地刺杀了张敬尧，白世维等平津特务站的全体人员受到北平最高军政当局、南京特务处（第二处）戴笠的双重奖励。

5 月 8 日下午，何应钦召见并嘉奖郑介民、白世维和王天木、陈恭澍等人。何应钦特别嘉奖了白世维，详询了他的家庭状况后，随即批示："白世维同学以中校身份免考保送陆军大学深造"！这南京陆军大学是国民党培养高级将领的最高军事学府，是蒋介石培植嫡系势力的最重要基地。黄埔军校毕业只是穿上了"黄马褂"，而陆大毕业则是戴上了"绿头巾"。在国民党军事人员中，"黄马褂赏戴绿头巾"具有更加特殊的地位。这保送陆军大学的嘉奖，是一种极高的荣誉和日后飞黄腾达的起点。抗战结束后，白世维曾升任北平警察局副局长。1949 年后曾出任台南市警察局局长，台南市参议院参议。

就在张敬尧被刺杀后不久，戴笠再次赶到北平，将北平站的编组扩大了。成立了专门从事行动工作的"行动组"，由刺张第一功臣白世维亲自担任组长。并加强对社会活动的监视，由戚南谱主管。随后，又增派了更多的基本干部到北平加强实力。

不久，平津两站接到正式通知，陈恭澍已由"革命青年同志会"的会员，提升为"三民主义力行社"的社员。同时，王天木、白世维均被批准直接加入"力行社"。

当然，这全是由于郑介民的"保举"。郑介民除多方面对白世维、王天木、陈恭澍、戚南谱等人进行奖励提拔外，还在谈话、演讲、上课、训示中，时常举例表扬平津两个特务站。总之，在他的心目中，白世维、王天木、陈恭澍、戚南谱等人都是最好最能干的特务。

张敬尧被刺案，被列为军统局第一案。成了戴笠、郑介民最大的骄傲。

就在戴笠、郑介民、白世维、王天木、陈恭澍、戚南谱等人被表彰时，此时的土肥原贤二、板垣征四郎等日本特务头子却气急败坏，方阵大乱。

土肥原贤二升官发财的美梦被粉碎了。他完全没了往日那种飞扬跋扈不可一世的神情，神态沮丧地喃喃自语："这不可能！"

而机关算尽的板垣征四郎花了许多钞票，结果却是竹篮打水一场空。事前，张敬尧曾从日方拿了30万元贿赂，但发动政变的阴谋一再搁浅，张敬尧本人也于5月7日在北平六国饭店被刺杀。张敬尧的死对其余汉奸、亲日分子震动很大，板垣机关失去了在平津地区搞特务活动的基本人员，动员宋哲元的工作也未获成功，关东军对板垣机关的特务活动表示了失望。但是板垣征四郎一如既往地尽了最后的努力，在北平方面企图诱使宋哲元、孙殿英等东北军进入北平，破坏中央军，在天津方面则策划暗杀于学忠，但均告失败。板垣的计划严重受挫。板垣机关为实施华北谋略所需经费，原来由永田铁山部长给予的限额为五六万元左右，但此时已花费了180万元。到5月间，参谋本部又允其支出300万元左右，并限其于6月达到目的。

5月7日，张敬尧在北平被刺杀，板垣的计划搁浅。5月16日，原西北军将领石友三在日本特务中野英光的操纵下，在滦东打出"独立"旗号，但无人响应。在这种情况下，板垣征四郎只好向武藤、冈村等人报告：在华北制造亲日政权的计划，"因各将领持观望态度，难以进展"。而南京政府方面已明显表态妥协求和，因而，日本军部决定日军向长城以南的新攻势便从策动内变改取"迫和为主、内变策动为从"的方针。

5月6日参谋本部制定的《华北方面应急处理方案》就是这一方针的反映。它要求天津特务机关继续进行"华北施策"，作为关内作战的辅助手段。《方案》说明，日军要更积极地从事滦东作战，给中国军队以致命打击，造成威胁平津的态势，目的是压迫华北当局屈膝，引起华中、华南解体；并利用政治阴谋和特务活动，在平津策动"内变"，若"内变"策动不能得逞，则在有利的条件和时机下，和华北当局订立停战协定。这个"方案"，成为当时日本在华北进行军事侵略和政治阴谋的指导方针。

但之后，天津特务机关随后进行的谋略仍无多大进展。

张敬尧死后，板垣征四郎把工作的重点对准了吴佩孚。吴佩孚拒绝了蒋介石的南下之邀，隐居北平，图谋起事。其间，吴佩孚的部下陈廷杰、符定一等人"就同日本派到北平来的特务大迫通贞中佐、冈野增次郎勾

结起来，取得款项，联系奉军，号召旧部，收编土匪，企图借机把吴佩孚再次推上政治舞台。大迫通贞等一再表示，只要吴佩孚有号召军队的办法，一切费用，日本方面能够完全承担。于是陈廷杰、符定一等就积极活动。”在关东军进行关内作战时，吴佩孚拟订了与日本订立《日中满条约》的方案，后派其亲信参谋张清熠赴日，与吴佩孚昔日的顾问冈野增次郎联系。板垣机关继续对其加强工作。据日本外交情报透露：天津特务机关的大迫通贞，计划以张作相操纵东北军旧部，以吴佩孚运动于学忠军队，两者结合起来组织约 15 万人的部队，在河北建立一独立政权。为此，5 月 9 日，大迫通贞代表板垣征四郎，到北平会晤吴佩孚，交给其运动费 5 万元，并取得谅解让张作相直接参加此次运动。随后板垣派也在天津以提供百万元为条件，极力劝张作相起事。吴佩孚也对板垣机关提出了这一计划的具体行动。但在具体实施上述计划时，由于河北省主席于学忠坚决拥护中央，板垣乃指使原吴佩孚司令部政务厅长白坚武收买歹徒，企图暗杀于学忠，但先后三次均未成功，同时其特务机关也于 5 月 18 日策划了一次暗杀于学忠、以惹起暴动的阴谋行动，都未成功。这时张作相又不肯出头号召。所以板垣机关利用吴佩孚实施华北谋略的计划，终未得手。

直到 5 月 21 日，天津特务机关向关东军报告时，不得不承认其华北谋略“现在仍未合乎关东军期待的事态”。有鉴于此，22 日，日军参谋本部通过关东军转告天津特务机关：“贵机关的任务至此告一段落。”在《塘沽协定》签字后的 6 月 1 日，关东军武藤信义司令对板垣这段期间的活动极为不满，撤去了他奉天特务机关长兼天津特务机关长的职务，关闭了天津的板垣机关。接着，命板垣征四郎以“参谋本部特派员”身份去欧洲、印度、菲律宾及南洋群岛等地“视察旅游”一番，先离开对华工作一段时间。

事后，北平满城风雨地流传着日本特务制造的一连串谣言。他们说，戴笠破坏满州国和华北国的合作，刺杀了张敬尧、孙传芳，独吞了价值 2000 万至 1 亿银元的华北国扩军经费。还说，戴笠要将特务处扩大为军统局，目标是一个领袖、三个卫士，八大金刚，十三太保，二十八宿将，一百零八单，五百罗汉，百万雄师定中华。又说，戴笠在上海金屋藏娇，是清皇族的美女，还借机霸占了孙传芳的爱妾等等。

特务处曾为这些真真假假的谣言蒙上了一层阴影。而郑介民只是付之一笑。

白世维事后描述刺杀张敬尧的现场情景时，显得相当兴奋。

王天木 85 岁时，提起此事，仍然是津津乐道，历历如绘。

陈恭澍这样回忆自己的心情："我所喜悦而觉得非常畅快的，尚不只此一端。因为我一直把六国饭店看成帝国主义的象征，在六国饭店内制裁汉奸，我认为是一举两得——既打烂了'那个'，又除掉了'这个'。有这种想法未免透着几分稚气，那就允许我自得其乐吧。"

写到这里，也许有读者会问，当时在六国饭店的孙传芳后来怎么样了？

当时，意图和张敬尧制造叛乱的前"五省联军总司令"孙传芳当时就住在六国饭店四楼，也偕有随从人员，孙传芳和张敬尧之间有密切往来，经常在一起"密议"。

施剑翘

孙传芳，字馨远，在台上时，人称馨帅。国民革命军北伐时期，孙传芳牵制苏浙皖等五省，自封"五省联军总司令"。失败后，孙传芳潜藏到天津居士林，表面虽然是诵经拜佛，忏悔前非，暗中却仍然在聚集势力，妄图依靠日本人东山再起。

当平津特务站的特务们在

北平东交民巷的六国饭店搜寻孙传芳时，孙传芳已经逃跑。

孙传芳一得知张敬尧出事了，吓得心惊胆颤，急忙迁出了六国饭店，躲到了日本兵营，接着，他觉得在北平在蒋介石的特务眼皮下活动仍然不安全，然后又偷偷逃回了天津租界。

张敬尧死后，日本人曾再度找孙传芳游说华北自治的事，孙传芳早吓破了胆，连忙婉言拒绝了。

到了 1934 年(民国二十三年)，孙传芳在天津某一“居士林”做佛事时，终被施剑翘女士刺杀。施剑翘是替父报仇。原来，施剑翘的父亲施从滨，曾任孙传芳部师长，被孙传芳枪毙于安徽蚌埠，因而结成了“杀父之仇”。

有人说，施剑翘是军统局的工作人员，奉命行事。而陈恭澍当时正在平津工作，对此事并不知道，等他后来问遍周围的老朋友，也无法确认施剑翘是军统局的工作人员。